厦门大学繁荣计划资助

Huaxia Communication Studies: the Perspective of Mediology

华夏传播研究
媒介学的视角

谢清果　等著

社会科学文献出版社
SOCIAL SCIENCES ACADEMIC PRESS (CHINA)

序 一

邵培仁*

一

近日收到厦门大学谢清果教授的新作《华夏传播研究：媒介学的视角》清样，感慨颇多。谢清果教授是近年来冉冉升起的一颗学术新星，在华夏传播领域潜心钻研，取得一系列丰硕成果，产生了良好的学术影响。他担任华夏传播研究会会长，广泛联络海内外专家学者，硬是将一个原本比较冷清的研究领域搞得风生水起、红红火火，成为显学！

我在20个世纪90年代，受香港中文大学余也鲁教授感召介入本土传播和华夏传播研究，并在余先生指导和关心下推出了一系列研究成果，学界专家也发表了《筚路蓝缕，以启山林——略论邵培仁同志的传播学研究实绩》《整体互动论：独树一帜的传播模式——略论邵培仁的传播学研究》等多篇评论给予鼓励和肯定。《论中国古代受众的信息接受特色》和《传播学本土化研究的回顾与前瞻》是这一时期引用率最高、影响较大的两篇论文。

进入21世纪，我对本土传播研究进行了重新界定，拓展了原有的边界。① 一方面在传播学基础理论研究中渗透中国传统文化和现代学术的元素与营养，另一方面在传播学交叉研究和亚洲传播研究中尽力在中国5000

---

* 邵培仁，浙江大学传播研究所教授、博士生导师，国际华莱坞学会会长，美国中国传媒研究会主席，中国传播学研究会副会长，华夏传播研究会顾问。

① 邵培仁：《中国传播学界需要学术寻根》，《当代传播》2012年第1期，《新华文摘》2012年第8期论点摘编；邵培仁：《华人本土传播学研究的进路与策略》，《当代传播》2012年第3期，《新华文摘》2013年第9期。

年的历史文化中追根溯源，寻找理论依据，《媒介生态学》《媒介地理学》《亚洲传播理论》等书及相关系列论文就反映了这种理念，具有这样的特点。同时，主办"和谐平衡：华夏传播理论的生态学视野"、"亚洲主张：国际传播研究的新视界"和"国际传播视野中的华莱坞电影"等学术研讨会积极推动和配合传播学本土化研究。

从2013年开始，我主持的华夏传播理论研究先后得到浙江省社科基金和国家社科基金的资助，我和弟子特别是博士生弟子姚锦云（现在是暨南大学新闻传播学院教师）合作撰写、发表了近30篇学术论文，与锦云合著的《华夏传播理论》一书，一拖再拖，现在已接近尾声，即将由浙江大学出版社出版。

我的博士生弟子、现为南京大学新闻传播学院博士生导师的潘祥辉教授是华夏传播研究的一员大将。近年来，他潜心研究，辛勤耕耘，发表了一系列功力非凡、才气逼人的优秀学术论文，《华夏传播新探》一书出版以来更是好评如潮。

在博士生弟子中，浙江大学传播研究所博士生导师卫军英教授近来来致力于佛教文化传播研究，深得浙江省佛教界知名人士的赏识。据他自己讲，未来几年他将会有十多种佛教文化传播研究方面的著作先后面世。

但是，同谢清果教授相比，我们就是沙漠绿洲上一位旅客。他是在华夏传播研究领域里，用心最多、用力最多、成果最多的优秀学者。他不仅出版和发表了《华夏传播学引论》《华夏文明与传播学本土化研究》《华夏文明与舆论学本土化研究》《华夏传播学读本》《华夏传播学的想象力》等有影响的学术著作和一系列学术论文，而且"甘为他人作嫁衣裳"，筹资创办了《中华文化与传播研究》与《华夏传播研究》两本集刊，一年两辑，为华夏传播研究和学科建设做出了积极的贡献。同时，谢清果教授还在厦门大学建构起一套贯通本、硕、博的华夏传播学教学体系，分别开设了"华夏传播概论""史论精解——华夏传播理论""研究前沿——华夏传播研究学术史"等课程，以及全校性核心通识课程"华夏文明传播"，建构了相应的教材和教辅系统。这在全国也是独一无二的。更为可喜的是，他主持的"华夏文明传播的观念基础、理论体系与当代实践研究"得到了国家社科基金项目立项，主持的"华夏文明传播学的理论体系、教学模式与实践探索的综合改革研究"是福建省的教改项目,他组建的"华夏文明传播研究团队"入选福建省教育厅2019年省级专业学位研究生导师团队。这些优异成绩都是他刻苦努力的结果,我为此感到有衷的高兴。

二

学界通常认为,传播学正式传入中国的进程肇始于1978年,迄今已逾40年了。其实,华夏传播研究的兴起是与传播学本土化的进程互动互助、共进共演的。传播学研究本土化,实际包括了"传播学研究的中国化"和"传播学研究的中国特色"两个方面。作为施拉姆的学生,香港中文大学余也鲁教授和台湾政治大学徐佳士教授较早提出了"传播学研究中国化"问题。他们不仅最先为"传播学研究中国化"研究鼓与呼,而且亲力亲为,发表了多篇相关论文。1978年他们先后在香港与台北两地分别举办了为期一周的有关中国传统文化中传播问题座谈会,并邀请导师施拉姆先生与会指导。施拉姆先生全程参与了座谈,表达了对中华文化传播问题研究的兴趣与期待。1993年,在厦门大学新闻传播系创办10周年之际,余也鲁先生主张再次举办中国传统文化中传播问题学术研讨会。当年5月初,在中国大陆以及台湾和香港传播学者的共同努力下,"海峡两岸中国传统文化中传的探索座谈会"在厦门大学顺利举办。会议围绕"传播学中国化"问题展开讨论,气氛热烈,其成果就是1994年出版的余也鲁、郑学檬主编的《从零开始:首届海峡两岸中国传统文化中传的探索座谈会论文集》。"这是中国大陆出版最早的具有本土文化视角的传播研究文集。"① 台湾政治大学新闻系陈世敏教授事后曾深情地指出,虽然1978年台湾政治大学与香港中文大学共同举办了"中国文化与传统中'传'的实际"研讨会,台湾传播学者组织了研究团队,也取得了一些成绩。不过,"可惜的是,传播学术界却迟至一九九三年在厦门大学点燃传播学本土研究的火苗,于一九九七年出版《华夏传播论》,开启了第二阶段的'中国化'工作——寻求中国式(本土的)传播理论。"②

---

① 王怡红、胡翼青主编《中国传播学30年》,中国大百科全书出版社,2010,第105页。
② 陈世敏:《华夏传播学方法论初探》,《新闻学研究》2002年总第71期,收录入陈国明主编《中华传播理论与原则》,台北五南图书出版有限公司,2004年版,第135页。

1993年5月下旬，中国社会科学院新闻研究所和厦门大学新闻传播系共同发起主办"第三次全国传播学研讨会"，我有幸参加会议向余先生和徐先生当面请教。会议除了回顾1982年和1986年两次全国传播学研讨会的情况，建设"有中国特色的传播学"是三个议题中讨论最热烈的议题。此后以厦门大学传播研究所为推动机构，在全国发起了由余也鲁先生出资的"中国传播研究资助项目"的招标工作。在正式立项的"五史六论"项目中，我也幸运地主持了"六论"中的中国受众观念研究项目，这是我进入华夏传播研究领域的第一个项目。1997年4月，"第五次全国传播学研讨会"由中国社会科学院新闻研究所和杭州大学新闻与传播学院共同主办，会议邀请了香港中文大学、香港浸会大学、台湾政治大学、台湾中国文化大学和大陆30多家高校传播学者与会，会议的主旨就是注重传播理论与中国国情结合，尝试建设有中国特色的传播学。我作为主办方传播研究者，向会议提交的论文《传播观念断想》[①]正是对中国传统传播思想的一次挖掘。因为这些机缘，我与厦门大学传播研究所一直保持着学术联系，密切关注他们的华夏传播研究的新进展。厦门大学传播研究所原来的主事人——黄星民教授同我是好朋友。他退休后，谢清果教授接任他的研究所所长工作，我们也成了好朋友，自然也就联系紧密，两人经常就如何推动华夏传播研究向纵深发展共同谋划。

三

随着媒介化社会的到来，媒介学似乎一夜之间成为显学，这方面的论著可谓层出不穷。但是在一片繁荣的背后，我们如果稍加分析就会发现，许多的成果不仅没有向历史的维度伸展，也未能密切关注当下中国现实，尤其是中国问题，缺乏明晰的中国问题意识，少有明确的中华文化立场。因此，许多看似"高大上"的研究成果其实就是西方传播观念的中国表达，或者说是西方传播理论的中国运用，存在着"西方中心主义"或"过度西方化"的倾向。换句话说，"中国传播学研究对西方传播学有一定的依赖性，特别是一些从西方学成归来的专家学者，他们用的传播理论和方

---

① 邵培仁：《传播观念断想》，《杭州大学学报》（哲学社会科学版）1997年第4期。

法是西方的，思维是西方的，甚至表达也是西方的，论著的参考文献都是西方的，有的几十个注释中看不到一个中文文献"①。当然，我们不反对中国传播学界吸收和借鉴西方好的传播理论和研究方法，但是一定要增强与把握自身的文化主体性和学术自信心，不要忘记自己是谁和文化之根在哪里，因为媒介是全球的、世界的，文化不是，学术也不是②。甚至，即便是中西方一样的媒介，在不同的文化情境下，它的交往功能与意义是很不一样的。理解和把握媒介的功能与意义，应当牢牢坚持在具体的情境中领悟，也需要在具身交往中去体悟。从这个角度看，谢清果教授能够独辟蹊径，关注起中国社会实践中的"生活媒介"，并从媒介学的意义上，阐发这些"生活媒介"是如何嵌入中国人的生活交往实践，是如何型塑中国人的交往方式与思想观念，而这正是建构华夏传播学的必经之路。因为媒介本身是传播学科关注的核心要素，正如作者所说的"无传播不媒介，无媒介不传播"。透过"媒介"及其"媒介域"，媒介所关联的社会、文化、技术就能鲜活地呈现在我们的视野中，就能建构起交往的网络，如此便能帮助我们深刻地理解中国人的传播观念、传播制度和传播伦理。

谢清果教授的这部新作，提出"生活媒介"概念，而不是探讨通常的大众传播媒介，诚然是一种创新，同时也是对麦克卢汉以及德布留等提出的西方"泛媒介"观念的一种呼应。当今时代，"万物一体""万物互联"乃至"万物皆媒"。然而，我们应当注意的是，万物虽然都有成为媒介的可能，但万物并不是天生就能成为充分交往的媒介。也就是说，万物成为媒介是有条件的，即一个事物只有在特定的场景下，只有这种事物参与事物之间或内部关系的建构或解构，从而使事物因其而发生了关联，促进了信息传递，并进而产生了意义共享效果，那我们才能说此事在此时此景就是一种"媒介"。而且这种"媒介"可以是但未必一定是具体的、实物形态的物体，它可能是抽象的、观念形式的，例如以符号形式存在的意象实在。清果的新作目前关注实物形态的"生活媒介"，包括牌坊、门户、长江、桥梁、道路、瓷器、房子、祠堂、石刻、家庭、茶叶、礼物、生肖、

---

① 邵培仁：《携手共同构建人类整体传播学》，《国际新闻界》2018年第2期。
② 邵培仁：《媒介是全球的，文化不是!》，《现代视听》2019年第7期。

书信等 14 种媒介。据他说，将来还可能研究观念形态的"生活媒介"，例如作为观念媒介的卦象，作为声音媒介的民歌，作为时间媒介的节日，等等。我十分认同谢清果教授这种带有浓烈中国风气派的传播学研究路径。当然，这也是华夏传播学研究独特魅力的重要方面。

　　这些年，我一直倡导传播研究应当追求和坚守人文情怀，认为："传播是人性的外化，人格的折射。人类的全部符号都是人性和人格的建筑材料。""文化的核心是人，人类的精彩在人文，人文情怀则是一种更加高尚的情趣、境界、博爱和胸怀。""人文是'万物的尺度'、传播的准星和学术的坐标。人文情怀是我们进行传播研究的出发点、动力源和目的地。"① 正是在这种意义上，我认为《华夏传播研究：媒介学的视角》也是一部富有人文情怀的学术著作。

　　基于此，我乐于向读者朋友推介清果教授的这部新作！

2019 年 10 月 18 日于杭州市沿山河畔寓所

---

① 邵培仁、潘戎戎：《追求和坚守传播学研究中的人文情怀》，《当代传播》2019 年第 3 期。

序 二

媒介研究的可能路径及其超越

李 红*

2019年暑假刚开始，就接到华夏传播研究会会长、厦门大学教授谢清果兄布置的暑假作业，说让给我给他们团队的专著《华夏传播研究：媒介学的视角》写篇序言。翻阅书稿的第一瞬间，就蹦出了"媒介"一词，这立刻就触动了我，并引发了我对于相关媒介问题的思考。同时，也引发了我的感慨，学术界有关媒介的众多讨论中，动不动就是西方的材料和"西方人怎么说"，却看不见中国的材料，看不见中国人怎么做和怎么说。而清果教授的这部书稿，给了我眼前一亮的欣喜。基于华夏传播的立场，在阅读书稿的过程中，我始终在问自己：华夏传播研究该如何从媒介角度去展开？研究应该指向什么样的问题意识？华夏传播研究到底如何超越西方的视野获得新的知识或者视野？我不敢来评论这部著作的优劣得失，而仅仅试图通过整理自己阅读中的一些想法，以"抛砖引玉"的方式供华夏传播研究同人批评。

一 媒介研究是一个多维展开的过程

通用的传播学教材常常提到拉斯韦尔（Harold Lasswell）在其论文《传播在社会中的结构与功能》中，提出了传播的5W模式，将传播分为Who（谁）、Says What（说了什么）、In Which Channel（通过什么渠道）、To Whom（向谁说）、With What Effect（有什么效果）五个环节。其中，专注于"传播渠道"（channel of communication）的研究被称为"媒介分

---

* 李红，西北师范大学传媒学院副教授，研究生导师，华夏传播研究会副会长。

析"(media analysis)。在著作《传播学概论》中，施拉姆（Wilbur Schramm）正是按照拉斯韦尔的5W模式建立其理论框架的，媒介则成了他划分人际传播和大众传播的视野，并且从感官刺激、反馈机会、速度控制、讯息代码、增值功能、信息保存等角度展开关于媒介的讨论。这实际上还是一种以信息为中心展开的对于媒介的讨论，媒介仅仅是一个工具。

当然，施拉姆也承认，"'媒介'一词的走红，麦克卢汉也功莫大焉"①，而在英尼斯和麦克卢汉的奠基之上，形成了北美的媒介环境学派。相比拉斯韦尔和施拉姆，在媒介环境学派这里，媒介已经获得了本体的地位，已经获得与"讯息"（message）同等重要的位置，他甚至认为"任何'媒介'的内容都是另一种媒介"②，从而将媒介拓展到"内容"层面。媒介作为一种身体的延伸，其不同感官方式，决定了人的感官比例，从而建构了不同的文化形态。这常常被批评为是一种单向度的"媒介决定论"，忽视了历史和现实的维度，因而显得抽象而玄奥。尼尔·波兹曼甚至认为"媒介即隐喻""媒介即认识论"，从而"将这个世界进行着分类、排序、建构、放大、缩小、着色，并且证明一切存在的理由"③，媒介成了一种隐藏的形塑世界的环境，很多时候它变得习焉不察。据此，对"媒介"的把握，主要依靠的是思辨。

相比于麦克卢汉的理论，德布雷的媒介学更加关注实践维度和历史维度，是在文化或者象征"传递"（transmission）的维度来理解媒介的。也就是说，在时间和历史的维度，媒介不仅仅是一个被完全抽离出来的"对象"，而是一个主体与客体、精神与物质、过去与未来、技术与文化、个体与组织等的综合性场域，因此，他称其为"媒介域"（médiasphère）。比如一幅图像，它是依赖一种复杂的场域得以存在，得以发挥它的功能的，因此，必须从复杂的社会背景、文化背景、宗教背景、具体事件脉络、主体动机等角度去看待图像。抽掉这些复杂的背景，图像就是个僵死的东西，而一幅图像的出现，则是上述复杂因素活生生地作用的结果。从媒介

---

① 〔美〕威尔伯·施拉姆、威廉·波特：《传播学概论》，何道宽译，中国人民大学出版社，2010，第115页。
② 〔加〕马歇尔·麦克卢汉：《理解媒介》，何道宽译，商务印书馆，2000，第34页。
③ 〔美〕尼尔·波兹曼：《娱乐至死》，章艳译，广西师范大学出版社，2004，第12页。

考古学（media archaeology）的观点来看，媒介的物质性具有重要的奠基作用，工具参与了思维的过程，比如尼采眼疾之后使用打字机，便影响到了他的哲学思考，形成了一种"电报式风格"[①]。媒介考古学常常将其思想追溯到米歇尔·福柯的知识考古学。不过，福柯是在档案中寻找权力—知识—主体的脉络，而媒介考古学则是在具体历史的语境中考察媒介技术形塑思维结构或者深层秩序的可能性。

由此，我们可以看到，针对媒介的问题，学术史的脉络经历了工具论到本体论的展开过程，并且从形式层面、抽象层面和思辨层面，逐渐进入到物质层面、实践层面和历史层面。本书则试图通过与传统文化相关的诸多载体，并将其视为"媒介"，以此通过"媒介学"的视野观照其中文化脉络，这是一种别具一格的视野，具有开拓性的意义。但是，进一步的问题是：这种研究是否能够获得某种超越性的路径？或者是否能够给相关的理论或者知识带来新的认知？

二　媒介与文化：发现一个隐藏的研究前提

媒介技术是不是中性的？这总是充满争议。但是，我们一旦超越微观的视野，进入媒介的社会实践和历史脉络，就会发现，技术并非中性的，而是被文化深刻地影响着，且又蕴含着丰富的文化的逻辑，甚至影响着文化的逻辑。比如互联网的出现以及运作，总是贯穿着中国文化的深层逻辑，它的交际功能、隐私规则、支付方式、信息流动等，都带有中国文化的意蕴。亚马逊退出中国市场，就是因为不适应中国市场的文化法则；而百度董事长李彦宏所说的中国用户"愿意用隐私换效率"的说法虽然引发舆论哗然，但是它揭示了一个基于中国文化逻辑的互联网秘密。根据美国留学归来的朋友介绍，美国人还是很少使用互联网支付，而更多采取的是银行卡支付，就是因为隐私问题。当然，中美隐私观念的差异，仅仅是文化差异的一个微小体现，但是，从这里我们可以看到：媒介深深地嵌入文化的传统。基于此，从媒介学的视野来展开华夏传播的研究的逻辑是成

[①] 〔德〕弗里德里希·基特勒：《留声机 电影 打字机》，邢春丽译，复旦大学出版社，2017，第 233~234 页。

立的，因此，也能洞察到媒介背后不一样的文化结构。这一研究路径是大有可为的。

在媒介研究的学术传统中，文化总是一个绕不开的核心问题。但是，很多时候，人类总是处在一种对文化习焉不察的惯性当中，那种基于自然而然的思维常常支配着我们，却难以被我们所洞察。因此，麦克卢汉就抱怨说，"在2000多年的读写文化中，西方人很少去研究或了解拼音字母在创造他们的许多基本文化模式中产生了什么效用"；文化上"拼音字母意味着权力、权威，意味着运筹帷幄、决胜千里"，个体上也意味着摆脱情绪和情感，并使人成为"文明人"[①]。当然，麦克卢汉在这里讨论的还是口语和书写的差异所导致的问题，如果进一步从文化间的差异去看，则西方的表音文字和中国的表意文字的差异，又能导致不一样的文化景观。而在中国，文字的书写又与世界的模型、书写的工具、书画一体的模式以及精神修养都发生着密切的关系，这也许将能够对麦克卢汉的很多理论观点进行拓展。而在本书中，作为媒介的"家"就是一个中国文化的核心范畴，"儒家的全部学说之根扎在家里边"[②]。在西方，弗洛伊德的理论讨论了"父亲"和"母亲"，却没有能够讨论到抽象的"家"；而直到海德格尔，才基于存在论的视野发现了家的存在论意蕴。但是，"家"对人意味着什么？"家"是父母、亲人、记忆、故乡、住宅还是情感？在西方文化里，"家"作为一个私人领域的私人化存在方式，与"人的公共性"维度是截然分离的；而在中国"家国一体"，私人领域的家庭的教育与公共领域的社会道德、国家意识以及精神气度都是可以打通的。假如将"家"作为一种载体（媒介），完全可以讨论它到底打通了哪些领域，并且是按照一种什么样的文化逻辑去打通的；而"家"又不是一个僵化的实体，而是被诸多因素形塑的对象，它的变动形式又将会深刻地影响到它的媒介形态等方面。

既然媒介无法脱离文化，而且又在深刻地形塑着文化，那么，通过"媒介学"视野，一定能够洞察到文化的逻辑和深层结构。但是，这里有

[①] 〔加〕马歇尔·麦克卢汉：《理解媒介》，何道宽译，商务印书馆，2000，第119页。
[②] 张祥龙：《家与孝：从中西间视野看》，生活·读书·新知三联书店，2017，第18页。

一个前提，那就是需要研究者们充分意识到研究必须抵达文化的深层，并且念兹在兹地去加以深入。华夏传播研究的一个基本假设就是：传播问题根本上是一个文化问题。为什么提出这样一个问题？就是在西方理论铺天盖地的当下学术界，研究者们常常将某些理论认为是理所当然的，而丝毫不去关注其"文化前提"。一旦他们将相关理论置于中国文化语境的时候，便发现了中国文化是"有问题的"，比如传播学的议程设置的理论运用到中国语境的时候，发现没有办法展开讨论。不仅如此，最糟糕的结果是：通过研究常常得出一系列以西方文化为标准的价值评判。借用历史学家李零先生的表述就是："如果他们只是说中国没有西方式的'哲学''科学''宗教'，那当然没有任何问题。但这除了证明中国'一无所有'还有什么意义呢？"[1] 当然，还有另外一个极端，就是按照西方文化的标准去切割中国文化，最后发现很多东西"中国古已有之"，华夏传播研究仅仅是为西方理论做脚注。事实上，这两种研究取向出现问题的原因都在于：没有真正明晰华夏传播研究背后深层的文化逻辑，而仅仅是站在西方的立场简单地否定或者比附。

为什么要高举"华夏传播研究"的旗帜呢？很多人会说，美国人绝不说自己的传播学是美国传播学，德国人也不会说自己的传播学是德国传播学，为什么偏要强调传播的民族属性或者文化属性呢？这不过就是一种民族主义的情绪在作祟罢了。实际上，近现代以来，中国文化就面临着"有罪推定"的局面，中国五千年文明到此突然成为国家落后的替罪羊："新文化""新民""改造国民性""文化革命"等浪潮一浪高过一浪，中国文化俨然成了一切问题的罪魁祸首。这个归因是如何得来的？当然，主要是通过中国的落后反推过去的，因而充满了成王败寇的逻辑。由此，西方的结论就成了评价一切的标准，并且进入整个中国的教育体系，而中国文化作为腐朽落后的东西，逐渐被从教育系统中排除。中国文化的罪名一步步被"坐实"，而且没有翻身辩解的机会，因为它已经没有了言说的体系。

但是，中国文化真的丧失殆尽了吗？显然不是的。它仍然全方位地渗透到家庭、祭祀、宗教、人际以及思维的深处，成为支配中国人行动的深

---

[1] 李零：《中国方术考》，中华书局，2006，第15页。

层逻辑；只要我们进入具体的传播实践，就能发现中国文化那顽强的生命活力。一个显著的事实是：中国很多退休老人，因为去掉了功利的束缚，反而愿意更多地进入中国文化的生命状态，比如阅读经典、练书法、练太极、听戏曲、讲养生，等等。这说明中国文化仍然深藏在他们的底层，只要去掉现代社会功利的束缚，它便很容易地浮现出来。国家其实已经意识到了，这么多年，中国人似乎学会了西方的科技与市场，学会了一些表层的理念，却没能够完全移植其根本的精神内核，整个社会处于一种道德沦丧和精神缺失的状态，因而国家开始大力提倡"复兴传统文化"。不仅如此，社会大众也日益重视阅读和欣赏传统文化，于丹的《论语心得》《庄子心得》，以及此后的诸多文化热点，几乎都是围绕传统文化展开的。如果说，中国近现代知识分子对传统文化的批判具有救亡图存的时代背景，并以此引进现代工商业文明的文化规则，那么，当中国已经完成了国家建设和屹立于世界之时，我们突然发现，那些我们曾经试图丢弃的东西，实际上仍然是我们最深层的东西，丢也丢不掉。只不过，令人深感无力的是，当我们有意无意地默认用西方的体系去言说传统文化的时候，我们发现"理屈词穷"，于是很多人常常感觉中国文化"太玄了"。这就是很多人回避"传统文化"的原因，即"说不了，便不说"，并且将其归结为巫术或者玄谈。而且传统文化在这个时代，就像一个已经被"有罪推定"的犯罪嫌疑人，它要找到证据来证明自己无罪将是非常困难的，因为即使论证也要采用西方式的哲学和科学的思维体系，而这个体系又截然不同于中国文化的深层逻辑体系。

但是，我们必须清楚，学术研究不是做价值评判、做应然性的研究，而是基于"事实"的理解或解释。也就是说，不评价文化的高下，而是将"文化"作为一种"事实"加以承认，进而在此基础上建构其深层的理论逻辑。因而在传播中研究传统文化，不是提倡传统文化，而是进入传统文化去理解传统文化，并且由此去理解中国人传播实践中的深层文化逻辑。这与那些站在传统文化、中国文化之外否定华夏传播研究者的立场是截然不同的。所以进入传统文化并不是食古不化，而是为了引领我们深入到中国文化的逻辑去理解传播，甚至去洞察当下传播实践中中国文化的深层逻辑。本书选择诸多"媒介"作为研究对象，其实就可以跨越古今地对相关问题进行讨论,因为这些看起来很古老的媒介,仍然深深地嵌入中国人的现实生活,像祠堂、家、长江、门、茶等,都仍然鲜活地存在着,不过总是经历着时代的变迁而已,从中我们反而能够方便地看到很多变和不变的东西。

三 媒介路径:方法论的可能性

媒介是什么?许慎《说文解字》说:"媒,谋也。谋合二姓。"《周礼·媒氏注》表达的也是同样的意思:"媒,谋合异类使和成者。""介"则是一个甲骨文字形,像人身上穿着铠甲,从"人"从"八",是人各守其分的意思,因而《说文解字》说:"介,画也。"分解必有"间",故"介"又可训为"间"。这就表明在中国文化中,"媒介"一方面具有分别的意思,另一方面又有将分别者加以结合的意思,强调的是功能性而非对象化。相比而言,媒介的英文表达"media"来自于拉丁语"medium",强调的是两者之间,常常被理解为一种中介物(工具或载体),具有更多对象化的考量,比如被理解为技术、组织或者物质载体。

据此,可以看到,简单的传播模式包括三个元素,即两个传播主体(A,B)和两者之间的媒介(m),可以表示为"A-m-B"。如果抛开"人"这个中心,将三个元素处理为平行的关系,那么三种元素就是一种结构性的存在。当媒介进入,整个存在的镜像就发生了变化,"当日本女人穿上和服时,她就有了不同的行走姿态,她足尖向内……相应地她的语言、她的思想和存在都会改变。当她重新穿上欧洲服饰时,她的行走姿态、她的语言和一切其他的又会变得不一样"[①]。当然,不同的媒介理论,必将看到不一样的媒介存在维度,比如英尼斯看到了媒介的时空偏向,麦克卢汉看到了媒介对人体的延伸,乔纳森·克拉里看到了媒介对注意力的影响,基特勒看到了媒介的物质性基础及其影响,德布雷则集中关注"象征世界的物质基础"。由此,不同的理论流派形成了不同的切入路径和问题域。

---

① 〔德〕罗姆巴赫:《作为生活结构的世界——结构存在论的问题与解答》,王俊译,上海书店出版社,2009,27页。

没有路径和问题域，讨论将无法形成逻辑起点及链条，问题上也就无法聚焦而显得散漫无边，从而导致研究缺乏深刻的洞察力而让观点显得俗不可耐。那么，媒介学视角下的华夏传播研究将从哪里切入？聚集到什么问题上呢？本书在某些地方展现了比较好的洞察力。比如本书提到的"门"的问题，每一节的小标题都体现了很敏锐的问题洞察力，深入分析都非常有意思。比如从"门的社会表征"，作者就看到了威仪、阶级、身份等，而且"门"不仅仅是一种建筑，而且是一种社会关系和精神状态，因而，从"作为媒介的门"的视野出发，学术研究完全可以洞察到中国文化的传播实践中那些微妙的文化脉络。不仅如此，我们还可以将问题聚焦到相应的学术脉络中去，与某些学术"问题"进行对话，以彰显华夏传播研究完全不同的洞察力。比如本书中提到的门与公共领域的问题，作者已经清晰地意识到与哈贝马斯的公共领域理论进行对话了，但是限于篇幅并未能充分展开。如果有大量的篇幅去单独去处理这个问题，并且将问题深入到"文化逻辑"的层面，那文章也许将能洞察到中西文化的公私差异，并以此讨论交往方式和社会结构。进一步来看的话，这在理论上甚至能够推进对于公共领域理论的反思，从而能够发现，简单将公共领域理论运用到中国文化中是不合适的。所谓的中西对话，在这个层面上才能够真正得以开始。

如上所述，首先，华夏传播研究是在一种被"有罪推定"的处境中踯躅而行，因而它从一开始就在一种"自证清白"的处境下艰难生存。这就决定了它不能够仅仅在一种默认的状态下展开其内部建构，而是必须充满着寻根究底的气质和挑战的精神，以发现不同文化传播中某些隐藏的前提，并且清晰地揭示出彼此的分岔从何开始，从而在实质上打开传播研究的视野，由此就决定了华夏传播研究首先必须在中西比较的视野中展开。其次，华夏研究还必须有思想史的视野。因为，研究仅仅在某个平面上展开，那么对文化的洞察力将是非常有限的，只有从起点开始考察与追问，我们才能把握文化的深层脉络。而这个起点在学术研究中常常表现为从婴幼儿开始（心理学）、从原始部落开始（人类学）、从考古学开始（媒介考古学），等等。只有在起点处，我们才能真正发现文化得以形塑的秘密，而起点恰恰打破了很多习焉不察的思维习惯，从而将那些目前对我们隐而不彰的东西展现出来。比如当我们指着一辆车，教一个刚刚开始认颜色的孩子问到"那是什么颜色"，最担心的事情莫过于孩子回答说："那是一辆车车。"因为，要将颜色从"对象"（车）身上分离出来，这个过程是如何发生的？对于这个问题，在公孙龙关于"离坚白"的讨论中，"离"就是一个重要的思维过程；而坚、白、石如何统一，又是一个深刻的哲学命题。这些问题我们却都可以在婴幼儿身上得到启示，当然也可以在古人或者原始部落那里获得启示。再次，媒介学视野下的华夏传播研究还必须习惯一种打破的思维。这实际上是一种否定思维，是一种思想实验，其基本的句式是"假如不，会如何"。也就是说，假如把某种媒介拿掉，会发生什么？比如把长江拿掉，"中国"还是那个中国吗？假如把祠堂拿掉，中国的文化将怎么样？等等。但是纯粹的思想实验似乎没有根据，那就需要由此引入比较的视野了，比如西方人有教堂，而没有祠堂，而中国有祠堂而教堂不兴盛，两者一比较便能让人洞察到很多的文化秘密。

总之，清果教授的著作引发了上述林林总总的感慨与思考。热切期待相关同人以清果教授的著作为契机，深入展开讨论。是为序。

目 录

绪　论	001

第一章　万古流芳：华夏古牌坊的媒介特征 ········· 012
　　第一节　牌坊的起源与发展 ········· 013
　　第二节　作为传播媒介的牌坊 ········· 016
　　第三节　牌坊的传播特征 ········· 017
　　第四节　牌坊文化的当代价值与意义 ········· 021

第二章　家国天下：华夏家庭传播的媒介域考察 ········· 025
　　第一节　家的内涵和独特媒介形态表现 ········· 025
　　第二节　中国家媒介的功能及文化阐释 ········· 033
　　第三节　中国家庭传播的华夏文明特色 ········· 041

第三章　沟通生死：华夏墓葬石刻的媒介意蕴 ········· 049
　　第一节　作为生死交流媒介的墓葬石刻 ········· 049
　　第二节　墓葬石刻的媒介特征 ········· 052
　　第三节　墓葬石刻的传播效果 ········· 058

第四章　光耀门楣：华夏门户文化的媒介社会学分析 ········· 063
　　第一节　作为传播介质的门 ········· 064
　　第二节　门的社会表征功能 ········· 068
　　第三节　门的精神意义 ········· 074

第五章　祠堂千秋：华夏家族传播的媒介空间 ········· 078
　　第一节　从祠堂研究说起 ········· 079

第二节　祠堂的盛衰与中国社会传播的变迁 ……………………… 081
　第三节　祠堂作为家族交往独特的物态媒介 …………………… 083
　第四节　祠堂作为家族交往独特的仪式媒介 …………………… 086

第六章　路通天下：华夏道路媒介的多模态诠释 ………………… 090
　第一节　从道路研究说起 ………………………………………… 090
　第二节　"路"何以为媒介 ………………………………………… 095
　第三节　内向传播与"路"的媒介象征 …………………………… 097
　第四节　人际传播与"路"的沟通想象 …………………………… 100
　第五节　群体传播与"路"的媒介赋权 …………………………… 102
　第六节　跨文化传播与"华夏之路"的国际延伸 ………………… 106

第七章　周而复始：华夏生肖文化的符号学解读 ………………… 110
　第一节　生肖文化与中华文化传播 ……………………………… 111
　第二节　生肖文化的历史溯源与传播途径 ……………………… 112
　第三节　生肖文化的传播途径 …………………………………… 119

第八章　见信如面：华夏书信文化的媒介功能探析 ……………… 125
　第一节　书信硬载体的媒介功能 ………………………………… 126
　第二节　书信软载体的媒介功能 ………………………………… 129
　第三节　书信现代意义的延续 …………………………………… 135

第九章　天堑通途：华夏桥梁的媒介意象透析 …………………… 141
　第一节　沟通自然的媒介 ………………………………………… 143
　第二节　连接生死的媒介 ………………………………………… 145
　第三节　人际交往的媒介 ………………………………………… 148
　第四节　民族记忆的媒介 ………………………………………… 151

第十章　地理媒介：华夏长江的传承载体 ………………………… 153
　第一节　物质实体层面的空间 …………………………………… 154
　第二节　精神建构层面的空间 …………………………………… 161
　第三节　地方的空间：一方水土一方媒介 ……………………… 165

第十一章　羽扇纶巾：华夏扇子的交往功能　　167
第一节　扇子作为一种沟通介质　　168
第二节　扇子文化的本土化传播　　173
第三节　扇子文化的当代传播　　177

第十二章　冰瓷莹玉：华夏瓷器的传播功能　　182
第一节　瓷器的政治传播功能　　184
第二节　瓷器的经济传播功能　　187
第三节　瓷器的文化传播功能　　189
第四节　瓷器的社会传播功能　　195
第五节　瓷器的生态传播功能　　197

第十三章　冰心玉壶：华夏茶文化传播的媒介功能　　201
第一节　作为媒介的茶　　202
第二节　私人领域茶作为媒介的情感表达　　204
第三节　公共领域茶的政治经济功能呈现　　208

第十四章　以礼为媒：华夏婚俗礼物的媒介意义　　215
第一节　婚俗礼制下中华"礼"文化传播　　217
第二节　婚俗礼的媒介功能　　221
第三节　当代婚俗礼物性质的嬗变与回归　　224

附录　媒介学视野下的老子之门探析　　226

参考文献　　253

后　记　　264

绪　论

一　华夏传播媒介的学术史回顾

中国古代媒介观念的研究，是中国古代传播研究即华夏传播研究中的一支。黄星民将华夏传播研究界定为"华夏传播是对中国传统社会中的传播活动和传播观念的发掘、整理、研究和扬弃"[①]。谢清果在其基础之上认为华夏传播还应承担建构能够阐释和推进中华文明可持续发展的传播机制、机理和思想方法的学说。[②] 华夏传播研究始于20世纪六七十年代，1977年施拉姆访问香港中文大学，并提倡发掘中国传统文化中的传播文化遗产。[③] 之后1978年香港、台湾两地分别举行了"中国文化与传统中传的理论与实际的探索"研讨会，余也鲁在此次大会上做了《中国文化与传统中"传"的理论与实际的探索》的主题演讲，该文经过整理之后一并附载于当时余也鲁所翻译的施拉姆的《传学概论》之中，余也鲁在该文之中提出了"翻译传播学理论著作""检讨现有的国人研究成果""探索中国传统文化，找寻传的原理与原则"的三步走策略。[④] 台湾地区以台湾政治大学为中心，推出了一系列关于中国古代传播的著作，如方鹏程的《鬼谷子：说服谈判》、朱传誉的《先秦唐宋明清传播事业论集》、关绍箕的《中国传播思想史》等，并且指导该校的研究生以中国古代传播为主题撰写了一批论文，如严智宏的《孟子传播思想研究》等，但随着近年来逐

---

① 黄星民：《华夏传播研究刍议》，《新闻与传播研究》1999年第4期，第80~86页。
② 谢清果：《2011—2016：华夏传播研究的使命、进展及其期望》，《国际新闻界》2017年第1期，第101~117页。
③ 宣伟伯：《传学概论——传媒、信息与人》，中国展望出版社，1985，《序言》第4页。
④ 余也鲁：《中国文化与传统中"传"的理论与实际的探索》，载宣伟伯《传学概论——传媒、信息与人》，中国展望出版社，1985，《序言》第8~32页。

渐出现的"中国化"往"在地化"的转向,① 其研究的后劲稍显不足。

目前华夏传播研究的力量还是以中国大陆方面的为主。1985 年上海第一届传播学国际学术研讨会出现了两篇关于华夏传播的研究论文。1988 年吴予敏出版了第一部华夏传播研究专著《无形的网络》。此后,1993 年"首届海峡两岸传统文化中'传'的探索座谈会"在厦门大学召开,会后出版了《从零开始》论文集。此次会议之后,孙旭培组织撰写了《华夏传播论》一书,该书开启了对中国传播史研究广泛领域的探索,使得中国文化和传播进入了大众的视野,华夏传播的研究也开始真正在国内生根发芽,有了具体的研究成果。进入 21 世纪以后,厦门大学传播研究所推出了一套"华夏传播研究丛书",首批成果有郑学檬的《传在史中——中国传统社会传播史料选辑》、黄鸣奋的《说服君主——中国古代的讽谏传播》以及李国正的《汉字解析和文化传播》。2005 年,上海交通大学出版社出版了由金冠军、戴云光主编的《中国传播思想史》,分古代卷(上、下)、近代卷和现代卷三卷,其中古代卷对中国传统文化中的传播思想做了一番梳理,是 21 世纪以来关于中国古代传播史较为完整的通史著作。近十年来,华夏传播研究则加快了专业化、理论化的发展,一方面中国在这一时期开始注重国家形象传播,追求提升文化话语权以及国家软实力;另一方面传播学主体性的呼唤也激发了华夏传播研究的需求,② 以谢清果、潘祥辉、姚锦云、李红为代表的青年学者的涌现更是带来一批高质量的、可以体现华夏传播学术特色的研究成果,如潘祥辉的《华夏传播新探——一种跨文化传播比较视角》;邵培仁、姚锦云的《传播受体论:庄子、慧能与王阳明的"接受主体性"》;谢清果的《共生交往观的阐扬——作为传播观念的"中国"》;李红的《庄子的"吾丧我":主体趋近世界的路径》。这些文章不仅从研究形态上来说与以往的华夏传播的研究不同,而且还抛开了以往西方传播学理论对于中国传播学研究的束缚,真正地开始做到"以中国为方法、以世界为目的",③ 用黄旦的话来说,就是立足于中国的传播

---

① 陈世敏:《华夏传播学方法论初探》,《新闻学研究》2002 年第 2 期,第 1~16 页。
② 谢清果:《2011-2016:华夏传播研究的使命、进展及其期望》,《国际新闻界》2017 年第 1 期,第 101~117 页。
③ 〔日〕沟口雄三:《作为方法的中国》,生活·读书·新知三联书店,2011,第 130~132 页。

实践,依照其自身的逻辑来发现和解决问题。"本土化"研究是从中国现实的传播问题开始①,这也正是本书立足于华夏传播,确立自己为华夏传播研究中的一分子的缘由。

关于中国古代的媒介研究,吴予敏通过对古代口语媒介、书写媒介、印刷媒介的分析,认为人类的沟通能力是生物遗传的本能,在沟通交流的时候就需要工具的帮助,这种工具就是媒介。② 不管是什么人,当他开始交流时就必须有媒介的帮助,并不是所有中国的媒介一定会与外国的媒介有所不同,吴东权在《中国传播媒介发源史》之中认为媒介是一种能够表达意识,透过传播方式以达到传播之功能者③,他将中国的传播媒介分为了符号、音响、光影、器物、象形、文具以及综合类七大类,并在这些分类之下一一介绍了中国古代以来的各种传播媒介,开启了中国古代传播媒介研究的先河,也为后世中国传播媒介的研究奠定了基础。朱传誉在其《先秦传播事业概要》之中就认为早期的经典如《诗经》《尚书》就是一种新闻媒介,同时他又对当时的传播媒介如金文、甲骨文做了研究,认为媒介加速了信息的传播,为后来的战国争霸埋下了伏笔,同时也加速了周王朝的衰落。④ 此外朱传誉还著有《宋代新闻史》一书,在该书之中他通过对传播的媒介的划分来讲述宋代新闻发展的过程,他将宋代的新闻媒介分为邸报、小报、边报、榜文、时文等几种形式,分别对应介绍了各种传播媒介的形式、传播范围、传播效果等,他的研究与本书所研究的宋代媒介有一定的相关性。此外在其他中国断代传播思想史的研究之中,也有对中国古代媒介的研究。尹韵公在其《中国明代新闻传播史》中分析了邸报、塘报、告示三种传播媒介,对三者的起源、内容、性质、特点、价值和影响分别做了论述,同时也研究了这三种媒介的受众及它们的变种形式。⑤ 李彬则在《唐代文明与新闻传播》一

---

① 黄旦:《问题的"中国"与中国的"问题"——对于中国大陆传播研究"本土化"讨论的思考》,载黄旦、沈国麟编《理论与经验——中国传播研究的问题及路径》,复旦大学出版社,2013,第55页。
② 吴予敏:《无形的网络》,国际文化出版公司,1988,第2页。
③ 吴东权:《中国传播媒介发源史》,中视文化事业股份有限公司,1988,第8页。
④ 朱传誉:《先秦传播事业概要》,商务印书馆,1973,第123~137页。
⑤ 尹韵公:《中国明代新闻传播史》,重庆出版社,1990,第19~199页。

书中对唐代的媒介做了考察,在这部书中,李彬考察了作为媒介的邸报、露布、檄文以及烽火。①

除此以外,类似的对于中国古代媒介形式、功能及效果的研究还有很多,这类研究往往集中于对媒介形式、功能、效果的研究,这与早期中国新闻传播学力图跟上西方传播研究的脚步有很大的关系,朱传誉在其《先秦唐宋明清传播事业论集》以及《先秦传播事业概要》的序言之中就不断强调自己使用的是西方传播学的科学方法来做的研究。② 因此早期中国古代媒介研究的方法论与北美式的注重媒介效果研究的方法论有着惊人的相似,它们都注重对于中国古代媒介形式及功能效果的研究。正因为如此,这些对于中国古代媒介的研究实际上并没有运用中国古代自己的媒介观念去看待媒介,更多的是在现有形式之下对媒介以及传播界定,反观过去的历史之中是否存在媒介及传播现象。他们对媒介的看法与西方的媒介观念几乎没有差别,或者说他们仅仅将媒介作为一种传播工具来对待,并不算是对中国古代媒介观念的研究,这一阶段可称作陈韬文所谓"简单移植"阶段③,即照搬西方传播学理论中的媒介观来观照中国古代是否存在媒介。李彬提到,正是人们与生活的关系越来越从直接变得间接,才导致新闻事业问世,才促使既往的传闻进化为此后的新闻,并推动传播行为由盲目无序演变为自觉有序。④ 李彬在此认为媒介的传播结构更值得关注,作为传播领域的媒介物,是促使无序的个体化传闻向有序的社会化新闻转变的中枢环节,其历史意味颇值得深究,但遗憾的是李彬就此止步,并没对这个问题再做深入的探讨,这也不得不说是该书的一个遗憾。

上述文献虽然都研究了中国古代的媒介,但它们很少涉及中国古代的媒介观念,同时,这些文献对于媒介的探讨更倾向于将媒介定义为一种传播信息的工具以及载体,而较少涉及符号以及内容的层面。因此我们还需要再寻找专门讨论中国古代媒介的文献。

---

① 李彬:《唐代文明与新闻传播》,新华出版社,1999,第 64~161 页。
② 朱传誉:《先秦传播事业概要》,台湾商务印书馆股份有限公司,1973,《序言》第 3 页;朱传誉:《先秦唐宋明清传播事业论集》,台湾商务印书馆股份有限公司,1988。
③ 陈韬文:《理论化是华人社会传播研究的出路:全球化与本土化的张力处理》,载张国良、黄芝晓主编《中国传播学:反思与前瞻》,复旦大学出版社,2002,第 150~151 页。
④ 李彬:《唐代文明与新闻传播》,中国人民大学出版社,2014,第 292 页。

"媒介"一词最早可见于西晋杜预的《春秋左传集解》，在唐代以后，"媒介"就已经是一个常用的词。张振宇和张西子认为媒介原有的意思是"媒人"及"引荐者"。旧唐书有云："观古今用人，必因媒介。""媒介"实际上指的也指"媒人"以及"引荐者"。"媒介"一词真正由"人"及"物"是在清末，它开始指代那些起介绍、联结作用的物。① 社会文化的变迁导致了"媒介"意义的变化，传统文化的没落与中外文化的交流丰富了"媒介"的含义。当然，古代的中国并不是没有媒介的观念，潘祥辉从"对天发誓"这一传统中国就有的观念入手，来探讨"对天发誓"作为媒介在古代交往之中的意义。在他看来，"对天发誓"本身就是一种人与神、人与人之间的沟通交流方式，其独特之处在于它本身需要依靠中国文化作为解读它的根基，也就是"天道信仰"。而在其社会功能方面，潘祥辉认为"对天发誓"这一媒介主要有社会规范、获取政治合法性、增进人际沟通与社会合作的功能。② 此外他还曾就圣人作为媒介有过阐述，潘祥辉认为中国的圣人因为在世俗领域发挥着重要作用，作为一个超级沟通者与传播者的角色，"圣人"本身就具有鲜明的媒介学特征。在中国传统文化中，圣人总是被塑造成一个全能的传播者，在人与神的交流以及人与人之间的交流之中发挥着至关重要的作用。③

需要说明的是，关于中国古代媒介观念的研究在现在还是相对较少的，更多对于中国媒介观念的研究还是从近代开始的，比如詹佳如从18世纪的孙嘉淦伪奏稿作为一种媒介入手，讨论古代媒介是如何形成一种民间的传播网络的，并认为古代媒介并不是给现代媒介带来一种熟悉感，它本身也承载着一定的观念与结构，而这也是现代媒介得以发挥作用的基础和条件。④ 也是从近代起，才逐渐出现了关于中国媒介观念的论述。孙藜从

---

① 张振宇、张西子：《自"名"而"动" 由"人"及"物"——中国古代"媒介"概念的意义变迁》，《国际新闻界》2011年第5期，第81~86页。
② 潘祥辉：《"对天发誓"：一种中国本土沟通行为的传播社会学解释》，《新闻与传播研究》2016年第5期，第30~46页。
③ 潘祥辉：《传播之王：中国圣人的一项传播考古学研究》，《国际新闻界》2016年第9期，第20~45页。
④ 詹佳如：《十八世纪中国的新闻与民间传播网络——作为媒介的孙佳淦伪奏稿》，《新闻与传播研究》2015年第12期，第20~36页。

电报网络在中国的使用重构了近代中国的空间结构切入，探讨媒介的变革对于时空观念、社会关系网络的变化。在这一过程之中，清政府努力将电报网络这一新媒介纳入其权力结构以维护其统治的权威，但作为新媒介的电报还是带来了与旧时空观念的分裂。媒介在这里已不仅仅是任人使用的工具，它本身也是促使人们观念发生转变的关键因素之一。① 黄旦则通过苏报的研究来说明媒介在中国社会也存在着"媒介化"的过程，在交往和沟通过程之中，媒介扮演着使不同主体与其他主体或者环境产生关系的行为和方式的角色。② 在此基础之上，黄旦进一步指出，媒介制度化过程并最终形成"制度性媒介"的新格局，乃是思想知识和社会变迁的重要动力，我们需要重新思考历史上的各种媒介（如纸笔印刷、官学私学等）与知识、思想乃至政治、经济制度变革的关系③，这些对于近代史之中新旧媒介的研究恰能激发我们回溯过往、重新发现华夏传播之中媒介的一种新的可能。

综上所述，虽然对于中国古代媒介的研究起始得很早，研究成果也算丰富，但在这些研究背后隐藏的依然是西方的媒介观念，通过对近世中国媒介研究的整理，我们发现实际上古代中国也存在着自身独特的媒介观念，这一观念正是现代媒介得以在中国运行的基础和条件，然而对它们的研究暂属零星，依然有待发掘。

二　媒介学视野下的华夏传播研究

本书借鉴德布雷的媒介学思路与方法，试图对中国日常生活中的媒介做一"生活—社会—技术"的综合考察，以期呈现媒介域中的中国人的媒介生活。现将研究源起，做简要介绍如下。

胡翼青曾深刻指出："……关于华夏传播研究的困惑。如果我们使用

---

① 孙藜：《再造"中心"：电报网络与晚清政治的空间重构》，《新闻与传播研究》2015年第12期，第37~61页。
② 唐士哲：《重构媒介："中介"与"媒介化"概念爬梳》，《新闻学研究》2014年第3期，第1~39页；黄旦：《报纸革命：1903年的〈苏报〉——媒介政治化的视角》，《新闻与传播研究》2016年第6期，第22~45页。
③ 黄旦：《媒介变革视野中的近代中国知识转型》，《中国社会科学》2019年第1期，第137~158页。

传播学现有的理论和框架去解决中国古代'传'的问题，或者中国文化意义上'传'的问题，似乎理论与经验之间的不匹配性非常明显。因为围绕大众传媒及其营造的现代性景观和围绕口头传播与文字传播建构出来的交流方式及文化在理论移植方面很难通约。如果不能对西方大众传播及大众媒介理论的局限性或者狭隘的媒介观展开反思和扬弃，我们就不可能真正开展起本土化的传播研究。"① 不可否认的是，媒介研究是传播学研究的核心命题，无媒介不传播，无传播不媒介。然后，最基础的概念，却往往是最难阐释清楚的，但又是必须做深入解释的，至少每一位学者都应该对自己在何种程度上使用媒介，做出自己的理解。华夏传播研究显然不能照搬西方的理论和框架，这是因为她研究的对象主要是根植于五千多年的中国文化传统，其中许多命题是源于古代传统社会的知识与经验，而西方传播学的理论主要是来源于西方语境中大众传播时代来临之后的理论建构，是工业化的产物。因此，无法直接运用西方理论来解释中国古代社会的传播现象。然而，传播学已然是西方话语一统天下的时代，如何让传播学说汉语，如何建构中国特色、中国风格、中国气派的本土传播学，是40年来中国传播学者致力的基本方向。华夏传播研究正是这一方向的集中体现，虽然这一方向还备受质疑，但是作为一个方向，它却是无可替代的。可以说，从一定程度上讲，如果华夏传播研究没有大的进展，本土传播学的根本性冲突就都是镜中花、水中月。因为只有把握了中华五千年文明前进的传播原理与思想方法，我们才能理解和解释中华文明可持续发展的奥妙，也才能从根本上彰显中华文化软实力，也才能基于中华文化立场、全球传播视角来建构可与西方传播学对话的传播学"中华学派"。

这就是本书选择从媒介的角度研究华夏传播的原因所在。在本书的视域中，"媒介并不因为它的质料和形式而成为媒介，媒介是在与公众的信息和意义勾连中才成其为媒介"。② 本书谈论的媒介是日常生活中的媒介，比如牌坊、长江、礼物等实物，之所以将它们视为媒介，是因为它们已然

---

① 胡翼青：《显现的实体抑或意义的空间：反思传播学的媒介观》，《国际新闻界》2018年第2期。

② 胡翼青：《显现的实体抑或意义的空间：反思传播学的媒介观》，《国际新闻界》2018年第2期。

嵌入人们的交往实践，成为意义联系的桥梁，甚至成为一种默会知识，从而将实体媒介与观念媒介抑或精神媒介贯通起来。在笔者看来，任何媒介，它都具有实体的联系功能，同时也具有意义阐发的功能，也就是说，一种媒介，或者说不同人使用同一种媒介，都可能有不同的打开意义的方式，媒介的意义传递或生成可能是情境化的，因为有时隐喻是需要情境的帮助才能转化为现实的理解，何况传播主体都能够主动地参与意义的生成或建构。从这个意义上讲，媒介已然不是结构功能主义上的传递信息的工具，而是"'容纳'人、技术、权力、资本、文化等不同传播要素的'行动场域'（fields of action），其意义在于为不同传播要素间的互嵌和转换提供可能"。① 用"行动场域"这个表述来突出"媒介"的流动性与生成性，即媒介不是死的，而是活的，是能够动态地"制导"着人们的社会关系，影响着人们的认知与意义建构，从而改变着世界生活的样态。媒介学的思考，正是将媒介作为理解社会和世界的着力点、聚焦点。无论过去还是现在，人类，尤其是那些成功者、弄潮儿，都善于借力"媒介"，将各种资本——无论是金融资本、社会资本，还是文化资本，当然还包括媒介运作所需要的技术、权力等，玩弄于股掌之中。因此，"媒介是什么""媒介如何运用""谁利用媒介""媒介为谁服务"等一系列媒介问题，正是我们所理解的媒介学关注的问题。

当然"媒介学"概念的提出者，学者通常认为是法国学者德布雷。德布雷明确指出，他的媒介学概念是"一种对文化领域和技术领域的互动研究"。不过，他也坦言"媒介学是思考大众媒介的另类方法"，换言之，他指涉的媒介是"大众媒介"，关注的是文化的传递，而不是传播，因为在他看来，传递是人类累积（继承、吸收和改变）的活动。德布雷认为，人们生活在"媒介圈"之中，一系列的媒介构成了我们的环境，因此"媒介学是一个文化生态系统"。②

德布雷来批判麦克卢汉，认为后者只关注技术的"工具故事"，而更

---

① 钱佳湧：《"行动的场域"："媒介"意义的非现代阐释》，《新闻与传播研究》2018年第3期。
② 陈卫星、〔法〕雷吉斯·德布雷：《媒介学：观念与命题——关于媒介学的学术对谈》，《南京社会科学》2015年第4期。

重要的是要注意媒介技术的象征性建构功能,"体现为象征性的观念和作为物质性的技术成了文化传递和秩序形成的两个不可分割的方面,具体地表现为'我们记忆、传递和移动技术与我们信仰、思想和组织模式'"。媒介学意义上的"媒介"其实是法国传统上的"中介化",实质是"去考察象征性在何种物质性基础上才能成为可能,物质性在何种象征性背景下具有了合法性"。①

综上所述,本书使用"媒介学"这一表述,诚然是受德布雷的启发,也吸纳了他的观点的合理性,即将媒介视为一种中介,而这种中介本质上是一种"技术",正因为它而使关系成为可能,更使文化传承成为可能,即媒介("中介")的象征性功能在人们的日常使用中使一种文明的传递成为可能,因为它已经深深地根植于民族的集体无意识。比如桥、路,当我们表达友谊之桥或致富之路的时候,桥与路就已经不是物质性意义上的意象了,而是精神象征层面的意象,当然它们是紧密相连的。正因为如此,桥、路等日常生活中的实物正发挥着媒介功能,在编织意义的网络,也成为"文化生态系统",让一种文化以她自身的方式延续。这一见解对于我们研究华夏日常生活媒介是有很大启发的。

不过,本书的直接创意正源于欧文·戈夫曼的《日常生活中的自我呈现》。读这本书时,我就想,我应当可以创作一本《日常生活中的媒介呈现》,我的本意是日常生活中有许多我们"日用而不知"的媒介,而正是这些媒介编织了我们的生活之网,当然也包括大众传播媒介。只不过,由于大众传播媒介的影响太大了,以至于学者大多集中关注互联网、社交媒体等新媒体以及报纸、广播、电视、书籍等传统媒体,而相对忽视了日常生活媒介。而且,我们甚至可以说,如果没有日常生活媒介,那些"大众传播媒介"未必能够真正发挥作用,从一定意义上讲,正是这些日常生活媒介支撑了"大众传播媒介",因此,研究它们是具有重要意义的。此外,也受麦克卢汉《理解媒介》的影响,因为麦克卢汉在此书中,生动、准确、深刻地分析了类似道路、住宅、时钟、汽车、货币、数字等这些"身

---

① 朱振明:《媒介学中的系谱学迹线——试析德布雷的方法论》,《新闻与传播评论》2019年第3期。

体的延伸",这些影响人们生活的媒介。当然,其中也包括报纸与广播等大众传播媒介。正是在此两位学者、两本书的启发下,作为长期从事华夏传播研究的笔者,就拟定了"华夏传播媒介的日常呈现"的写作提纲和基本思路,共草拟了27种日常生活中的媒介,例如,提纲中主要章节有:第一章"路漫漫其修远:华夏传播对'沟通'的渴求",谈的媒介是"路";第二章"伤心桥下春波绿:华夏传播对'桥'媒介意象",谈的媒介是"桥";第三章"礼之用,和为贵:华夏礼乐传播的物质载体",谈的是礼物媒介;第四章"一片冰心在玉壶:华夏茶文化传播的媒介功能",谈的是茶叶媒介;第五章"唯有饮者留其名:华夏酒文化传播的社会学想象",谈的是酒;第六章"大河向东流:华夏交往场域中的河流想象",谈的是河流……。在27章中我们首期选择了14种媒介,加以研究,就有了在读者面前展现这本书的机缘。不过,后来因为《华夏传播媒介的日常呈现》书稿,笔者已另外申请出版,而本书则受到厦门大学社科处的统一规划资助,就以《华夏传播研究:媒介学的视角》为名由社会科学文献出版社出版。

此外,该书的成书具体过程,还需做一交代。首先由笔者拟订了写作提纲,之后便在笔者面向新闻传播学院博士、硕士研究生开设的"中国传播理论"选修课上,以课程论文的形式,让每位修课的学生自己挑选喜爱的章节,从而做了写作分工。笔者给研究生开课的习惯是:每年会开同一门课,但每年内容不一样。作为老师,我希望以此来促进自己不断提升,鞭策自己不断去备新课,去阅读新出的许多论著,构思新的写作计划,进而手把手地教学生:如何选题,如何破题,如何找资料,如何建构提纲,如何遵循学术规范,最后至少写出一篇可以发表的学术论文来,以作为学习这门课的最好纪念。如此,课题研究的进程便与课程的进程紧密地联系在一起。通常课程开始的前四周,由老师介绍课程的基本内容,尤其是以自己写过的专题论文来现身说法,把自己是如何写出一篇高水平的学术论文的整个过程,做逐一分析。同时,在这一个月左右的时间里,要求学生们根据自己的选题去寻找材料,拟订初步的提纲。从第五周开始,便进入学生逐一进行自己研究课题讲演的阶段,即学生将自己如何思考这个选题、打算分几个步骤或层次来写、运用了哪些材料,等等,逐一向老师和同学们做说明，然后，先由修课的同学提问，最后由老师点评，重新拟订提纲。这样讲完的学生就可以去写初稿了。如此一周周下去，等所有学生都讲过了，前面的学生初稿也基本完成。余下的四五周，老师就一边继续讲课，一边在课余批改学生的初稿，再让学生修改，反复数次后，文章大体上就达到了发表的水平。因此，每篇文章都凝聚着老师与学生们精诚合作的心血。需要说明的是，在授课的同时，老师也与学生一样，讲一门课下来，也写出一篇同一主题的论文①，并在课程结束前的几周，把自己写文章的过程向学生们介绍，并接受学生们的提问。这样，一门课下来，学生们不仅写出了一篇较高水平的学术论文，而且经历了一次难得的学术研究洗礼，这对他们走上学术研究之路应该是有莫大的帮助的。这当然也是作为老师的初心。

　　本书另外邀请了三位华夏传播研究会的同人，即郑州大学新闻与传播学院张兵娟、福建农林大学金山学院的李海文和莆田学院的吉峰，他们分别承担了《万古流芳：华夏古牌坊的媒介特征》《羽扇纶巾：华夏扇子的交往功能》《冰瓷莹玉：华夏瓷器的传播功能》的写作，谨此致谢！

　　本书借鉴德布雷的媒介学思路与方法，试图对中国日常生活中的媒介做一"生活—社会—技术"的综合考察，以期呈现媒介域中的中国人的媒介生活。

（谢清果　杜恺健）

---

① 2019年第一学期的《中国传播理论》课程，我写出的论文是《媒介学视野下的老子之门新探》，现收录于本书附录。虽然本书第四章也专门谈门户文化，但是我的论文是试图将媒介学的研究思路导入对中国传统经典的研究，这或许是我下一阶段即将开启的新的研究方向。该文将媒介学的研究方法导入对《道德经》这部经典的研究，算是一次全新的尝试，希望不久的将来，我能够继续拓展老子传播学的研究方向，写出《媒介学与道德经》这样的著作。此前已出版《和老子学传播——老子的沟通智慧》《和老子学管理——老子的组织传播智慧》《和老子学养生——老子的健康传播智慧》《大道上的老子——〈道德经〉与大众传播学》《生活中的老子——〈道德经〉与人际沟通》等系列著作。

第一章
万古流芳：华夏古牌坊的媒介特征

古代中国崇尚用"礼"来规范社会，而礼的推行在于教化，除了祭孔办学等教育手段之外，牌坊也发挥着极其重要的作用。从建筑学的视角来看，牌坊具有极高的历史、艺术价值。本书从传播学视角切入，指出牌坊是一种具有"时间偏向"性的"无声的媒介"，并从"文以载道""图以鉴世""情感承载"三方面分析了牌坊的传播特征。诚然，传播与文化总是密不可分的，牌坊文化在特殊的时代所延伸出的激励价值、教化传播价值和文化整合价值，对于现代人立身行事仍然有重要的参考价值。

传播是一条长长的河流，贯穿于人类历史的整个发展之中。传播行为也是伴随着人类的诞生而诞生，而人类传播的历史离不开媒介，麦克卢汉声称"每一个新的传播媒介都以其独特的方式操控着时空，因此，每一种媒介都以它自己的方式极大地影响着人类的知觉和社会结构"。[1] 牌坊作为实体空间，不仅具备传播媒介的功能，更在中国媒介的变迁史上和中华文明的发展进程中发挥着重要的作用。牌坊作为封建礼教影响下的观念产物，也受到了褒贬不一的评价。每一座牌坊背后都有一段动人抑或辛酸的历史故事，它所呈现的各种各样的社会功能以及折射出的精神价值，形成了中国特有的文化现象。即便是在现代社会，跨越时空的牌坊仍对人们处世行为与道德修养发挥着较为重要的现实教育作用，激励一代又一代的年

---

[1] 〔美〕罗尔：《媒介、传播、文化：一个全球性的途径》，董洪川译，商务印书馆，2012，第45页。

轻人孝亲爱国、忠厚仁义、奋发向上。

第一节　牌坊的起源与发展

牌坊，又称牌楼，是中国古代封建社会旌表褒奖德政科第及忠孝节义的门洞式建筑，属于礼制建筑。牌坊起源与发展是一个漫长的历史过程，最初起源于门，是由古老的衡门发展演变而来。《诗·陈风·衡门》曰："衡门之下，可以栖迟。"除此之外，华表、乌头门、棂星门、牌匾等传统文化形态都对牌坊的演变发展具有一定的影响性，并为牌坊的独立成型奠定了重要的基础。

宋代牌坊正式成为一种独特的民族形态文化，并兼具纪念追思、记载传承及旌表标榜等功能。其虽独立成型开始使用，但范围有限，主要有仕途功名类牌楼、寺庙墓祠类牌楼、书院文庙类牌楼、纪念颂扬类牌楼。例如安徽歙县的"丞相状元"坊，建于南宋时期，是一座旌表歙县槐塘村程氏家族的功名坊，雕式简单、结构严谨，其形体结构可追溯到中国早期的牌楼。（见图1-1）宋代封建思想观念逐步深化，统治者提倡的忠、孝、节、义已逐渐渗透并应用在牌坊上。

图1-1　安徽歙县槐塘村"丞相状元"坊［自摄］

元代只是巩固了牌坊这一风俗文化的发展,发挥着承前启后的作用。但在元代牌坊的特殊之处是,民间可以自发建立纪念、标榜性的牌坊,如安徽歙县的"贞白里"坊,属旌表功名性牌坊,是家族成员自发建立的,以昭示后人牢记祖训、树立美德。(见图1-2)

图1-2 安徽歙县郑村"贞白里"坊[自摄]

明代牌坊发展到了鼎盛时期,立牌坊受到统治者的重视而且成为全社会最高等级的旌表方式,有力地促进了牌坊的发展,民间牌坊的数量大幅度增加。牌坊逐步下渗到民间社会,但是在明代立牌坊有明确的规定,需地方官员严格审查,逐级申报,皇帝恩准才能获得建坊资格。清代进一步继承了明代牌坊的规制,更加制度化、规范化,并进一步向民间民众转变,使用范围更加广泛。明清时期,"立牌楼从皇家神圣的规制向民众世俗方向转化,最终成为与民众相通、民众喜闻乐见的风俗文化。"①

一般来说,明代多为屋宇式牌楼,清代则多为四柱冲天式牌坊,但按

---

① 李芝岗:《中国石牌楼艺术》,陕西师范大学出版社总有限公司,2014,第237页。

照功能性可将牌坊划分为四类：大门性牌坊、标志性牌坊、装饰性牌坊、旌表性牌坊，其中最重要的便是旌表类牌坊。旌表类牌坊数量最多，主要是为了褒奖具有丰功伟绩的功臣、科举才子、贞洁妇女、忠臣孝子等，使其名扬四方，受到全社会的敬仰。此类牌坊内容大多为宣扬忠、孝、节、义，大致可分为功德坊、仕科功名坊、孝贤孝子坊、乐善好施坊、贞洁孝懿坊。为什么旌表类牌坊是牌坊数量中最多的呢？这就不得不谈到中国古代的旌表制度，"旌表制度是历代王朝倡导封建礼教，为道德优秀的人树立如匾额、碑石、牌坊等物化标志对其进行彰显和标榜，以美化风俗、教化民众的一种制度"。① 它不仅深刻地印证了中国古代社会的道德价值观念，也成为中国古代社会文化指向的有效方式。在明代，旌表制度是统治者治理国家的重要措施，立牌坊作为旌表制度中的一种方式，在明清时期成了人们追求的一种最高规格的荣誉。

从古至今，牌坊的历史已逾千年。在古代，牌坊是综合了旌表褒奖、引导标识、纪念追思、道德教化、情感承载等多重社会功能的建筑。而在当代，牌坊最主要且最基本的旌表褒奖的社会功能已淡化，更多成为一种纪念性、标识性的人文建筑。昔日的风光虽已不在，但牌坊仍承载着深厚的文化底蕴，潜移默化地影响着一代代人。

图 1-3　安徽歙县许国石坊 [自摄]

---

① 秦永洲、韩帅：《中国旌表制度溯源》，《山东师范大学学报》2007 年第 6 期。

第二节　作为传播媒介的牌坊

牌坊具有独特的建筑造型，是中华文化的代表性标志物之一，也是其他建筑物所无法替代的一种传统文化的表征。传播学大师施拉姆认为建筑是一种"无声的媒介"，它可以直接地或间接地向民众传播信息，如："石雕传播古代诸神的庄严伟大，建筑物和纪念碑传达王国或统治者的丰功伟绩，泰姬陵和金字塔等名胜古迹、教堂的非凡构想不仅召唤人群、传播生活方式，而且传授民族的历史、讲述其对未来的希望。"① 由此观之，建筑不仅是建筑，而且是一种象征，是人类表现自我的一种延伸。矗立在中华大地上的一座座牌坊，作为一种古老而传统的传播媒介，使得古代统治者与民众形成了一种受传关系，牌坊建筑物上所承载的信息内容实则体现了统治者向社会传播的意识形态。"统治者—媒介—民众"，这种形式实际上就是一种大众传播的形式，统治者通过立坊旌表的形式来维护自己的统治，民众将获得立坊资格作为自身追求的最高规格的荣誉，在这种均衡的传受关系中，传播活动不仅得以正常进行，而且也获得了理想的传播效果，最终儒家所倡导的忠、孝、仁、义、廉等伦理观念上升为大众的意志，成为大众的信仰与诉求。

加拿大传播学者伊尼斯也提出了媒介"偏向论"，将媒介分为两大类：一种是有利于空间上延伸的媒介，另一种则是有利于时间延伸上的媒介。牌坊其石质的建筑属性经久不衰，有利于时间上的纵向传播。一些保存至今的牌坊，历经漫长的岁月传播着丰富的信息，其受众的广泛程度也不言而喻。"倚重时间媒介的文明固守传统、强调连续性，突出社会的黏合力，坚守神圣的信仰和道德传统。"② 中华民族的核心精神遗存保留在各种文物、建筑中，牌坊作为文化传承的重要载体，使无形的礼得以传播。

牌坊作为一种礼制建筑，凝聚着一个时代的特征，不仅是一种物质意义上的空间形态，还是一种具有象征性的文化符号。牌坊蕴含着丰富且深

---

① 〔美〕威尔伯·施拉姆、威廉·波特：《传播学概论》，何道宽译，中国人民大学出版社，2010，第135页。
② 〔加〕伊尼斯：《传播的偏向》，何道宽译，中国传媒大学出版社，2015，第21页。

厚的儒家文化内涵，可以唤醒人们的历史记忆与集体记忆，是实现记忆延续的重要场所。法国历史学家皮埃尔·诺拉认为，"记忆之场是实在的、象征性的和功能性的场所。"① 牌坊具有实在性，它是实体建筑物；牌坊具有象征性，它代表着儒家的伦理观念；牌坊具有功能性，它兼具旌表褒奖、纪念追思、道德教化、标识引导等多种功能。由此观之，牌坊可被看作一个记忆之场，是承载着历史记忆、文化记忆乃至社会记忆的一种媒介形式，既是对历史的浓缩，同时也凝聚了群体内共同成员的价值观念。

第三节　牌坊的传播特征

信息的传播需要以物质载体、以符号来呈现。如果说媒介是一种实体化的物体，符号则更强调的是一种精神的性质，它一定承载着某种意义，媒介与符号结合在一起便是传播最核心的要素。美国社会学家米德提出了符号互动论，认为人与人之间是"通过符号"来传递意义的，符号是不可或缺的中介。牌坊上的文字与图案是牌坊建筑的重要标识与符号，有助于我们了解过去，解读历史。

一　文以载道

人类生存的世界是"符号的世界"，社会的维系、创造与发展依赖符号进行传播。文字符号在传播和表达信息方面具有巨大的潜力，特别是在文化传播方面。牌坊建筑文字符号是一套儒学表意符号，也是传播儒家之"道"的重要组成部分，更是文化传承的重要途径。牌坊上的文字符号系统是指牌匾、楹联、文辞等。一般在各个文庙的两侧都可看见"道冠古今"和"德配天地"两座牌坊，古人称赞孔子是生民未有的圣人，其德与天地齐同，与日月同辉，即"德配天地"，其道泽被万世，古今不二，即"道冠古今"。文庙的牌坊从"道"与"德"两个层面高度地概括了以孔子为代表的儒家学说的深刻内涵以及孔子的高尚品德，通过文字符号人们

---

① 〔法〕皮埃尔·诺拉：《记忆之场：法国国民意识的文化社会史》，黄艳红译，南京大学出版社，2015，第20页。

确实可以真切感受到建筑所传递的意义及精神内涵。

除此之外,"文字符号所固化的媒介记忆,不仅可以让人们'反复阅读、慢慢译解那些超越时空来自远方的信息或早已逝去的人留下的信息,并用它来保存和继承人类积累的精神财富和文化遗产,而不必费尽脑汁去铭记'"。① 在明清时期,立牌坊下渗到民间社会,对民众生活给予强劲的规范。文字符号,不仅能表明这座牌坊为谁而立以及为何而立,更重要的是发挥教化的作用。在安徽省歙县的棠樾村就有七座牌坊,七座牌坊前后相差四百年,每一座都镌刻着一段历史故事,其中三座明朝建立,四座清朝建立。无论从哪头看,都是"忠、孝、节、义"的排序,七座牌坊连成一线,形成了一整套儒家传统价值观。现在的棠樾牌坊群也成了著名的人文旅游景观,参观的游客络绎不绝,感受故事背后所传递的内在精神。(见图1-4)

图1-4 安徽棠樾牌坊群 [自摄]

二 图以鉴世

人类传承文化的重要方式不外乎语言、文字与图像。在现实世界中,

---

① 邵培仁:《传播学(修订版)》,高等教育出版社,2007,第67页。

符号的形态是多种多样的，有视觉的、听觉的、嗅觉的、触觉的；只要能够指代特定事物或表述特定意义，都属于符号的范畴。牌坊上雕刻的各种图案纹饰是牌坊文化重要的组成部分，人们把思想情感物化为雕刻形象，以表达对理想生活的向往与追求。文字作为历史和文明的传播符号，受文化程度的制约，但在古代民众普遍受教育程度不高，而图像符号相对于文字符号来讲，更加直观、感性，便于信息的传递，更有利于感染和教化民众。图像的取材大多是百姓知晓的人物或故事，即便是文化程度低的民众也能辨明是非，得到感化。这样一来，图像的传播可大大提高受众层次的多样性。

牌坊上雕刻的图像极其丰富，都蕴含着儒家的道德理念：神瑞兽类的动物图案、美好寓意的植物图案、历史典故图案、神话传说图案等。图案大多反映民众喜闻乐见、贴近百姓生活的内容，具有美好的寓意和象征，体现了特有的民族精神和价值取向。非语言符号所承载的信息常常不需要任何言语来表达，一副图案就是一个完整的传播。例如福建省福清市的"黄阁重纶"牌楼的东西次间上分别雕刻着"苏武牧羊""秉笔直书""杨震拒金""千里单骑"四组历史典故，直接表达了儒家伦理道德，传播了忠、孝、仁、义的价值观。（见图1-5至图1-8）"爱德华·萨丕尔称非语言传播是'一套精致的代码，未见诸文字，无人通晓，但人人都能意会'。"①

三 承载情感

冯梦龙在《情史》中断言，情感是宇宙万物得以生生不息的推动力，情感犹如穿线的绳索，最终将宇宙万物贯穿起来。"情感是人类集体意向的反映，通过人类行为得以表达，并将人类行为合理化。因此，情感是与特定社会的独特文化密切相关的一种社会现象，情感既由特定社会的文化所塑造，又反过来影响特定社会的文化面貌和文化进程。"② 情感的纽带联系不同时空的生命，传递情感、传承精神、传播文化。立牌坊是一件隆重庄严的事情，不论哪一座牌坊都蕴含、表达着人们复杂的情感。例如孝子

---

① 〔美〕威尔伯·施拉姆、威廉·波特：《传播学概论》，何道宽译，中国人民大学出版社，2010，第69页。
② 〔美〕乔纳森·特纳：《人类情感——社会学的理论》，东方出版社，2009，第7页。

图1-5 "黄阁重纶"牌楼上的雕刻图"苏武牧羊"[自摄]

图1-6 "黄阁重纶"牌楼上的雕刻图"秉笔直书"[自摄]

图1-7 "黄阁重纶"牌楼上的雕刻图"杨震拒金"[自摄]

坊的建立不仅号召人们将尽孝放在第一位,也是对孝道亲情的广泛传播,有利于社会的稳定;功德坊的建立,不仅是对建功立业的功臣们褒奖,也

图 1-8 "黄阁重纶"牌楼上的雕刻图"千里单骑"[自摄]

是对爱国之情的广泛传播,激励普通民众具备崇高的民族气节和爱国情操。

牌坊上的雕刻图像也大多是民众喜闻乐见、耳熟能详的题材,这可以直接引起观者的情感共鸣。山西运城解州的万代瞻仰石牌坊上雕刻着刘、关、张三人在涿州桃园三结义的情景,传递着仁人志士、义气相交之寓意,当民众对这些熟知的图像故事产生情感上的共鸣从而形成合法性的认同时,便可达成共同体情感上的建构,共同体情感的建构就是对"道德""爱国""亲情""仁义"等价值观念的共同建构,不仅有利于情感的社会整合,还可以形成共同的社会价值观念。"涂尔干认为,同属于一个社会集团的成员之间具有共同的感情即集体性感情,集团成员间具有的这种'共同情感'越强烈,集团的团结性就越强,凝聚力就越大。"①

牌坊文化很好地营造了一个社会的公共情感氛围,形成了一种特定的情感空间,"有了社会性情感,人们交往行动才能转化为社会动力,因为情感的社会化功能发挥,可以使得人们的情感丰富、纯真、崇高,增强对社会的归属感、向心力和凝聚力,人类社会因情感而整合、协调地发展,从一定意义上说,社会的进步也取决于人的情感的进步"。②

第四节 牌坊文化的当代价值与意义

从某种意义上说,"旌表是国家意识形态在民间的表达,是国家主流

---

① 郭景萍:《情感社会学》,生活·读书·新知三联书店,2008,第61页。
② 郭景萍:《情感社会学》,生活·读书·新知三联书店,2008,第66页。

价值观在民间的渗透"。① 统治者为了极力推行符合自己统治的社会理念、道德观念和人生价值观念，旌表不失为一种好的措施，通过对社会敬仰的模范代表进行褒奖，引导民众去效仿楷模，当这些楷模成为民众心里崇拜的偶像时，民众会自觉地规范自身的言行举止，认同并践行社会主流的价值观念，这样一来国家所主导的价值观念在潜移默化中深入民众，从而达到控制基层社会的目的。

牌坊作为一个公共艺术和象征物，是民众生活的场所，也是民族精神、民族文化的重要载体，更是中华魅力文化的见证者，它促进了群体之间文化的交流与融合。千百年来，牌坊文化已经成为人们精神追求和价值承载的一种。它作为一种古老的传播媒介，在特殊的时代所延伸出的激励价值、教化传播价值和文化整合价值，对于现代社会仍具有借鉴意义。

一　激励价值

激励是激发人行为的一种心理过程，它能将人潜在的巨大的内驱力释放出来，只有当统治者所传播的价值理念转化为民众的自觉愿意时，才会得到最佳的激励效果。四川隆昌的孝子总坊，通过对孝子的旌表，为群众树立榜样，通过榜样的模范带头作用引领着人们的思想行动。

任何一种旌表方式作为一定的社会评价方式能否获得传播和认可，关键在于旌表是否反映了广大民众的心声。每个时代都需要旌表，现处于新媒体时代的我们，或许早已淡忘立牌坊旌表的方式，但我们也有自己特有的旌表方式——大众媒介，美国社会学家德弗勒把媒介理解为："可以是任何一种用来传播人类意识的载体或一切安排有序的载体。"中央广播电视台自2003年举办至今的《感动中国》精神品牌栏目，何尝不是一种更好的旌表方式，每一个被选人物都有震撼观众心灵的精神力量，他们代表了社会的价值取向，代表了时代的精神，体现着中国传统的美德和良好的风尚。不论是他们的故事还是他们的精神，都激励着每一个人的思想和行为。除此之外，中央广播电视台近年新推出的最美系列表彰专题，例如：

---

① 李丰春：《社会评价论视野中的旌表制度》，《河南大学学报》（社会科学版）2007年第5期。

《寻找最美孝心少年》《寻找最美乡村教师》《寻找最美村官》等，都是通过树立新时期的道德标杆，用榜样的力量激励我们弘扬社会主义道德观和价值观。

二 道德教化

牌坊不仅是为了表彰某一个人，而且承担着教化民众的重要的社会功能。中国有几千年的教化传统，教化注重的是道德感化和影响，注重的是对人内心的改变。中国古代的教化形式是一种非暴力性、软性的控制，同时也强调了环境陶冶对人们思想价值观念的转变的重要作用，当人们潜移默化地接受教化时，对社会伦理价值的认同也得到增强。

教化即传播，传播即教化，它们是一体两面的关系，以教化民是儒家理论的重要组成部分，教化与教育虽仅有一字之差，但其手段的高明程度远非教育可比。正如德国哲学家伽达默尔在《真理与方法》一书中所说，"在教化的概念里最明显地使人感觉到的，乃是一种极其深刻的精神转变"①。李景林在《教化的哲学》一书中说，"'教化'概念的一个根本特征是引发人的内在精神生活和情感生活的转变，并指出儒学以'教化'为核心观念。"②

在当代中国，我们仍需将仁、义、礼、智、信的作为道德价值的衡量标准，积极弘扬、传承好中华传统文化的精髓。如今在安徽歙县棠樾村树立着的已历经了四百年风雨洗礼的七座牌坊成了全村的一个标志建筑，教化所培养的"忠、孝、节、义"的精神世世代代传承下来，是全村人的骄傲，也是全村人践行的行为标准。

三 社会整合价值

所有人类社会都由一系列整合机制所维系而得以在时间中存续。③ 牌

---

① 〔德〕汉斯格奥尔格·伽达默尔：《真理与方法》，洪汉鼎译，商务印书馆，2010，第19页。
② 李景林编《教化的哲学》，黑龙江人民出版社，2005，第11、14页。
③ 〔美〕戴安娜·克兰：《文化社会学》，王小章、郑震译，南京大学出版社，2006，第17页。

坊文化在现实社会中发挥着文化整合的功能,它具有一种强有力的整合力量,对于不同地域文化的交流融合、繁荣发展以及当前我国和谐社会的构建都具有重要的现实意义。牌坊文化所推崇的精神价值和功德信仰将人们同化到一种共同的公民文化中,增强了社会的凝聚力和向心力。当讲道德、守道德成为每一个人的自觉追求时,人和人之间便可产生依赖,整个社会成员联结起来拧成一股绳,汇聚起磅礴的力量,以此来实现社会的整合。牌坊上雕刻的祥瑞图案不仅凝结着古人的智慧和结晶,也使得民众从这些祥瑞图案上获得精神的慰藉和激励,自觉地遵守着社会道德伦理规范。所以共同体内的价值观念对共同体成员具有很强的约束力,一旦这种约束力得到民众的认同,其稳定社会的作用是长期的。

结　语

随着媒介的变迁,牌坊早已被边缘化。但其作为一种传播媒介、一种文化载体,可以说是中国儒家伦理道德最具特色的传播,在历史上的确产生了良好的传播效果,推动了"忠孝节义,仁义礼智"等传统文化对于社会大众的塑造作用,牌坊不仅承载了个人的荣耀与愿望,在社会上也发挥着典型的引领作用,为全国各族人民不断前进提供了道德滋养。

（张兵娟　张欢）

第二章
家国天下：华夏家庭传播的媒介域考察

"家"，又称作"家庭"，对于人类具有重要的意义。"家是人类存在的基本形式，是比城邦、国家等中性团体更普遍、更自然、更具永久性的生活单位，是人类安全感、道德心、幸福感、政治智慧的直接来源。"① 家是人类情感的归宿，是个人幸福的源泉，道德生成的发源地，政治智慧的重要渠道。家对于中国意义深远。家是儒家终极的源泉。② 家不仅是中国传统社会治理的基础和文化传承的基本单位，更是中国人修身养德、"内圣外王"的重要保证。"修身、齐家、治国、平天下"，家是"核心"，是"纽带"，是"起点"，也是"终点"。因此从某种意义上讲，了解中华家文化，便了解了中国社会，也才能更好地走向"天下"的"大家"。

众所周知，"家"对中国，对人类和世界都具有重大的意义，何为"家"？中国家文化包括哪些？特色何在？研究家庭传播的时代价值和意义又体现在哪里？本章拟从媒介学的角度，基于"中华文化立场，全球传播视野"，从家庭文化和家庭关系层面，尝试探讨和回答这一问题。③

第一节　家的内涵和独特媒介形态表现

什么是"家"？古往今来，不同时代、不同地域、不同身份、不同境

---

① 笑思：《家哲学：西方人的盲点》，商务印书馆，2010，第2~3页。
② 张祥龙：《家与孝：从中西间视野看》，生活·读书·新知三联书店，2017，第38页。
③ 谢清果主编《华夏传播研究》（第一辑），中国传媒大学出版社，2018，封面。

遇的人都赋予"家"不同的内涵。家是亚当和夏娃一起偷食禁果的伊甸园，是《诗经》中"桃之夭夭，灼灼其华，之子于归，宜其室家"的浪漫与担当……在西方人眼里，家是个人走向社会的台阶——在家是为了离家；在中国人眼里，家不仅是"亲亲尊尊""父父子子"的伦理，更是个人的生命延续、家族的兴衰以及国家天下的强盛。在社会学家眼里，家是社会基本的构成单位；在教育学家眼里，家是人生的第一所学校；在生物学家眼里，家庭是将生物体转化为人的唯一社会机构。① 家是一世的美景，更是"醉卧沙场""留取丹心照汗青"的豪情与壮举……

一 家的内涵

对家的内涵的探讨成果丰富。社会学、人类学、哲学、生物学等不同学科的学者各从自己学科视角来诠释家。法国著名社会学家奥古斯特·孔德（Auguste Comte）认为社会起源不是个人而是家庭，家庭是构成社会的最基本的单位，是社会的细胞。家庭组织是个人本能和社会本能的调和。家庭关系的原则是社会生活的基础。家庭生活的协调规律是爱与感激。关于家庭的社会学理论归总起来是研究两种关系：一是男女两性从属关系；二是长幼从属关系。前者创造家庭，后者维系家庭。家庭具有的社会团体特征、规模、组织结构与功能随着时代的变迁而改变。美国著名生物进化学家托马斯·亨特·摩尔根（Thomas Hunt Morgan）说，家庭是个能动的要素，它从来不是静止的，而是随着社会从较低阶段向较高阶段的发展，从较低的形式演进到较高的形式。在摩尔根的《古代社会》发表后的一个世纪里，家庭史成了历史唯物主义的活教材。② 孔德和摩尔根都指出了家庭社会性功能，并指出了家庭的时代变迁特征，认为应该从社会变化和家庭历史发展的脉络中去理解家庭的含义。孔德还指出：对家庭的研究其实也是对家庭关系和社会关系的研究。美国著名的社会学家威廉·J. 古德从人与人之间的关系上来解释家庭。他在《家庭》一书中认为家庭包含如下的关系，具有如下特征：（1）至少有两个不同性别的成人居住在一起；

---

① 〔美〕威廉·J. 古德：《家庭》，社会科学文献出版社，1986，第22页。
② 邓志伟、张岱玉：《中国家庭的演变》，上海人民出版社，1987，第2页。

(2) 他们之间存在着某种劳动分工，即他们并不都干同样的事；(3) 他们进行着许多种经济交换与社会交换，即他们互相为对方办事；(4) 他们共享许多事物，如吃饭、性生活、居住，即包括物质活动，也包括社会活动；(5) 成年人与其子女之间有着亲子关系，父母对子女拥有某种权威，同时对孩子承担保护、抚育与合作的义务，父母与子女相依为命；(6) 孩子们之间存在着兄弟姐妹关系，共同分担义务，相互保护，相互帮助。① 古德以关系为视角剖了家庭的组成结构和功能，即基于两个成年人的最初构成，延伸到子女、兄弟姐妹，他们共同构成了夫妻、子女、兄弟姐妹的亲属关系，彼此之间以劳动分工的形式承担着应有的责任和义务。爱米尔·涂尔干（Émile Durkheim）则认为家庭是具有神圣色彩的宗教性共同体，家庭关系是具有神圣宗教性的道德关系。即使不再有家祠，不再有家神，人们对家庭也会始终不渝地充满了宗教之情；家庭是不容触动的一方圣土，其原因就在于家庭是学习尊敬的学校，而尊敬又是重要的宗教情感。此外，它也是全部集体纪律的神经。② 涂尔干指出了家庭的道德化育的功能，并指出家庭情感的神圣性。

日本著名的人类学家中根千枝（Nakane Chie）则从家庭的结构出发，来阐释家的内涵。他提出构成家庭的四个要素：(1) 血缘——父母子女、兄弟关系；(2) 餐饮——厨房、灶房；(3) 居室——家屋、房间、房地；(4) 经济——消费、生产、经营、财产。人们普遍认为前两个因素是构成家庭团体成立的最低必要条件。③ 苏联《俄语大辞典》对家庭做出的解释是："家庭是由丈夫、妻子、子女和其他的近亲所组成的小团体。"俄语大辞典和中根千枝强调了家庭的血缘关系，同时后者突出强调了家庭的物态表现形式：房屋、土地、财产等。

F. 滕尼斯（Ferdinand Tonnies）把家庭当作社区的最初起源形态，基于新生命的出现，透过母子等关系连接在一起。父母子女，同居共食，共同利用物质资源，并同享精神之乐，抚育家庭成员，使之顺利成长，并经

---

① 〔美〕威廉·J. 古德：《家庭》，社会科学文献出版社，1986，第13页。
② 〔法〕爱弥尔·涂尔干：《乱伦禁忌及其起源》，汲喆等译，上海人民出版社，1999，第62页。
③ 〔日〕中根千枝：《家庭的结构——社会人类学的分析》，东京大学出版会，1970。

由对死者灵魂的敬畏，维持家庭的温馨生活。顾里（C. H. Coy）举出了人类社会中，具有最亲密性、面对面结合的合作关系的初级团体以家庭为典型代表。冈堂哲雄把家庭界定为"家庭系指由夫妻、亲子、兄弟等少数近亲这些主要的成员组成的彼此之间，具有深厚感情结合，并共同追求生活福利的团体"。① 滕尼斯、顾里和冈堂哲雄则强调了家庭成员在共同空间里生活的真挚情感，凸显了家庭的情感要素。

海德格尔从哲学的高度诠释"家"。"家宅（园）"意指这样一个空间，它赋予人一个处所，人唯在其中才能有"在家"之感，因而才能在其命运的本己要素中存在。② "哲学是真态的怀乡病，一种对总在家状态的本能渴望。"③ 在这里，海德格尔突出了"家"的空间意义（住所）和情感寄托。用"在家"之感，体现人的存在感及对家的眷恋，即海德格尔所说的"牵心"。与此对应的便是"无家状态"。"无家状态"包括两种：一种是流浪状态，无空间意义上的家；另一种有家园的无家，即精神和心灵上的无家。前者叫作"不真正切身的"或"非真态"的无家，后者叫作"真正切身的"或者"真态的"无家。④ 由此可见，这里的家，不仅仅是指空间意义上建筑形式的有形的"物态的家"，同时更包括精神意义上的无形的"情感的家"。

中国文化对家的研究历史悠久，成果丰硕。中华文化起源于家文化。张祥龙教授说："儒家的全部学说之根扎在家里边。"⑤ 他指出儒家文明的一个重要特点就是以家庭为根基，传统的文教、名教的根基就在家庭、亲情，即所谓"亲亲而仁民，仁民而爱物"。⑥ 在中国古代，家庭总是和家族血脉的延续密切联系在一起，婚姻被视为"成家"的标志。婚姻是家庭的前提和基础，家庭是婚姻的保障和延续，婚姻和家庭的目的更多的是以家族的血脉延续和家族的传承和壮大为目的。因此，中国自古重婚礼，视婚礼为"礼之源"。《礼记·昏义》云："昏礼者，将合二姓之好，上以事宗

---

① 林显宗：《家庭社会学》，台湾五南图书出版公司，1999，第6页。
② 〔德〕海德格尔：《荷尔德林诗的阐释》，孙周兴译，商务印书馆，2000，第16~17页。
③ 转引自张祥龙《家与孝：从中西间视野看》，生活·读书·新知三联书店，2017，第19页。
④ 转引自张祥龙《家与孝：从中西间视野看》，生活·读书·新知三联书店，2017，第33页。
⑤ 张祥龙：《家与孝：从中西间视野看》，生活·读书·新知三联书店，2017，第18页。
⑥ 杨伯峻：《孟子译注》，中华书局，2017，第252页。

庙，而下以继后世也，故君子重之。""男女有别而后夫妇有义，夫妇有义而后父子有亲，父子有亲而后君臣有正。昏礼者，礼之本也。"① 从《礼记》的记载我们可以看出，中国传统社会的家庭建立在婚姻的基础上，以血缘为基础，以家庭的延续为目的，是家庭伦理关系的集合体，是社会制度、社会形态和社会关系的综合反映，带有鲜明的中国文化的特色。

　　随着时代的发展和社会制度的变迁，人们对家庭的内涵理解也不尽相同。《现代汉语词典》对家庭的解释是："以婚姻和血统关系为基础的社会单位，包括父母、子女和其他共同生活的亲属在内。"显然，这个家庭定义以血缘和婚姻为基础，但是只顾及典型的核心家庭，太多非典型家庭（比如一个离异且无子女的人收养一个小孩后也可以组成一个家庭）则难以融入其中，因而其外延不无狭隘。1930年制定的《民法亲属编》第一一二二条，对家（庭）的界定是："称家者，谓以永久共同生活为目的而同居之亲属团体。"这一定义，抛开了血缘的限制，以共同生活和同居来衡量家庭。《中国大百科全书·社会学卷》中对家庭是这样定义的："家是婚姻、血缘或收养关系所组成的社会生活的基本单位。"② 由此可见家庭的定义更倾向于社会学方面的阐释，即家庭是基于婚姻关系、血缘关系和收养关系所形成的社会生活团体，通常由夫妻、父母、子女、兄弟姐妹和其他近亲组成。

　　《说文解字》释"家"："凥也，从宀。"清段玉裁注："本义乃豕之凥也，引申借以为人之凥。"家庭一词是后起的，基本含义是指一家之内。如南朝宋《后汉书·郑均传》："常称疾家庭，不应州郡辟召。""家"的甲骨文考证："家"之上部，"房"也，下部"豕"，"豕"者猪也，引申为一个畜牧的地方，意为一群人居住的地方为家。③ 从"家"文字的起源我们可以看出，家的物态特征即房屋，家的群体特征即群居。近现代一些学者从生理的角度来解释家庭，他们依据某些动物长期的配偶同居现象来说明人类的家庭，把人类生物的本能作为决定家庭本质的因素，因而把家庭归结为"肉体生活和社会机体生活之间的联系环节"。"家庭在本质上表

---

① 王文锦：《礼记译解》，中华书局，2016，第820~821页。
② 《中国大百科全书·社会学卷》，中国大百科全书出版社，1991，第102页。
③ 李薇菡：《婚姻家庭学》，华南理工大学出版社，2007，第3页。

现为一定的社会关系,以婚姻关系为基础和前提,以血缘关系(附之以收养关系)为纽带而形成的社会生活形式。"① 家庭是社会制度的组成部分之一,作为社会基本的细胞,它包含着社会的经济制度、政治制度、思想文化体系、社会风俗习惯及宗教信仰等综合性内涵。换句话说,家庭是社会制度的综合性社会形态和社会关系的反映。虽然它表现为男女两性关系和血缘、姻缘关系,实质上因受到社会制度的影响而体现着深层次的社会文化和社会关系。家庭形式、婚姻制度及婚姻中男女两性的角色变化更体现了社会文化和制度的变迁。②

以上可见国内外学者都从不同层面、不同角度对家庭做出解释,各自看到了家庭的一个或者几个侧面,但都未能对家庭做出一个全面而系统的解释。

马克思和恩格斯曾经对家庭做出过经典而全面的论述。他们在论述人类生存的第三个因素时,给家庭下了这样的定义:"一开始就纳入历史发展过程的第三种关系就是每日都在重新生产自己生命的人们开始生产另外一些人,即增殖。这就是夫妻之间的关系,父母和子女之间的关系,也就是家庭。"③ 马克思和恩格斯指出了家庭"生产"的本质属性:家庭承担着两种生产的使命,一方面是人类生存所必需的生活资料的生产,另一方面是人类自身的生产即种族的繁衍,而人的再生产即增殖是家庭的特有使命,于是婚姻关系和血缘关系就构成了家庭的基本关系。家庭就是通过个人及家庭成员的共同合作以保持和推动上述两种生产的发展,同时在生产合作的过程中,人与人之间便形成了各种关系:夫妻之间的关系、父母与子女之间的关系及各种延伸的关系。有婚姻结成的夫妻关系是家庭关系中最主要的关系,是家庭的核心。父母子女关系、兄弟姐妹关系及亲属关系等都是家庭关系即婚姻关系的结果。由此可见,家庭本质上是一种社会关系,只不过表现为生产生命的社会关系,它与其他社会组织的本质区别在于组成家庭的成员之间的特殊关系和互动方式。因而家庭在形式上表现为一种社会团体和组织,即以婚姻、血缘关系为纽带的社会生活组织形式。

---

① 李薇菡:《婚姻家庭学》,华南理工大学出版社,2007,第4页。
② 苏红:《多重视角下的社会性别观》,上海大学出版社,2004,第185页。
③ 《马克思恩格斯选集》(第1卷),人民出版社,1972,第3页。

为了保证两种生产的顺利进行，家庭会以房屋（建筑）、土地、生产资料等财产的物态形式呈现。

纵观国内外学者对家庭内涵的理解和阐释，我们可以发现几个共通之处：一、家庭基于婚姻或者血缘；二、为了共同的生产和生活，依赖于房屋（建筑）、土地、生产资料等物态化的东西；三、在共同的生产和生活的过程中，结成各种不同关系，如夫妻关系、父子关系、兄弟姐妹关系及其他亲属关系。家庭成员产生了深厚的情感。随着时代的发展变化，特别是进入 21 世纪以来，人们对婚姻和家庭的认识、态度、行为随之发生变化。不婚人士、丁克家族增多，同性恋增多并在部分国家合法化，因而对家庭的界定也应该有所改变。本书基于家庭传播的研究视野，尝试重新界定家庭。所谓家庭，是建立在婚姻、爱情（性爱）基础上的，以血缘关系（包括拟制血缘，如收养关系）为纽带，依附于一定的生产和生活资料，为了共同的生产和生活目标，在相互协助中产生深厚家庭情感的社会关系的共同体。它基于婚姻和爱情（性爱）的基础，以生产（包括增殖）和生活为目标，物态上表现为房屋、土地等各种生产生活资料，精神上体现为"依赖和眷恋"的家庭情感。

二 家的媒介表现形态

加拿大著名的传播学家马歇尔·麦克卢汉（Marshall McLuhan）曾提出著名的媒介理论：媒介是人体的延伸。所有的媒介都是人体器官和感官延伸。按照这一理论延伸，"万物皆媒"，在某种条件下，万物都有可能成为媒介。"家"在物质形态上表现为建筑（包括房屋、庭院、祠堂等）、土地、生产资料和生活资料，在精神上，它体现为一种对家的"依赖和眷恋"。这些都可视、可触、可感，是人体器官和感官的延伸，因此家可以称为媒介。哲学家恩斯特·卡希尔（Ernst Cassirer）在对人的定义中指出，与其说人是"理性的动物"，不如说"人是符号的动物"，即人是能利用符号去创造文化的动物。[①] 以"家"为单位的主体，为了实现生产和生活目的，创造了不同的"家庭符号"，形成了特定的家庭关系，构建了独特的

---

① 〔德〕恩斯特·卡希尔：《人论》，上海译文出版社，2013，第 40~45 页。

家庭文化。符号又展演了家庭关系，传播了独特的家庭文化。尼尔·波兹曼（Neil Postman）认为"媒介即隐喻"。文化虽然是语言的产物，但是每一种媒介都会对它进行再创造——从绘画到象形符号，从字母到电视。和语言一样，每一种媒介都为思考、表达思想和抒发情感的方式提供了新的定位，从而创造出独特的话语符号。媒介用一种隐蔽但有力的暗示来定义现实世界，这便是隐喻媒介——隐喻的关系帮我们认识世界，并证明一切存在的理由。① 这印证了麦克卢汉所说的"媒介即信息"的理论，并将其修正和拓展。这些展示家庭关系、建构家庭文化的符号，作为媒介，通过隐喻的方式传播着家庭文化，表达家庭伦理、思想观念和家庭情感。法国媒介学家雷吉斯·德布雷（Régis Debray）在《普通媒介学教程》中提出的核心概念"媒介域"（média spheres），就是信息传播的媒体化配置（包括技术平台、时空组合、游戏规制等）所形成的包含社会制度和政治权力的一个文明史分期。按照媒介学的史学观对技术与文化间关系的界定，人类文明史被划分为三个不同的媒介域：文字（逻各斯域）、印刷（书写域）和视听（图像域）。媒介域的概念旨在说明传递技术及其配置被牵连进信仰的改变，也就是社会秩序的确立和改变。② 国内有学者将"媒介域"理解为"一个信息和人的传递和运输的环境，包括与其相对应的知识和加工的方法和扩散的方法"。③ 还有学者从词义上理解"媒介域"。"媒介域"作整体的词义整合，即它是指经由传载工具而形成的范围，是依据传载工具的介质特性而形成的各具传播特点的空间。其中，"媒介"的传播特性与"域"的空间生产特性能够互动聚合。因而，"媒介域"既表征了媒介演进及其营建的语境之历史过程，也指代媒介与传播的社会发展需求，它不仅是一种媒介生态的表征，还是一种物质与精神混合的社会想象空间。④ 以上学者对"媒介域"的阐释向我们展示了以下几个方面的内容。第一，媒介域是一个以媒介为中心所营造的媒介环境，包括由媒介的演进和技术

---

① 〔美〕尼尔·波兹曼：《娱乐至死》，章艳译，中信出版社，2015，第11页。
② 陈卫星：《传播与媒介域：另一种历史阐释》，《全球传媒学刊》2015年2卷第1期，第9、10页。
③ 黄华：《"媒介域"的忧思》，《中国社会科学报》2015年5月6日，第734期。
④ 操慧：《"一带一路"：媒介域中的一种愿景传播与舆论编码》，《中外文化与文论》2015年第3期，第135页。

的变革带来的社会关系、社会文化、社会信仰和社会秩序的重构和改变。第二，媒介域所展现的环境是由一个人利用媒介传递信息的环境、信息传递和扩散的方法和受众接收信息的境况三部分所共同构建的环境。第三，媒介域是一个时空兼具的意义空间。媒介的演进和对信息的承载在时空的节点上完成了对信息的传播，在历史进程的时空领域中完成了对信息的传递。其间所有的物质和精神共同构成了社会想象空间，完成了对"域"的构造。循此思路，我们也可以说，"家"是"媒介域"。"家"在数万年的历史长河中，在时代的政治、经济、文化的大背景下，历经不同媒介时代（口语、印刷、电子时代、多媒体）的变迁，用不同的传播技术和媒介传播相关家庭信息，传递家庭文化和家庭精神，构建了稳中有变的家庭关系和家庭信念，形成了家庭成员对家的特殊情感。该情感形成于家庭的交往，依附于家庭成员个体和家庭的符号（房屋、建筑、土地等）；该情感与社会大环境交融，又上升为国家民族和天下情怀。家庭文化、家庭理念、家庭情感又影响和制约了家庭成员对外交往的原则和方式方法，在人际传播、群体传播、大众传播的界面影响社会关系、社会文化、社会秩序的重构，共同构建完成了家的"媒介域"。每个时代对家的研究，就是这个时代从"家"的视角对"媒介域"的审视和展现。由此可见，家就是中华文化传播的"媒介域"，是家庭关系和家庭文化传播的"大容器"，是社会历史和文化变迁的"潘多拉盒子"。将"家"作为"媒介域"来研究家庭文化和家庭关系，涉及这个时代常用的媒介形态，如口语媒介、印刷媒介、电子媒介等。家庭独有的媒介形态表现在以下两个方面。①物态媒介：包括房屋建筑、宗族祠堂、家书家训、水井、石磨等可视、可触的物态媒介；②精神和情感媒介：主要包括思乡之情、家国情怀等。精神和情感媒介往往依托物态媒介来承载、传递信息，二者密切相关。

第二节　中国家媒介的功能及文化阐释

家，不仅是一个传播的媒介域，一个各种家庭和社会关系构建的意义之网，更是一个文化的综合体。日本学者首藤明和以"器皿"论家庭，他认为家庭就是一种包含了各种错综复杂的关系和灰色地带的、具有因时制宜性的容器，我们可以把它看作某种"器皿"。① 在这里，"灰色地带"指的是模糊的，不明晰的关系。他指出以"器皿"论家庭，无论是解决家庭问题上，还是在社会变动和家庭关系上，都具有重要的意义。家庭关系是家人在日常的共同生活和交往中通过媒介传递信息的过程中形成的。家庭关系形成延续的过程，也是家庭文化形成和传承的过程。所谓的"家庭问题"也可以叫作"家庭失和"，是在家庭关系的构建和延续过程中出现的。家庭问题从某种程度上可以说是家庭关系的失调和家庭文化变异的具体表现。因此解决家庭问题实质是协调家庭关系、传承家庭文化的过程，也是探讨家庭媒介传递家庭文化信息的过程。

一 物态的媒介

物态的家媒介包括房屋建筑、宗族祠堂、土地、财产、家书家训等一切与家庭相有关的可视、可触的东西。这里选取房屋建筑和祠堂最能体现家庭文化的两者来论述。

(一) 家（房）屋建筑

房屋是构成家庭的重要因素，是衡量一个人有无"家"的重要标志。房屋是家庭物态形态重要的构成要素，是家庭生产和生活功能的强有力保证。房屋对于家庭成员不仅仅是遮风避雨、保证安全的场所，更是产生"有家"感觉的基础和家庭情感萌发的源泉。房屋在家庭存系过程中不仅是生产资料和生活资料，同时也是家庭财富和社会地位的象征。我国自古就有达官贵人的红砖瓦房、高门大院和平民百姓的茅草屋之说。"君子之德风，小人之德草。草上之风，必偃。"② "草"覆于地面，迎风而倒，地位低下，柔弱无力。由此引申出"草屋""草民""草菅人命"等。用茅草搭建的房屋，在高度和气势上都很难与砖瓦和栋梁之材建筑的高门大院

---

① 〔日〕首藤明和等编《中日家族研究》，浙江大学出版社，2013，第442页。
② 杨伯峻：《论语译注》，中华书局，2017，第183页。

相匹敌。房屋的建筑材料和建筑规模的不同，彰显了主人的财力和社会地位的不同。不同的地域和民族房屋的建筑风格不同，展示的家庭文化和社会文化也不尽相同。北方方正整齐、主次搭配俨然的四合院，造就了北方人方正内敛的性格及注重尊卑的人际交往的规则。南方亭台轩榭、错落有致的庭院促成了南方人灵秀的品性和收放自如、张弛有度的交往风格。因此，房屋建筑就是一个展示社会文化、人际关系和人际交往的媒介，发挥着强大的文化展示功能。

（二）祠堂

祠堂，旧时又称祠庙、家庙。是儒家祭祀祖先和先贤的地方，也是族人办理婚、丧、寿、喜等事的重要场所。祠堂在古代宗法社会和今天都发挥重要的政治、经济和文化功能。祠堂起源于汉代，南宋朱熹时期形成完备的体系，明清时发展到高峰。祠堂文化的繁荣，传递了特定的历史时期社会稳定、经济发展、政通人和、国泰民安的景象信息。民俗学家认为，祠堂是"用自己的存在方式诠释时代文明"。

祠堂，是家庭财富和社会地位的重要象征。祠堂起源于古代宗法社会，但并非所有的家族（庭）都可以建祠堂。祠堂的建立有严格的社会地位和等级标准。从某种程度上说它是家庭社会地位和财富的象征。我国祭祀文化源远流长，殷商时期就有完备的祭祀之制。追远报本，祠祀为大。天子和士大夫建宗祠都有严格规定。《礼记·王制》载："天子七庙、诸侯五庙、大夫三庙、士一庙、庶人祭于寝。"① 由此可见，家族能够建造祠堂，已经是表明了主人身份，祠堂建造的规模、使用的材料、祠堂的装饰及其匾额碑刻等更彰显了家族财力和社会地位。因此家族子孙在祠堂举行祭祀及相关的活动，会产生强烈的家庭荣誉感，而这种情感，是其他家庭情感萌发的基础，是对家庭最初的和最浅显的热爱。

祠堂，是家族祭祀的场所，是家庭"敬""忠"情感形成的发源地，是家庭"归属感""使命感"的由来。祠堂最主要的功能是祭祖，是个神圣的地方。祠堂里存放着祖先的灵位和家谱、家训，是家人灵魂最终的安

---

① 王文锦：《礼记译解》，中华书局，2016，第160页。

顿之处。也是家人德行考量的标尺。只有在生前功德圆满,无大的德行污点,不辱没"祖先"的人,死后灵位才能进入祠堂,接受后人的朝拜,德行不良之人,无资格参加祠堂的祭祀活动。因此灵位进入祠堂实质已经经历了家族的家规、家法对其生前德行的考量,位列祠堂是一种荣耀。祠堂的神圣性,萌生祭祀之人对祖先的"敬畏",对家族的"忠诚"。家谱里家族延续的谱写,家训里家风的记载,又增强了其对家族的"归属感",这种归属感,又强化了其对家庭的"敬"与"忠",激发了自身延续家族血脉、完成家族遗愿、传承家族优秀家风的神圣"使命感"。这或许就是仪式传播带来的"共情"和"感染"效果吧。

祠堂,是冠、婚、丧等重要人生礼仪的见证地,是"家庭伦理"和"家庭责任感"的生发之地。古人的冠礼、婚礼、丧礼等重要的人生礼仪是在祠堂举行的。祠堂的神圣庄重性,彰显人生礼仪的庄重性。冠礼在古代乃为成人之礼,代表一个人从孩童到成人的转化、从家庭到社会的推演,是对其社会身份的一种认可。因此重礼仪、懂尊卑是其必须具有的素质。婚礼,是一个成年人成家立业的标志。是一个新家庭的开端和由来。夫妻之别、父子之义、兄弟之情是其必须承担的家庭责任。丧礼是一个人一生的归结。是对其生前德行的终极评判。因此,丧礼也最高。民间有"死者为大"的说法,这不仅仅体现了中华传统文化的"恕",更包含了对死者生前和死后的"敬",对其生前德行的高度认可,对其完成家庭使命、进入祠堂接受后人祭拜的"敬重"。祠堂通过对人生重要礼仪的见证,形成了完备的"家庭伦理",神圣之地的庄严仪式也强化了家庭成员的"家庭责任感"。

除上述功能,在中国家庭宗法社会中,祠堂还发挥了家庭的宗法治理功能,部分代替了法律,以《乡约》延展出去,成为评判是非黑白的标准,发挥匡扶正义、惩治邪恶功能的同时,也带有封建思想的糟粕。

随着时代的变迁,祠堂的上述媒介功能虽然发生了变化,但是其在家庭演变的历史中,对家庭文化的塑造和对社会文化的形成和承载发挥了不可磨灭的历史作用。今天的祠堂文化已经和公共空间文化融为一体,在传统文化和礼仪复兴的时代,同样具有重要的文化价值和教化作用。

二　精神和情感的家

"人类几乎所有最真挚、最强烈的感情和体验，都与家庭、亲人相关。"[①] 人类对家庭和亲人的情感，通过离乡而被唤醒，通过思乡、返乡而得到强化和升华，且往往寄情于物态的媒介。

（一）思乡情怀

海德格尔说："诗人的天职是返乡，惟通过返乡，故乡才作为达乎本源的迫切国度而得到准备。守护那达乎极乐的有所隐匿的切近之神秘，并且在守护之际把这个神秘展开出来，这乃是返乡的忧心。"[②] 这种思乡返乡的言说包含着游子对故乡的回望和追忆，不仅仅是对乡愁的抒发和倾情，也是民族灵魂在诗人心中的扎根。人对家庭的情感，往往通过对家庭的人、物所形成的意象得以表达。这种意象作为一种情感媒介传递了人的思乡之情，充分发挥了媒介的隐喻功能。父亲的形象、母亲的白发、故乡的明月、乡间的小路等这些和家庭、家乡有关的意象都成为离乡之人抒发情感的媒介。这种情感随着传统节日或者亲人祭祀等特殊节日的到来愈发变得强烈。

思乡之情，首先表现为对父母的强烈情感。母亲与子女的情感，天然而生，在子女心中是慈爱与柔情的化身。父亲的情感是在养育子女的过程中日积月累形成的。因此对父亲的情感强烈、丰富而复杂，它在离乡之人心中高度凝聚为一个"父亲的身份"或"父性"的意象。这一意象媒介承载了人子对父亲的无限的敬畏、忠诚和依赖。在家庭中，父亲对子女的贡献不仅仅是养育，更重要的是"施加精神影响以塑成后代"[③]。"父性"是家庭的精神灶火。中国的父性受到华夏古文化和广义儒家的塑造，与西方父性——特别是埃涅阿斯式或罗马式的父性——有共通之处，但又有重大的、深刻的不同。最大的两个不同是：（1）由阴阳观指示的华夏古人的思

[①] 张祥龙：《家与孝：从中西间视野看》，生活·读书·新知三联书店，2017，第2页。
[②] 海德格尔：《荷尔德林诗阐释》，商务印书馆，2004，第31页。
[③] 张祥龙："父亲"的地——从儒家和人类学的视野看》，《同济大学学报》（社会科学版）2017年第1期，第53页。

想方式；（2）儒家提倡的孝道对家庭基本结构包括父性的反哺。① 《周易·序卦》云："有天地，然后有万物。有万物，然后有男女。有男女，然后有夫妇。有夫妇，然后有父子。有父子，然后有君臣，有君臣然后有上下，有上下然后礼仪有所错。"② 《易经》从阴阳的对立互补、循环相交来探讨"生生"世界。体现在家庭的夫妻关系、父子关系、兄弟姐妹等关系上。阴阳相生，刚柔相济，生生不息。《易经》抑阴重阳的思想，调和了中国传统社会"男主女附"，男主外、女主内的夫妻关系。男性成为阳刚、女性成为阴柔的代名词，同时也影响了中国传统两性审美标准。这一标准和传统社会以男性血统为主的宗法制度相呼应，成为中国传统社会家庭关系的基础，影响至今。在子女眼里母亲更多的是慈爱与阴柔。"父亲的形象"更多的是阳刚、坚毅、勇敢与担当。父亲是天，是山！对父亲的情感包含更多的敬畏、忠诚和仰慕。父亲对子女的精神影响和人格塑造通过自身日常行为的涵化与中国家庭独特的"孝道"文化结合在一起，并在家庭的各种祭礼中得到强化。中国自古至今重祭礼。从古代的祠堂祭族、家屋膜拜，到今天的清明墓碑坟前的悼念，父亲的家长地位，"天"的高大形象得到确立。"祖在祖为家长，父在父为家长，长兄如父……""父性"在历次追忆祖先丰功伟绩、家庭荣誉的过程中，通过家庭特殊的媒介（家书、家训和家谱）得到强化，父亲形象遥远高大、阳刚、忠诚而使人敬畏。父亲还通过日常生活的言谈举止深深影响和塑造子女。父亲在以身作则的日常之中，以"孝道"为核心，向子女传授家庭的"仁义"文化。这种忠孝又反哺了子女对父亲的情感，加深了父性的仁义化。在这种以"父慈子孝"为根基的仁义化父性的影响下，中国家庭的夫妻关系、父子关系、兄弟关系得以协调。这种代际不断、绵延不绝的父子关系，形成了中国五千年绵延不断的文化，即使中国历史经历了多次大动乱，国破家不亡，文明从未间断。在此，父亲的形象完满塑造，有远及近，深入人心，流淌在笔下。著名诗人北岛在《给父亲》这首诗里写道：

---

① 张祥龙：《"父亲"的地——从儒家和人类学的视野看》，《同济大学学报》（社会科学版）2017年第1期，第57页。
② 黄寿祺、张善文：《周易译注》，上海古籍出版社，2018，第816页。

在二月寒冷的早晨/橡树终有悲哀的尺寸/父亲，在你照片前/八面风保持圆桌的平静/我从童年的方向/看到的永远是你的背影/沿着通向君主的道路/你放牧乌云和羊群/雄辩的风带来洪水/胡同的逻辑深入人心/你召唤我成为儿子/我追随你成为父亲/掌中奔流的命运/带动日月星辰运转/在男性的孤灯下/万物阴影成双。

北岛的笔下是中国文化里典型的"父亲形象"。高大、坚毅、父权而又充满慈爱。自己成为父亲以后，才真正了解了父亲，明白了"父性"。

思乡之情体现在游子对家庭、故乡的眷恋上。这种情感诉诸家里的老屋、看门的黄狗、耕地的老牛、门前的小河（溪）、故乡的明月等物态媒介来抒发，每逢节日，便愈加强烈，高度凝结在游子的诗词歌赋中。思乡与怀远曾被认为是中国文学中最常见的意象母题之一。[1]

昔我往矣，/杨柳依依。/今我来思，雨雪霏霏。/行道迟迟，载渴载饥。/我心伤悲，莫知我哀。（《诗经·小雅·采薇》）

在这首诗中作者通过家乡杨柳抒发思乡的情感，以归家的辛苦强化对家的哀思。唐朝诗人张九龄留下很多脍炙人口的思乡诗："海上生明月，天涯共此时。""悠悠天宇旷，切切故乡情。"空旷天宇中，以明月寄托思乡之情。在这些歌词诗赋中，"杨柳""明月"作为媒介传递思乡的情感信息。

（二）爱国情怀

人对家庭的情感有一个不断升华超越的过程，这便是爱国情怀。爱国情怀的产生离不开家庭的重要构成要素——土地。土地是农耕社会家庭赖以存在和发展的物质生产资料和生活资料。从古至今，土地也是家庭财富和社会地位的象征。"天子之田方千里，公侯田方百里，伯七十里，子男五十里。"[2] 封建社会，王侯将相、公卿士族都拥有大量土地，封侯拜相总是和土地——封地紧密相连，贫苦百姓也会把土地当作自己的生存命脉。土地对于一个家庭，不仅承载着家屋和庭院，更承载着对家的情感。属于

---

[1] 尹建民：《比较文学术语汇释·意象母题》，北京师范大学出版社，2011，第422页。
[2] 王文锦：《礼记译解》，中华书局，2016，第148页。

家庭的土地界线和区域让家人有了明确的"我"和"你"、"我家"和"你家"的清晰概念和意识。这种界线和区域形成了国家层面的"国土"和"疆域"。"爱家"升华为"爱国","爱国"等同于"爱家","护家"升华为"戍边"。在中国传统文化里,用阴阳隐喻家庭男女关系,"天乾地坤"又象征着阳与阴,因此父亲是"天",母亲是"地",地的宽厚仁慈与母亲的宽厚、慈爱呼应。人对家庭土地的热爱上升为对母亲的热爱和对国家的热爱。"祖国母亲"便是对家、对母亲的最高热情。学者潘祥辉认为,"祖国母亲"是一个将人伦伦理转化为政治伦理的隐喻概念,具有重要的政治功能。它通过"拟血缘关系"映射了个体与国家间的关系,建构了国家的合法性,也塑造了公民的国家想象和国家认同。① 由此,从某种意义上讲,母亲就是国家,国家就是母亲。爱国就是爱家,爱家就是爱母亲。

这种"土地"与"国家"的关联情感,在现代诗歌里得到充分的诠释,表现了赤子热爱国家、守护国家、报效国家的深厚情怀。"着眼于国家主题,土地大致可以成为中国新诗中出现最多的'意象'。"从国家主题的角度来看,书写土地很容易和爱国的情思联系在一起,无论是写灾难深重的土地,还是异域渴望归家的游子,还有土地日新月异的变化,土地和祖国的亲缘关系决定这些作品大致可以归结到一种对于祖国深挚的爱,这不但是土地书写成为国家主题的前提,也是其成为国家主题的重要旨归。②

> 我是生自土中/来自田间的/这大地,我的母亲。(李广田:《地之子》)

> 假如我是一只鸟/我也应该用嘶哑的喉咙歌唱:/这被暴风雨所打击着的土地,这永远汹涌着我们的悲愤的河流/这无止息地吹刮着的激怒的风/和那来自林间的无比温柔的黎明……/——然后我死了/连羽毛也腐烂在土地里面/为什么我的眼里常含泪水?因为我对这土地爱得深沉……(艾青:《我爱这土地》)

---

① 潘祥辉:《"祖国母亲":一种政治隐喻的传播及溯源》,《人文杂志》2018年第1期,第92页。
② 张立群、田盼:《现代诗歌中的土地意象》,《长沙理工大学学报》(社会科学版)2015年第1期,第75、76页。

这些诗歌里土地的意象都指向了祖国。表现了诗人对祖国的热爱。"新边塞诗"更是将对土地的抒写，推到了热爱国家的顶峰。

> 今天，在这小岛上/像站在祖国的阳台上/我用世界上最憨厚、最深沉的感情/轻轻地呼唤你的名字/……我的神圣的祖国的泥土……；你和我的血液一般古老/你是我生命中最重的元素！（李瑛：《祖国的泥土》）

这种以土地为媒介的强烈爱国情感穿越历史长空，沟通古今，向我们传递"黄沙百战穿金甲，不破楼兰终不还。"（王昌龄：《从军行》）的决心、"醉卧沙场君莫笑，古来征战几人回"（王翰：《凉州词》）的豪情和"愿得此身长报国，何须生入玉门关"（戴叔伦：《塞上曲》）的为国捐躯精神。我们也就很容易理解当代军人保家卫国，为国捐躯的情怀。

"求忠臣必于孝子之门""自古忠臣出孝子"[①]，人子把对父母的"忠孝"之情上升为对国家的"忠诚"，对家、土地和母亲的热爱上升为爱国之情。甘愿用青春、情感和生命去守护，无怨无悔。

第三节　中国家庭传播的华夏文明特色

从以上对家庭媒介功能及文化内涵的分析，我们可以看出中国家庭根植于中国特定的政治、经济、文化的土壤，家庭文化独具一格。学界很多学者都曾从哲学、历史、文化等不同的角度对中西家庭的文化进行研究。比较有代表性的要数李桂梅教授对中西家庭伦理的比较。"中国家庭伦理强调家庭本位，西方家庭伦理强调个人本位；中国家庭伦理表现为宗法人伦关系，西方家庭伦理表现为契约人伦关系；中国家庭伦理以父子关系为主轴，西方家庭伦理以夫妻关系为主轴。"[②] 中国的家庭伦理是中国独特自然、社会经济和历史文化的结晶，蕴含在独特的家庭文化和家庭关系之中，富有华夏文化特色。

---

① （南朝·宋）范晔：《后汉书·韦彪传》，刘龙慈等点校，团结出版社，1996，第254页。
② 李桂梅：《中西传统家庭伦理的基本特点》，《深圳大学学报》（人文社会科学版）2008年第2期，第70~74页。

一 春风化雨"情"润泽——"心传天下"

家庭传播，重在日常的情感渗透，以家庭教育、人格修养和礼尚往来为主要传播内容，以家庭和谐为最终传播目的。父母是孩子的第一任老师，家庭是人生的第一所学校。父母在日常的生活中，教孩子走路、吃饭、说话、做事和待人接物，并以自己日常的言谈举止感化孩子，以身示范。

家庭教育重垂范，落实到具体言行之中，遵循"谨言慎行""言行一致"的原则。《论语·子路》："言必信，行必果。"[①] 若言行一致，则有"一言九鼎""一言兴邦"之喻；若言行不一，则有"轻于鸿毛""一言丧邦"之说。《论语·里仁》："君子欲讷于言而敏于行""古者言之不出，耻躬之不逮也"。家庭教育重视道德的提升。《左传·襄公二十四年》："太上有立德，其次有立功，其次有立言，虽久不废，此之谓不朽。""三不朽"中，言是排在最后的。"功"是众所周知的行为，是"外王"，排在第一的"德"，同样是行为，强调了修身，是靠日常的"行为"积累起来的，是"内圣"的重要体现。家庭教育以"孝"为核心铺展开来。这种"孝"体现在对家族祖先的敬重和对家族延续和优秀家风的传承上。这种敬重通过各种祭祀先祖的仪式得到强化。家庭的优秀家风通过中国家庭特有的传播媒介"家书和家训"得到承载，在家庭成员日常实践中落实并代代相传。继承家庭优秀家风是对家庭和祖先最大的孝。这种"孝"体现在对父母的孝敬和顺从上。这种情感表现为对父母言语的敬重，对父母决定的服从，对父母尽赡养职责等。这种"孝"体现在家庭的和谐关系上，渗透到家庭成员的人内传播、人家传播、组织传播等传播领域，要求所有成员修身养性、克己复礼、坚守仁义礼智信。这种孝还体现在强烈的家庭荣誉感上。家庭传播中儒家仁义之情和道家注重自然情感及佛家慈悲为怀、悲天悯人的情感融合在一起；引导家庭成员积极进取，又要遵循自然规律，积极向善向美。家庭注重情感的传播特征与华夏文明传播的理论特质"心传天下"相互呼应，是华夏文明传播的在家庭层面体现和浓缩。谢清果教授指出，华夏文明传播侧重人文主义，讲究仁义道德至上，以仁兼济

[①] 杨伯峻：《论语译注》，中华书局，2017，第198页。

天下，具有"心传天下"的理论特质。①

二 家和万事兴——重"阴阳"与"和合"

家庭传播以家庭和谐为最终目的，"家和万事兴"。家庭和谐充分体现在"夫妻关系""父子关系""兄弟关系"三大基本关系上。是华夏文明传播"阴阳"与"和合"的家庭体现，也是"中庸之道"的人际关系追求。《礼记·中庸》："中也者，天下之大本也；和也者，天下之达道也。致中和，天地位焉，万物育焉。"《中庸》之道，就是中和之道。中是内，是本，是体；和是外，是末，是体。没有中，便没有和。② 陈国明认为，"中"或"太和"不仅是思想上的，更是中国人为人处世的主要准则。③ 邵培仁、姚锦云认为，中庸就是在事物的两端之间保持某种不偏不倚的中和平衡，实质是寻求人际关系的高度和谐。④ 家庭和谐在内表现为"父慈子孝、兄友弟恭、夫妇和睦"；对外表现为君臣关系和朋友关系，君臣是父子关系的扩大，移孝到忠。朋友关系是兄弟关系的衍生，贵在诚信。我国传统社会的家庭是以男性血缘为基础的宗法制的家庭。父子关系是传统家庭的主要关系，是家庭伦理的基础，也是一切封建伦理道德的起源。正如近代国学大师钱穆所说的，我国家庭的终极目的是父母子女之永恒连属，使人生绵延不绝，将短生命融入长生命，家庭的传袭几乎是中国人的宗教安慰。在这种宗法制的大环境下，"父慈子孝、兄友弟恭、夫妇和睦"等更多的凸显了"子对父孝、弟恭于兄、妻顺从夫"的等级性和从属性，亲亲之间体现了尊尊。这也体现了华夏文明的"礼"文化。《礼记·冠仪》："凡人之所以为人者，礼义也……君臣正，父子亲，长幼和，而后礼义立。"由此可见，礼仪产生的目的就是协调"君臣、父子、夫妻、兄弟等"家庭的和谐关系。随着时代的进步，家庭思想和观念的解放，特别是传播技术和媒介的日新月异，现代家庭教育的手段和媒介呈现多样化、电

---

① 谢清果：《华夏文明与传播学本土化研究》，九州出版社，2016，第 30~63 页。
② 郭建勋、吴春光：《〈周易〉与"中和"的美学观》，《光明日报》2007 年 8 月 10 日。
③ Guoming Chen, "Bian (Change): A Perpetual Discourse of I Ching", *Intercultural Communication Studies*, 2008 (4), pp. 7-16.
④ 邵培仁、姚锦云：《传播理论的胚胎：华夏传播十大观念》，《浙江学刊》2016 年第 1 期，第 210 页。

子化的趋势,家庭教育的方式方法也发生了巨大的变化,从而导致了家庭教育内容和家庭关系发生了很大的变化。传统的家庭教育多依靠父母的言传身教方式以口语媒介为主对子女进行最初的人生观和价值观的塑造;通过家书、家训、牌匾等文字、印刷媒介进行家庭家风和家族荣誉感的教育;通过祠堂、墓碑或者坟墓前的各种祭祖仪式进行祖宗感恩教育。所以传统家庭里父子关系更多的是等级纲常式服从的关系。现代家庭,由于社会分工和社会竞争的加剧父母与子女相处的时间相对较短,特别是在广大农村,"留守儿童"日益增多,父母对子女言传身教的教育逐渐转移给了祖父母和学校,随着电子媒介的家庭普及,孩子利用多样化的传播途径接触到丰富繁杂的家庭教育信息。父子关系发生了根本的变化。父母的教育在孩子看来,不再具有不可替代性,父母的权威和神圣感也逐渐消亡。父子关系体现为一种更平等的长幼关系。同时现代家庭父子关系的矛盾、冲突时有发生,如子女不孝、拒绝养老等,甚至还出现青少年弑父(母)现象,这是一个值得深思和亟待解决的社会问题。

西方家庭以夫妻关系为主轴关系,夫妻结婚为了性爱和情感的满足。中国传统社会的夫妻结婚为了家族血脉的延续。"婚礼者,将合二姓之好,上以事宗庙,下以继后世也。"婚姻不仅带来全新的男女夫妻关系,而且随之出现了父子、兄弟姐妹关系,以及两个家庭的附带亲戚关系,家庭伦理出现了根本性的改变。家庭传播范围也从内部的人际传播延伸到外部。但是一切家庭关系都服务于父子关系。妻子的主要社会功能是生育后代,家庭功能是相夫教子。"从父、从夫、从子"勾勒出女子一生的生命轨迹。夫妻关系虽然不是中国家庭的主轴关系,但是夫妻关系对家庭的兴衰和家庭关系的和睦至关重要。《周易》以"阴阳"的关系,类比男女和夫妻的关系;以阴阳的交通转化制衡,类比夫妻和谐、家庭和睦。《序卦传》说:"有天地然后有万物,有万物然后有男女,有男女然后有夫妇,有夫妇然后有父子,有父子然后有君臣,有君臣然后有上下,有上下然后礼仪有所错。"我们可以看出,夫妻关系是家庭关系的起源,衍生了父子、兄弟、姐妹关系等。《系辞传下》说:"阴阳合德而刚柔有体。"[①] 只有阴阳和谐,

---

① 黄寿祺、张善文:《周易译注》,上海古籍出版社,2001,第589页。

万物才能生存繁衍。那么在家庭方面，只有夫妻双方相互依赖相互协调，才有家庭的稳固和谐。《泰·彖传》说："天地交而万物通也，上下交而其志同也。"① 只有天地交合，才能化生万物，只有夫妻的交合，才有家道的亨通。《咸·彖传》曰："咸，即感也。柔上而刚下，二气感应以相与。"② "咸"，即交感、感应的意思。孔颖达说："此卦明人伦之始，夫妇之义，必须男女共同相感应，方成夫妇。"③ 夫妻之间只有通过交流沟通，互相了解，达到相知相应，才能和谐。另外，《比·象》上说："比，吉也。比，辅也，上下顺从也。"④ 夫妻之间要亲密比辅，互相关爱，相互映衬辅佐，只有这样，才能和顺。从以上《周易》里的这些内容，我们可以看到，夫妻和谐的过程也经历了一个"交、感、比、辅"的过程。现代家庭虽然女性早就不是生育的工具和男人的附属品。男女平等，女性自由、独立、自强，拥有更高的人生追求和生命价值。夫妻关系已不再是传统的"夫为妇纲"。但是夫妻和睦，家庭和谐是家庭永远不变的追求，"家和万事兴"。现代家庭出现各种夫妻关系不和睦（性格不合、志趣不同），甚至离婚的现象，层出不穷。《周易》提出的"交感必应""刚柔相摩"的观点，的确能给人们以很大的启发。⑤ 兄弟关系，讲究兄友弟恭，长幼有序。"长兄如父"，中国传统社会的家庭中兄弟关系更多地参照"父子关系"执行，现代家庭的兄弟关系更多的是一种平等关系。

三 守礼仪、重恩报——"仁"和"礼"

日常交往，是中国家庭的主要内容，突出表现在人际传播领域，形成了很多对中国人影响深远的人际交往原则，体现了中国传统文化的精髓。中华民族是礼仪之邦，人际交往中遵守礼仪。注重"礼尚往来"，讲究"知恩图报"。"礼"在人际交往中体现在"位"和"序"上。中华文化注重长幼有别，尊卑有序。"尊老爱幼"体现了中华文化的"仁爱"之德。

---

① 黄寿祺、张善文：《周易译注》，上海古籍出版社，2001，第105页。
② 黄寿祺、张善文：《周易译注》，上海古籍出版社，2001，第257页。
③ 孔颖达：《周易正义》（《十三经注疏》标点本），北京大学出版社，1999，第319页。
④ 黄寿祺、张善文：《周易译注》，上海古籍出版社，2001，第163页。
⑤ 戴永馨、王景艳：《论〈周易〉家庭和谐观及其当代价值》，《菏泽学院学报》2009年第4期，第1页。

"仁"是中华文化的核心和基础。"仁者，爱人"。这种"仁爱"，不仅表现在对父母的孝敬、在子女关爱的小范围的"亲亲之爱"上，更体现在超越亲情的大爱之中。"老吾老以及人之老，幼吾幼以及人之幼""四海之内皆兄弟""天下一家亲"，这种"仁爱"之情超越了血缘、民族和地域的局限，跨越了历史和时空，与人生的命运密切联系到一起。"礼"的本质在于"敬"。日常交往中，人们重注交往礼仪，即交往次序和程序。"礼"的"礼尚往来"的特征还表现在人际交往中"重恩报"。"知恩图报"，是中国人人际交往的一个重要原则和特征。它反映了中国人的"仁爱"和善良的本性。"滴水之恩，涌泉相报""人敬我一尺，我敬人一丈"是人际交往"礼尚往来"的表现和报恩的原则。孔子曰："以直报怨，以德报德。"① 《道德经》六十三章曰："大小多少，报怨以德。报怨以德，安可以为善。"② 以真诚正直回应别人的怨恨，以恩德回报别人的恩德，以恩德回报别人的怨恨。"以德报德"体现了中国人的善良、真诚和仁爱。"以德报怨"更体现了中国人的德性的崇高。

四　家庭荣誉高于天——重"面子"

中国家庭伦理以家庭为本位。人际交往以维护家庭利益和家庭荣誉为宗旨。交往遵循"面子"理论。"面子"体现在家庭交往方方面面，融入家庭父子关系、夫妻关系、兄弟姐妹关系中。"面子"，通俗地讲可以理解为"脸面""名声""荣誉""虚荣心"。根据马斯洛的需要层次理论，它可以算作是"尊重的需要"和"自我价值实现需要"的范畴，是一种高级的精神需要。面子在中国文化里占有非常重要的地位，上到帝王，下到平民百姓都非常重视面子。民间谚语里"人活一张脸，树活一张皮""有面子""死要面子活受罪"等都是重"面子"的体现。林语堂曾经说，主宰中国社会运作的三位女神是"面子、命运和恩典"。③ 面子是从人的身体物态媒介"脸"引发出来并延伸到社会交往的精神领域的一种媒介隐喻。面子是在人际传播、组织传播、群体传播的过程中形成的，是在特定的政

---

① 杨伯峻：《论语译注》，中华书局，2017，第221页。
② （魏）王弼注《老子道德经》，中华书局，1985，第62页。
③ 翟学伟：《中国人行动的逻辑》，中华书局，2011，第57页。

治、经济、文化大背景和具体的传播环境中动态形成的。"面子"之于家庭就是家庭荣誉和家庭形象,它表现在家庭内部和家庭外部,往往是外人对家庭的一个综合的评价,实质是外人眼中的"家庭形象"。家庭成员衣着得体、言语得当、待人接物恰当是"面子";家庭建筑规模宏大、气势豪华是"面子";家族庞大、人才辈出、荣誉显赫是"面子";家庭成员孝敬父母、夫妻和睦、兄友弟恭是"面子"……这些面子,一方面展示给家庭内部,另一方面,也是更重要的,展示给别人,塑造家庭的形象,获得良好家庭声誉。维护家庭的面子成为家庭成员人际传播的原则和价值判断标准。为了家庭的面子,家庭成员注重仪表、谨言慎行、维护家庭和睦、创造家庭财富,家庭对外交往也是以维护家庭的"面子"(荣誉)作为前提基础,并将其作为家庭对外传播效果的考量标准,以"不辱没祖宗"和"不给家族丢脸"来考量。在家庭"面子"观指导下的人际传播,一方面形成了家庭的优秀家风,以及个人的"家庭荣誉感""集体荣誉感""国家荣誉感",另一方面,也带来了现代家庭的攀比和奢华之风。

结　语

家庭是一个特殊的社会构成单位和文化系统,是社会文化的重要组成部分,对"家国同构"的社会影响深远。家庭文化是中华文化的重要起源,家庭的伦理影响社会的伦理,家庭价值影响社会交往的价值,家庭和睦关系是社会和谐的基础。家庭的问题构成了社会的突出问题。家庭传播意义就在于与日常家庭实践对话,从本土国情出发,深入挖掘我国优秀的传统文化思想,聚焦我国社会变革中家庭传播实践出现的一系列矛盾、问题和挑战,把研究议题与我国亟须解决的现实问题结合起来,以解决中国家庭传播问题为导向,从日常生活实践中提炼出具有中国特色,又具有普遍意义、全球视野的核心命题,进而凝练出适合中国家庭传播的概念体系、理论体系和话语体系,来表达和理解我国鲜活的家庭传播实践。[①] 面

[①] 朱秀凌:《家庭传播研究的逻辑起点、历史演进和发展路径》,《国际新闻界》2018年第9期,第37页。

对当今的许多问题，如家庭生活中存在的铺张浪费，婚姻情感金钱化，婚丧嫁娶互相攀比，子女不孝、拒绝养老，兄弟因家产反目，夫妻矛盾激化、离婚率不断攀升，青少年杀人、自杀现象增多，青少年审美标准模糊混乱等，以及社会中的个人主义、功利主义盛行，国际环境恶化，贸易冲突甚至战争的不断等，笔者认为，与其去追究社会、教育、体制和国际环境的责任，不如从家庭教育和家庭文化中溯本求源，回归人之"德性"，从传统文化里寻找"智慧"。"和"不是天经地义的"一团和气"，恰恰相反，是"和"的反面凸显了"和"的价值。① 2000多年前，《易经》已经用"阴阳交合化万物"的思想告诉我们"和"的重要性。老子用"慈""俭""不敢为天下先"授以修身养德、俭朴生活的经验。家庭和社会救治应回归德性。孔子曰："为政以德，譬如北辰，居其所而众星拱之。""德"是"和"基础，"和"是"德"的体现。孔子盛赞："桓公九合诸侯，不以兵车。""和为贵。"《中庸》将"德"与"和"关联，将"和而不同"的思想发挥到了极致："万物并育而不相害，道并行而不相悖，小德川流，大德敦化，此天地之所以为大也。"家庭传播以"和"为宗旨。家庭伦理比个体主义、个体化人道主义更加正义和感人，也是西方文明的"阿喀琉斯之踵"，值得社会其他领域借鉴。面对全球一体化的今天，"和"的意义和价值更加重要。"和"的价值在于"和而不同"。"和合"是中国人几千年来多样性的历史环境和经验造就的，是处理人类纷争的重要方式。② 今天中国为世界贡献了自己的智慧，提倡构建人类命运共同体，践行"共生"交往观和传播观，③ 在世界文化的交流互鉴中，寻求"共生""共赢""共荣"，由"家庭"的"和睦"迈向天下和世界的"和合"。

（田素美　谢清果）

---

① 邵培仁、姚锦云：《传播理论的胚胎：华夏传播十大观念》，《浙江学刊》2016年第1期，第207页。
② 张祥龙：《"家"与中华文明》，《中央社会主义学院学报》2018年12月第6期，第117~120页。
③ 谢清果：《共生交往观的阐扬——作为传播观念的"中国"》，《西北师大学报》（社会科学版）2019年第2期，第5~13页。

第三章
沟通生死：华夏墓葬石刻的媒介意蕴

"墓葬石刻"即墓所属的石质物体，在古代的传播活动尤其是殡葬文化的传播中扮演着重要角色。它记录和传播了死者亲属的哀思之情，还昭示着逝者的"丰功伟绩"，企图让逝者的地位得以在另一个世界重现，扮演着沟通生死、连接阴阳的传播媒介，而石刻文字的代代流传，使它成为弘扬传统文化、立德树人的媒介。墓葬石刻存在的一个重要意义在于，它构造了一个虚拟空间，架起了连接虚拟和现实世界的桥梁，传播了古人深刻的生死观念，给今人以深思，它同时还具有强烈的政治意味，凸显了古代的"等级意识"。

石刻作为早期先民的符号载体，在信息传递、文化继承等方面都发挥了重要作用，墓葬石刻作为一种特殊的装置，在古代乃至当代都扮演着重要角色。从古至今，墓葬石刻的礼制都未曾消失，古人在墓葬中用石刻表达思念之情和祝福之意，歌功颂德、传播思想文化；今人用墓碑标记身份，划定逝者长眠的场域，这些活动无不在续写着墓葬石刻的深远意义。

第一节　作为生死交流媒介的墓葬石刻

《论语》有云：慎终追远。原意大概是说要慎重地办理父母的丧事，虔诚地祭祀远代祖先。《礼记·祭义》也说：祭不欲疏，疏则怠，怠则忘。[1]

---

[1] 鲁同群注评《礼记》，凤凰出版社，2011，第169页。

即祭祀的次数不能太少，过少就会使人怠惰，有怠惰之心就会导致忘掉祖先。可见，丧葬制度在古代是极其重要的，古人对丧葬礼制要求也是极为严苛的，而石刻作为墓葬的重要组成部分，是丧葬礼仪的重要体现，在连接生者和死者中扮演着重要的角色。本书所指的墓葬石刻即墓内外所属的带有文字、图像等的石质物体，其中以墓碑和墓志铭最为常见。

东汉许慎在《说文解字》中提到，"碑"即"竖石也"，《中国民俗词典》中将"墓碑"解释为"墓前所竖的条石，上刻死者姓名、言行、生平等，有子孙、弟子、友人等为之撰文，也有死者生前撰文自立者"①。这就是说，墓碑是立于陵墓地表之碑，上刻墓主人姓名、身份、生平等文字；而墓志起源古老，有言说最早可追溯到秦朝。不同于墓碑，"墓志铭"是"埋在墓中的志墓文，用正方两石相合，一刻志铭，一题死者姓名、籍贯、官爵、平放于棺前"。②"从考古发掘看，入葬时，墓志大多放在墓室中或墓门前，有些放置在甬道中。"③ 因此，从事实上看，墓碑和墓志铭是全然不同的概念，两者最大的区别在于墓碑在外，肉眼可见，墓志在内，一般人不可见。当然，墓志铭实际上也是"从碑文发展而来"④，两者也有着很大的关联。

墓葬石刻作为封建丧葬礼制的衍生物，随着朝代的更替已经被赋予了更多的内涵，"对死者而言，他们的交流只能是单向撒播，我们与死者的交流，是一种痕迹学艺术，死者提供给我们的讯息仅有辅助作用，毫无疑问，我们只能阅读死者留下的痕迹，但不能和他们直接互动"。⑤ 此时，墓志碑刻的出现便解决了这一问题，它是生者与死者的共鸣，如果说死者留下的仅是单向的信息传播，那墓志碑刻便成为一个连通生者与死者的双向交流的传播媒介。

初唐墓志《故田君君墓志》写道：

---

① 郑传寅、张健：《中国民俗辞典》，湖北辞书出版社，1987，第419页。
② 刘学林、马重奇：《中国古代风俗文化论》，陕西人民出版社，1993，第291页。
③ 赵超：《中国古代石刻概论》，文物出版社，1997，第32页。
④ 邸永君：《墓碑与墓志铭》，《寻根》2003年第6期，第96~98页。
⑤ 〔美〕约翰·杜翰姆·彼得斯：《对空言说：传播的观念史》，邓建国译，上海译文出版社，2017，第217~218页。

君讳纪，字文纲，北平人也。君降灵星影，受气山形，挺奇质于千寻，澄洪波于万顷。莫不声高振远，闻彻京华，略而言之，岂详载矣。君资庆诞灵，承华盛族。幼彰通理，隘日下而无双长标生知，高汉南之独步。藻得青岩之下，行歌白社之中，或琴或书，怡然自得。心逾尘俗，志励风云，爱士乐贤，善尤刀笔。当应貌同仁寿，庶保遐龄岂期积善无征，奄从风烛，春秋四十有一，卒于私第。以咸亨三年二月十日权殡于郎江村东南四百步平原，礼也。恐田成碧海，谷变青陵，不述芳猷，更同冥寞。哀哉乃为铭曰：

宾阶既阒，龙骊将逝，有识含灵，莫不流涕。山泉旦咽，日轮暮赞，鸟木虽悲，一维难继。

"山泉旦咽，鸟木虽悲"，短短几行墓志就可让人深切体会到其中字里行间流露出的悲痛之情，生人正是通过墓志这样一种媒介，表达了对死者无限的哀思，寄托了亲属对逝者的思念和祝福之意，在这里，墓志碑刻就成了寄托哀思的媒介。

再有《韦（承庆）府君墓志铭》写道：

夫天降贤才，必偶昭明之后；宿登仁寿，式资恭赞之臣。观程契之异朝，则知惟尧之德，鉴阅散之膺辅，允叶隆周之柞。其有德冠前列，道光终古。发挥词语，润色于皇猷，模楷彝伦，范围于士则。则我府君见之矣。

这篇墓志辞藻华丽，多为溢美之词，寥寥数语就将墓主人生前的"丰功伟绩"再现于世人眼前，因为生者相信，"人死之后到另一个世界去生活，不仅灵魂不死，连生前的形象还依然不变。他们在那里过着与世间一样的生活，能与先前去世的亲人团聚，还能组织家庭，连原来的社会等级也可以得到承认"[①]。人们通过墓志向现实世界宣告逝者的辉煌事迹，同时也通达阴司，昭示逝者生前的地位得以在另一个世界重现，在这里，墓志碑刻成为沟通生死、连接阴阳的媒介。

---

① 康光磊：《初唐诗人墓志铭研究》，博士学位论文，华中师范大学，2010，第13页。

又如《辅国将军长乐冯邕妻元氏墓志并盖》所载：

> 年廿有一，越嫔冯氏。母仪三恪，道著二王，肃穆闺闱，见重君子。乃言曰："吾少好讽诵，颇说诗书。而诗刺哲妇，书诫牝鸡，始之妇人之德，主于真敏，不在多能。"于是都捐庶业，专奉内事，酒醴自躬，组纫由己，饮膳之味，在调必珍，文绣裁缝，迳手则丽。①

这篇墓志向世人传递出的一个重要信息：始之妇人之德，主于真敏，不在多能。墓志文再现了元氏对"妇德"的独到理解和她心口合一的实践精神，"妇德不再是别人赋予女子的义务，而是女子的自我追求"②，这不仅仅是充分树立了元氏"妇德"榜样的形象，更对后世尤其是子女起到了劝谏立德的作用，在这里，墓葬石刻便充当了弘扬传统、立德树人的媒介。

由此看来，墓葬石刻在古人心中有着强烈的传播学意义：墓葬石刻寄托了生者对死者的缅怀和哀思，又使得逝者与生者产生共鸣，还弘扬了墓主的优秀精神，承担起立德树人的功能。通过墓志碑刻这样一种媒介，活着的人越来越感觉到死和生一样都是有着深刻意义的。

第二节 墓葬石刻的媒介特征

上文言之，墓葬石刻已然是一种传播媒介。而"传播媒介的特性是多方面的，既有自然属性、社会属性，还有技术属性，"③自然属性也就是物理属性，社会属性即其负载的社会功能，技术属性大致是设计和书写方面的特性。墓葬石刻作为一种石刻类的传播媒介，其自然属性和社会属性都表现得比较突出，下面将从这两个方面的属性探讨墓志碑刻的媒介特征。

---

① 赵超：《汉魏南北朝墓志汇编》，天津古籍出版社，1990，第128页。
② 王欢：《汉魏六朝墓志铭研究》，博士学位论文，广西师范大学，2017，第73页。
③ 申凡：《传播学原理》，华中科技大学出版社，2012，第191页。

一 自然属性：时空观念的媒介

（一）时间偏向的墓葬石刻

传播媒介的性质往往在文明中产生一种偏向，这种偏向或有利于时间观念，或有利于空间观念。① 彼得斯在《对空言说：传播的观念史》一书中说：石刻是压缩时间的媒介，所以我们至今还可以阅读古埃及的罗塞塔石牌。② 伊尼斯认为不易运输且耐久的泥板、石刻、建筑等是"时间偏向"的理想介质。墓葬石刻作为石刻的一种类型，其时间偏向性也很明显。中国传统社会关系的时空维度如图3-1，从图中可以看到，"碑文"在中国传统社会关系中是一种处于时间场域的媒介，"这种重时间的纵向传播特点，主要缘于古代中国独特的地理位置以及单一的农耕文明社会形态"。③ 墓葬石刻的时间偏向主要表现在以下三个层面。

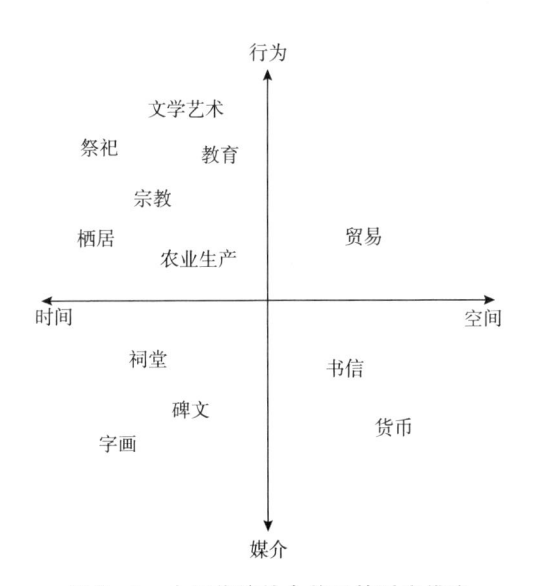

图3-1 中国传统社会关系的时空维度

---

① 〔加〕哈罗德·伊尼斯：《传播的偏向》，何道宽译，中国人民大学出版社，2003，第53页。
② 〔美〕约翰·杜翰姆·彼得斯：《对空言说：传播的观念史》，邓建国译，上海译文出版社，2017，第202页。
③ 谢清果：《华夏文明与传播学本土化研究》，九州出版社，2016，第148页。

1. 宏观层面，墓葬石刻以其自然属性的笨重、不易腐坏实现了古代王国"大一统"时间观念的传承和发扬。秦景公大墓出土的碑文记录了这样一段话："天子郾喜，龚桓是嗣；高阳有灵、四方以鼐。"这段碑文表明墓主人乃秦桓公后嗣，"并有力地证明了秦人的族属为华夏"①。秦朝十分重视对祖先功德的撰述，为此制作石鼓十块，石鼓为花岗岩质，高约90厘米，直径约60厘米，刘星和刘牧将这十块石鼓定名为《马荐》《汧殹》《霝雨》《虞人》《作原》《銮车》《田车》《而师》《吾车》《吾水》②，"君王历来都很关心自己的历史地位，君王的墓碑上往往都刻满了歌功颂德的文字"③。秦君将石鼓奉于庙堂供后世祭拜，以显其族之功。秦石鼓的存在和延续体现了古代君王对偏向时间的历史叙事格外重视，"历史叙事是统治者长久掌控时间的一种手段，出于信仰、关乎传承，其目的是'溯源正统、传承统绪'"④。这种偏向时间的历史塑造产生的影像是久远的：碑刻和墓志材质沉重，不易腐蚀，能够最大限度地将统治者的正统思想、天下观念传递给后世，这种传承在时间上是独具优势的，是其他方式的媒介所不具备的。

2. 中观层面，墓葬石刻中包含了社会观念的传承。中国古代最重要的思想便是儒家思想，儒家推崇孝道，讲求"百善孝为先"，孝道的弘扬也是社会的重要任务，孝的传承在时间上经久不衰，绵延至今。《礼记·祭统》中说："孝子之事亲也，有三道焉：生则养，没则丧，丧毕则祭。"⑤祭祀是孝道的传承，西汉后期墓葬石刻《鱼山刻石》写道：居欲孝、思贞廉；身体毛肤，父母所生，慎毋毁伤。这两句都是劝人行孝积善的话，在古人眼中孝道是极为重要的，在墓葬石刻当中镌刻这些内容，一方面向世人展示了死者家教严格、书香门第，其后代重孝道、行孝义，另一方面也反映出孝这种社会观念的传递是不可或缺的。孝勾连了宗族制度，成为串

---

① 丛书编委会：《古墓探秘大全集（超值典藏版大全集）》，吉林出版集团有限责任公司，2012，第158页。
② 刘星、刘牧：《石鼓诗文复原译释》，贵州大学出版社，2010，第4页。
③ 杨鹏：《老子详解》，中国文史出版社，2003，第175页。
④ 贾南、芮必峰：《作为信仰"装置"的秦汉石刻：一种媒介学的视角》，《现代传播》2018年第11期，第53~59页。
⑤ 鲁同群注评《礼记》，凤凰出版社，2011，第177页。

联社会网络的血脉,在时间上成为维系统治的重要工具。

3. 微观层面,"死而不亡者寿"的幻象。"死而不亡者寿"出自老子的《道德经》,意为"身体死了还不灭亡的称为有寿",其意近似于"身没而道犹存",是说"身体虽然死了,但真性不灭;形体虽然消亡了,但思想精神并未消亡,长存长寿"。① 古人幻想着死后能流芳百世,所以会尽可能地把自己生前所做的功绩公之于众,正如《礼记·祭统》所载:"铭者,论撰其先祖之有德善、功劳、勋烈、庆赏、声名列于天下,而酌之以祭器,自成其名焉,以祀其先祖也。"《吕氏春秋·求人篇》里也写道:"功绩铭于金石,著于盘盂。"② 通过墓葬石刻这样一种形式将墓主人一生的功绩成就固化在一方顽石之上,流传后世,"死而不亡"。

(二) 空间意义上的墓葬石刻

梅罗维茨在《消失的地域》一书中认为,地域、建筑物、墙等阻碍是空间上的物质障碍。墓碑在外,是一方形石刻立于墓周,墓碑的存在即是一种"标出性"状态,赵毅衡在《趣味符号学》中将"标出性"解释为:在符号表意中,二元对立无所不在,都是不平衡的,总有一方比对立的一方占优势。对立文化范畴之间不对称,弱势的一方就是"标出的",大多数人认可的形态,就是非标出,就是正常。③ 这可以理解为,一方面,墓碑的树立,将"墓"这个空间与其他形态的空间区隔开来,形成一个独特的标出项,告诉外界的人这是逝者灵魂安息的所在,不得打扰;另一方面,墓志的存在又"标出"了墓主人的独特性——这是一位成就非凡、地位尊崇的已亡人,让外人产生敬畏之心。从这种意义上看,墓葬石刻营造了活人与逝者的虚拟空间,是一个有着无形边界的虚拟世界,将生者与死者分隔成内外两个场域。

此外,提起墓葬石刻就不得不让人联想到我国古代的宗庙制度,宗庙制度是儒家一派为已故祖先建立灵魂依归之所设立的次序和祭祀的制度。人死之后,形体埋于墓中,一块灵位牌便转为其化身被供奉于宗庙之中,

---

① 刘国生编译《道家经典——老子、庄子》,青海人民出版社,2003,第53~54页。
② 陈奇猷校释《吕氏春秋校释下》,学林出版社,1984,第1515页。
③ 赵毅衡:《趣味符号学》,重庆大学出版社,2015,第128页。

方便子孙祭拜。碑刻、墓志和灵位这一系列介质将活人与死者勾连起来，血脉关系贯穿其中，成为链接双方的桥梁，此时宗庙仿佛成为"庭中的坟墓"，而开辟了另一个空间，这个空间是寄托后世子孙哀思的场所，是证明家族前世今生的装置，同时也是死者灵魂安息的住所。此时的墓葬石刻建筑成为连接阴阳两界的媒介通道，并让世人相信灵魂存在和不灭，是人重塑生命、在另一个世界延续生命的开始，是高于现实世界的虚拟空间。

二 社会属性：传播观念的媒介

（一）哲思属性的墓葬石刻

荀子说："礼者，谨于治生死者也。生，人之始也；死，人之终也。终始俱善，人道毕矣。"[①] 生死俱善，人道毕矣，是古人对生和死的最高追求，墓葬之中同样也蕴含着逝者对生命的思考和对生死的态度。

清代袁文德墓是四川省级文物保护单位，其墓由土冢、碑楼、墓园、墓坊四个部分构成。值得注意的是，在墓前牌坊的匾额上刻有"逍遥游""快哉亭"等字句，而在碑楼的门罩上也出现了红灯笼和玉佩挂饰，可谓是"张灯结彩"[②]的热闹景象。更有学者指出，袁文德墓其实是袁文德在生前自行设计建造的，称为"生基"（人未死时造墓）。死亡本是一件世人不愿意面对的事情，但此墓却反映在主人的思想中，死亡是一件自然而然的事情。乐观地直面死亡，将生死上升到哲理性层面，也是古人大智慧的写照。《礼记·中庸》有云："事死如生。"古代先贤将自己对生命的思考镌刻于墓葬石刻建筑之上，一方面美化自我形象，另一方面也在于教化子孙后世，参透生死的奥妙。

伊尼斯认为，一种媒介经过长期使用后，可能会在一定程度上决定其传播的知识的特征。[③] 古人的生死观经过墓葬石刻的固化，其内涵越久越

[①] 张文治：《国学治要》，北京理工大学出版社，2014，第715页。
[②] 郑从芳、罗晓欢：《四川清代袁文德墓碑建筑装饰的生死观透视》，《艺术与设计》（理论版）2014年第7期，第156~158页。
[③] 〔加〕哈罗德·伊尼斯：《传播的偏向》，何道宽译，中国人民大学出版社，2003，第28页。

显得厚重和深刻。观念的传扬大致有很多种形式，墓葬石刻则显得十分特殊而珍贵，它所带来的教化功能是十分强大的。

从生命传播的视角来看，"个体与个体、个体与自我如何通过各种媒介与社会进行有机地联系是一个很重要的命题"。① 古人遗存的墓葬石刻对于生命传播的启示在于：要重视自我思想的升华，强调情感的联系，如此来提升整个社会的认知情境。

（二）政治属性的墓葬石刻

儒家礼制对墓葬制度有着严格的等级划分，从墓地规模到棺椁碑刻，再到陪葬明器都有详细而严格的规定。墓碑，作为一种体现墓主人身份、地位的重要标志，礼法也做了详细的规定：五品以上立碑，螭首龟趺；二品以上，上高不得过一丈二尺；五品以上，上高不得过九尺；七品以上，立碣，圭首方趺，上高四尺。其执政官以上，听立坟峰；三品以上神道碑，碑于墓隧道之左，面南立，螭首龟趺。② 各朝代的规定因时而异，但等级制度的体现越来越强，以官位的高低来规定墓碑之尺寸，显然"碑制与官阶是成正比的"③，而原则上规定，庶民是不允许立碑的，可见其等级之森严。

墓葬石刻的存在不仅在政治意涵上体现了等级森严的阶级制度，还为古代的官宦留下了一笔政治遗产：官员评价系统的建立。"尽管每一个官员的经历和际遇千差万别，但在墓志铭中，作者都尽量将其生平事迹往这个标准上靠拢。"④ 这一标准归纳起来主要体现在对才华的评价、对功绩的评价和对品德的评价这三个方面，这一评价体系基本呈现的是对已故之人的正面品评。所谓"盖棺定论"，是指对一个人的是非功过到死后才能做出结论。经过时间的沉淀，由墓葬碑刻延伸出来的这一套评价体系让"盖棺定论"具备了更加单向度的意义，上层阶级"流芳百世"的愿景越来越成为现实。

---

① 观点来自师曾志 2019 年 4 月 27 日在厦门大学"中华文化与传播大讲堂"的讲座。
② 淮建利点校《金石三例》，中州古籍出版社，2015，第 12 页。
③ 邸永君：《墓碑与墓志铭》，《寻根》2003 年第 6 期，第 96~98 页。
④ 张之：《宋代人物的社会评价》，博士学位论文，四川师范大学，2013，第 26 页。

值得关注的是，古代士农工商四民中，商人的地位是比较特殊的，其中宋代商业发达，商人遍布各地，但商人地位始终不高，迄今为止发现的宋代商人墓的墓志铭数量也较少，总的来说，"墓志铭中对商人的评价褒多于贬"①，这也在一定程度上反映出社会地位不高的商贾阶层，在某种程度上也获得了世人的认可，同时，这也对了解宋代的政治社会阶级有很大的帮助。

第三节 墓葬石刻的传播效果

赵毅衡在《符号学》一书当中指出：所谓的"弱符号"，即需要"依靠语境才能明白"②的符号，而强符号则"能够独立地表达"③，不需要借助语境就能够理解。隋岩认为，强符号应该具有以下特征：代表主流意识形态、传播的持久性、能指形式的独特性、社会利用率高、意义的唯一不变性④，弱符号则相反。符号被认为是携带意义的感知，符号的作用就是表达意义，墓葬石刻携带了大量的意义指标，具有明显的符号学特征。

索绪尔认为，"能指"代表形式，"所指"代表内容，一个符号完整意义的表达即能指意义和所指意义的总和。古代的墓葬石刻种类繁多，形式多样，不同阶级的人，不同文化水平的人，甚至是不同性别的人，在等级秩序差异较大的情况下，墓葬等级也有很大差别，因而其传播效果也不尽相同。墓葬形式和等级的不同将墓葬石刻划分成了强符号和弱符号的装置，同时也产生了强传播和弱传播的效果差别。下文将从传播的强效果和弱效果对古代墓葬碑刻进行分析。

（一）强传播：作为弱符号的墓葬石刻

根据赵毅衡教授的观点，弱符号需要依靠语境的全读才能明白其意义，语境的全读需要牵涉身体多方面的机能，思维的参与度就大大提高，从而传播效果就更强。

---

① 张之：《宋代人物的社会评价》，博士学位论文，四川师范大学，2013，第35页。
② 赵毅衡：《符号学》，南京大学出版社，2012，第155页。
③ 赵毅衡：《符号学》，南京大学出版社，2012，第155页。
④ 随岩：《符号中国》，中国人民大学出版社，2014，第215~220页。

唐高宗与武则天合葬于"乾陵"。乾陵前除著名的翼马、石狮等雕塑外，还立有两块碑。一碑为记述唐高宗文治武功的《述圣记碑》①，这是我国第一块帝王有字碑②；另一块则是武则天葬于乾陵后所立的"无字碑"③，其碑高7.53米、宽2.1米、厚1.49米，总重量98.8吨，给人以凝重厚实，浑然一体的美感。"君王的墓碑上往往都刻上歌功颂德的文字，武则天的墓碑则是无字碑，千秋功罪，任人评说"。④"无字碑"可以看作一个弱符号媒介，它的存在，的确令世人费解。

坊间关于武则天立"无字碑"的说法大约有下面几种：一是说武则天自知一生复杂，功过且待后人评说；二是认为武则天表达的是一种傲慢，展示自己前无古人的成就感；三是武则天对生前所犯的罪孽感怀在心，觉得不立碑为好，无颜自夸；四是唐中宗李显基于孝道伦常上的考量，无法给武则天定性，所以才立下无字碑……

由此可见，武氏的"无字碑"引发了世人无穷的猜想。赵毅衡曾提出"空符号"⑤的概念——空符号作为符号载体的感知，可以不是物质，而是物质的缺失：空白、黑暗、寂静、无语、无味、无表情、拒绝答复等。它们确实能被感知，而且经常携带着重要意义。武氏"无字碑"即为一个空符号。从能指意义上讲，武氏的这块无字碑作为一种传播媒介，向世人传递了丰富的、潜在的信息，但其意义的不确定性又让这些信息的发掘变得复杂多变，从而让墓碑这一符号成为具有强传播效果的石刻媒介。

再如成书于明代成化五年（1469年）的《罗浮志》记载有葛洪衣冠冢的情形："衣冠冢，在冲虚观，葛仙尸解，葬其衣冠。"⑥ 这里大概是说，葛洪死后羽化成仙，尸骨无存，遂葬其衣冠，为其墓。宋代范志明《岳阳风土记》载："张真人炼丹飞升之所，弟子葬其衣冠，俗谓之衣冠冢。"⑦

---

① 在乾陵之前，帝王的陵墓不树碑，墓内也不放墓志铭，乾陵突破了这一惯例，因此《述圣纪碑》具有特殊的历史价值。
② 马荣汉：《中国建筑之最》，中国旅游出版社，1994，第229页。
③ 宋金以后，开始有游人题字于碑，使"无字碑"变成了有字碑。
④ 杨鹏：《老子详解》，中国文史出版社，2003，第175页。
⑤ 赵毅衡：《符号学》，南京大学出版社，2012，第25～26页。
⑥ 陈梿：《罗浮志》，中华书局，1985，第14页。
⑦ （宋）范致明：《岳阳风土记》，台湾成文出版社有限公司，1976，第37页。

"衣冠冢"很早就出现在古人的史书当中,宋乐史撰《太平寰宇记》说:"旧仙公墓。在(句容)县西南一里,见有碑碣。松迳《郡国志》云:'勾曲有葛洪冢。'是也,盖仙翁之宗族也。"① 书中说:句容县西南一里的地方立有墓碑,是为修仙人葛洪的衣冠冢。墓碑的具体文字已经无从考证,但衣冠冢立碑激起了后世学者的广泛讨论,有的学者认为葛洪的出生地和葬地也许并不在一个地方,衣冠冢只是当地为了提高名气而自行修建的,其墓实际在哪并无人知晓。在这里,衣冠冢的墓碑被"片面符号化"②,即感知的不是事物本身,而是事物的某个特征。人们倾向于把衣冠当作本人,墓碑就成了其标志物,强化了这一片面的认知。

(二)弱传播:作为强符号的墓葬石刻

从所指意义上讲,墓葬石刻的内容就是这一符号传达的最基本的信息,这些信息表达明确,含义清楚,不会引起受者大脑过度参与解读,因此这类符号媒介可以作为强符号存在,但其传播效果显得相对较弱。

对于墓志铭来说,其行文格式都有大致的规定,明代王行在《墓铭举例》中曾明确指出:"凡墓志铭,书法有例。其大要十有三事焉曰讳、曰字、曰姓氏、曰乡邑、曰族出、曰行治、曰履历、曰卒日、曰寿年、曰妻、曰子、曰葬日、曰葬地,其序如此,其它虽序次或有先后,要不越此十余事而已此正例也。其有例所有而不书、例所无而书之者,又其变例,各以其故也……"③ 根据他的说法,墓志铭的书写大概为以下几点内容:介绍墓主人基本情况(姓名、宗族、住所、家庭关系)、生前事迹以及下葬的基本情况,可能记录的先后有别,但大体是这些内容。对墓碑来说,它的作用主要是为死者标记身份,其内容则更为简洁,大约只是身份介绍和下葬情况,这些信息流传至今,意义依旧十分为稳定,较为浅显易懂,传播效果较弱。

墓志铭还是一种实用性很强的文体,其在镌刻的过程中也存在蓄意掩

---

① (宋)乐史:《宋本太平寰宇记》,中华书局,2000,第94页。
② 赵毅衡:《符号学》,南京大学出版社,2012,第37页。
③ 山右历史文化研究院编《山右丛书初编》,上海古籍出版社,第141~142页。

盖事实、美化墓主的情况。柳宗元的《朗州员外司户薛君妻崔氏墓志》云："始简以文雅清秀重于当世,其后,病惑得罪,投驩州。"① 而其墓志又曰:

> 翼翼仁师惟仁之硕。一言刑轻,绵载二百。其庆中缺,曾元不绩。简之温文,卒昏以易。七男三女,八我之出。仍祸六稔,数存如毁。宜福而灾,伊谁云恤。惟薛之妇,德良才全。邻无言闻,臧获以虔。推仁抚庶,孩不异怜。兄公是怙,夫属忻然。髧髦峨峨,笾豆惟嘉。蒸尝宾燕,其羞孔多。有苾有严,神飨斯何。奚仲仲虺,胡祐不遐。高曾祖考,胡瑕之訛。淑人不居,谁任于家。书铭告哀,以寘岩阿。

可见文中并无"病惑"二字,而是以"卒昏以易"代之。所谓"病惑",犹言精神失常、昏庸,病惑显然不是好辞,所以在墓志铭中并不存在,精神失常之心理疾病,被当作"恶"而隐去不书。② 这样人为的"信息缺失"让墓志铭传递的信息大打折扣,其真实性受到质疑,降低了传播效果。

学者邹振东曾提出"弱传播"的理论,这是一种舆论学的理论,他认为弱传播可以在两种语境下使用,"一是解释舆论世界的现象,二是表达舆论传播的策略,弱传播的规律概括起来即弱者优势、情感强势、轻者为重、次者为主"③。借用他的观点,许多强符号也在进行弱传播的实践,比如,有些墓碑上会铭刻各种鸟兽图案来增加石刻装饰的艺术性,从而增强了可看性;另外,修辞手法的使用能够增加文本的文采,让平淡的文字显得更有趣味,某些碑刻铭文辞藻华丽,值得细细品味。

结 语

石刻作为一种起源较早的媒介,在古代的传播活动当中扮演了重要的

---

① 邵丽鸥:《中华古诗文·柳宗元》,北方妇女儿童出版社,2013,第143页。
② 彭国忠:《从纸上到石上:墓志铭的生产过程》,《安徽大学学报》(哲学社会科学版)2016年第3期,第34~49页。
③ 邹振东:《弱传播》,国家行政学院出版社,2018,第33页。

角色，墓葬石刻是一种特殊的石刻媒介，和丧葬制度有着紧密的联系。

墓葬石刻首先能够成为一种现代意义上的传播媒介。首先，它记录了死者亲属的哀思之情，传播了亲情的感染力；其次，它还向在世者宣告了逝者的辉煌事迹，企图让逝者的地位得以在另一个世界（阴间）重现，在这里，墓志碑刻成为沟通生死、连接阴阳的媒介；最后，石刻的文字代代流传，便成为弘扬传统文化、立德树人的媒介。

墓葬石刻的媒介特征集中表现在其自然属性和社会属性上。石刻体积大，较为笨重，更倾向于作为一种时间偏向的媒介，但从空间意义上讲，它不仅是"标出"墓主身份的一个符号学概念，还构造了一个虚拟空间，架起了连接虚拟和现实世界的桥梁。从其社会属性来看，墓志石刻传播了古人深刻的哲学思想，给今人以深思，它同时还具有强烈的政治意涵，反映了古代的阶级秩序和社会等级，从各方面折射出石刻这一媒介扮演的重要作用。就传播效果而言，不同的墓葬石刻传播效果也不尽相同，作为一种符号，墓葬石刻在能指和所指意义上同时扮演着强传播和弱传播的角色，这也充分展现了古人的智慧和中华文化的博大精深。

（李蒙　谢清果）

第四章

光耀门楣：华夏门户文化的媒介社会学分析

  门是我们日常生活中随处可见之物，作为实体的门，既分隔了两个原本相连的空间，又沟通了内部空间与外部环境，成为社会交往沟通的一种媒介。作为制度化的门，又建构着儒家礼教中等级秩序的观念，是寒门子弟光耀门楣的精神依托，同时也组建了具有相同属性的群体身份集合，在中国传统文化中同样担任着文化传播的功能。作为精神交往的门，一方面蕴含了分离与统一于一体的矛盾观，另一方面又体现了公共空间与私人领域的界限。总之，门作为传播的媒介，不仅诠释了其沟通内外、进行交流的本质，更是阐释了华夏传播中对于社会路径的共同理解。

  在我们的日常生活中，门随处可见，作为中国古代建筑的重要组成部分，门无论是在建筑实体的功用还是民族精神的建构上，都发挥了独特的作用。有史以来，门就以其"出毕由之，入毕由之"的特殊性承载着历史的沧桑，《论语·雍也》中记载孔子的一句话："谁能出不由户？"这便说明了门户在建筑物中的重要地位，是出入的必经之路。[①] 古语有云："双扇为门，单扇为户"，后世则将"门户"统称为房屋的出入口，因此门首先作为建筑物的通道而存在。

  不仅如此，作为建筑实体的门还具有遮蔽风雨、抵御猛兽、标志领域、分割空间等作用。据《韩非子·五蠹》记载："上古之世，人民少而

---

① 岳婷婷：《平遥古城的门文化》，《建筑》2017年第19期，第67~68页。

禽兽众，人民不胜禽兽大蛇。有圣人作，构木为巢，以避群害。"《易经·系辞》说："上古穴居而野处，后世圣人易之宫室。上栋下宇，以待风雨。"在此之前，大概是没有独立的门的意识，而有了房屋"门"便产生了，构巢筑屋正是原始社会中门意识的发端。在陕西西安半坡遗址中，已经出现用木棍枝条排扎的门，既可遮挡风雨，又可以遮掩居寝。① 同时，门作为一种标志，还具有划分空间的作用，标识着一个地域范围向另一个地域范围的过渡。在哈尼族的寨门文化中，寨门作为一个村寨的标志性建筑物，在地理上区分着"我村"与"他村"，"我族"与"他族"的界限。②

事实上，中国古代建筑中的门，不仅仅作为一种建筑形态，在漫长的历史演进过程中，也被赋予了丰富的文化内涵。门作为一种符号，具有社会表征功能，按照霍克斯的观点，"这是某种因自己和对象之间有着一定惯常的或习惯的联想的'规则'而作为符号起作用的东西，"③ 在传播学的语境中，门不仅彰显着社会阶层的差异，又表现为一种群体身份的认同。

那么如何从传播学的角度去理解门作为日常生活交往中的媒介呢？门在传递信息，沟通内外时发挥了什么样的作用？我们该如何看待门背后所包含的符号学价值？尽管对于门的研究，在建筑学、文学、社会学当中都有涉及，但是并无从传播学的视角中进行研究，没有将门作为传播媒介进行考察。因此，本书试图从传播学的维度出发，解读"门"这一日常生活交往中的媒介在人际互动、社会沟通以及作为传播符号表情达意方面的作用，同时也对门背后所包含的隐喻文化进行阐释，表明其对于传播的意义所在。

第一节　作为传播介质的门

门是一种会说话的建筑，它不仅可以告诉人们门里门外发生的故事，也可以告诉人们围绕一扇门的一段历史。北京的天安门，记载了明清两代数百

---

① 吴裕成：《中国的门文化》，中国国际广播出版社，2011，第6~7页。
② 周淑雅：《仪式视角下的哈尼族寨门文化研究》，硕士学位论文，云南艺术学院，2018。
③ 〔英〕特伦斯·霍克斯：《结构主义和符号学》，上海译文出版社，1987，第131页。

年的宫廷变故，记录了中华人民共和国诞生的历史荣耀；长安城内的玄武门，见证了李世民兵变夺权、成就霸业的开始。这就是门所承载和延伸的文化。作为传播的介质，门所具有的传播功能还不止于此。

（一）建筑结构中作为通道的门

在建筑结构中，门最基本的功能之一便是作为出入的通道，因此它的位置十分的显眼。任何人经过这栋建筑，必先看见门所处的位置，门外的人要想进门，或者门内的人想要出门，都必须经由门这一中介。《管子·八观》记载："宫墙毁坏，门户不闭，外内交通。"[①] 意思是院墙破损，门户无法关闭，内外之人便可随意往来。从这个意义上来说，门的存在具有了沟通内外的作用。

在中国古代，大多数建筑是以群体的形式出现的，从帝王所居住的宫殿到普通百姓的住宅，往往需要划分成不同的空间领域以适应不同功能的需要，此时门就具有了空间阻隔的作用。然而在某一空间领域向另一空间领域的过渡中，门就充当了一种沟通的桥梁作用。作为通道的门，恰如其分地包含了分离与统一的二元对立关系。正如齐美尔所言："门在屋内空间与外界空间之间架起了一层活动挡板，维持着内部和外界的分离。（正因为门可以打开，跟不能活动的墙相比，关闭门户给人以更强烈的封闭感，似乎跟外界的一切都隔开了。）墙是死的，而门却是活的。自己给自己设置屏障是人类的本能，但这又是灵活的，人们完全可以消除屏障，置身于屏障之外。"[②]《说文解字》记载："门，闻也。从二户相对，象形。"段玉裁注："闻者，谓外可闻于内，内可闻于外也。"[③] 说的便是门使内外隔绝而又相通的作用。

（二）门作为人神沟通的媒介

在建筑物中开辟通道，出入自由，本是寻常之事，但是在社会建构主义理论看来，不仅知识是社会建构的产物，包括科学、技术在内的几乎所

---

① 管仲：《管子》，时代文艺出版社，2008。
② 〔德〕齐美尔：《桥与门——齐美尔随笔集》，生活·读书·新知三联书店，1991，第4页。
③ 焦利源：《汉字中的"门"文化》，《海外英语》2017年第17期，第200~202页。

有事物都是社会实践、社会制度和社会文化的产物，或者是相关社会群体互动和协商的结果。① 那么门所具有的符号意义，也是在中华民族数千年的文明演进中不断被构建起来，并在我们的生活中持续产生影响。

中国古代世家大族中的门，建制宏伟，有身份的人家不仅会建造一个正门，还会在两旁建造两个侧门。正门通常是不开放的，主人和家丁出入都经由两旁的侧门，只有在婚丧嫁娶或者祭祀祖宗这样重要的时候才由正门出入，彰显门的神圣性和神秘感。

此外，人们还在门的装饰部件上做文章，将天、地、人的说法搅成一片，调浓了门的神秘色彩。门作为建筑物的通道，亦是与外界相连的节点，居住者最讲究出入平安、家宅安宁，因此在门上附以装饰，以求抵御来自外界的一切侵袭。《山海经》曰："沧海之中，有度朔之山，上有大桃木，其屈蟠三千里，其枝间东北曰鬼门，万鬼所出入也。"因此桃木便带有了驱避妖邪的功用，最早用桃木刻成神的形象悬挂在门上，后来人们逐渐用绘画代替雕刻，并逐渐成为镇妖驱鬼的一种符号。王安石有诗云："千门万户曈曈日，总把新桃换旧符。"说的就是桃符在门的装饰中所起的作用。② 在民间，人们还喜欢用门神进行装饰，以守卫家宅。最常用的门神形象有钟馗、秦琼和尉迟恭。唐宋时期，钟馗捉妖的故事广为流传，因此钟馗年画一年一度悬于家家户户的门上，及至明清时期，民间流传最广的是秦琼和尉迟恭两位门神，因其护驾有功，深受百姓喜爱，一左一右，双双画于门上，以镇妖邪。还有在门上挂"照妖镜"，悬八卦图，端午节在门上插艾草等习俗，也都反映了中国古人与神进行对话沟通、祈求家宅安宁的美好愿望。古人借由门及门上装饰物的符号意义，来作为人神沟通的介质，在这一场对话中，不仅建构了人神交流的文化语境，同时也表现了古人对于自然的敬畏和崇拜。

（三）门作为人际交往的媒介

人际交往指语言符号（字、句等）和非语言符号（目光、姿势、体

---

① 刘保：《作为一种范式的社会建构主义》，《中国青年社会科学》2006年第25期，第49~54页。
② 姚慧、杨萍惠：《传统建筑的门文化意象》，《文博》2006年第3期，第40~43页。

态、声调、面部表情及动作等）被两个或者两个以上的人共同理解的过程，也即人与人之间传递信息、沟通思想和交流感情的联系过程。① 在人与人之间关系形成的过程中，门作为人际交往的媒介构建起一个相对独立的社会化场域，使得一部分具有共同社会属性的人能够进行互动。所谓场域，布尔迪厄把它定义为"在各种位置之间存在的客观关系的一个网络（network）或一个构型（configuration）"。② 但是场域并不等于某个固定的社会结构，也不等于静态的社会关系，场域的灵魂是贯穿于社会关系中的力量对比及其实际的紧张状态。③ 门本身并不作为媒介的场域而存在，但是通过门所构筑的群体的社会关系，一个个小世界得以形成，这些小世界就是具有自身逻辑和必然性的客观关系的空间。在闲暇的时候，当地人通常围坐在某家某户的门前，就周围新近发生的新鲜趣闻以口口相传的方式进行传播，这种传播的特点是灵活且分散，几个人就可以组成这样的一个人际传播的网络，就在这样的模式当中不断建构人与人之间的关系。

米勒和斯坦伯格认为，人与人之间进行传播，目的就是要获得各种期望的结果，包括金钱的、肉体的以及社交上的回报。社会交换理论同样也认为人际传播的动力是自我利益。④ 在中国社会中，门背后所隐喻的人际交往观念，也带有社会交换的色彩。中国古代的家庭建筑较宏大，由于走正门所需的时间较长，耗费体力，因此人们就在房屋的两侧或后面开辟一些小门，这也就是"走后门"的由来。后来，一些不光彩的交易都在后门发生，所以其含义又引申为用不正当手段来达到政治的或经济的目的。在人际交往中，人们倾向于能在扩大自我的利益的前提下，与其他人进行社会互动，这种可靠的回报性是将人联系在一起的主要纽带。

（四）门作为社会沟通的媒介

门是建筑物的脸面，也是展现社会历史变迁的重要载体，门所承载的

---

① 陈会昌：《中国学前教育百科全书·心理发展卷》，沈阳出版社，1995。
② 〔法〕布尔迪厄、〔美〕华康德：《实践与反思——反思社会学导引》，李猛、李康译，中央编译出版社，2004。
③ 丁莉：《媒介场域：社会中的一个特殊场域》，《青年记者》2009 年第 16 期，第 65~66 页。
④ 〔美〕迈克尔·E. 罗洛夫：《人际传播社会交换论》，王江龙译，上海译文出版社，1997，第 3 页。

符号价值远远高于其实际功用。在门的开闭之间,反映了社会风俗的变化,讲述着门作为社会沟通媒介的纽带作用。《礼记·礼运》篇中提出了"大同社会"的美好构想:"大道之行也,天下为公……是故谋闭而不兴,盗窃乱贼而不作,故外户而不闭。是谓大同。"这是一幅太平盛世的绮丽画卷,人人都可衣食无忧,人人都能够遵循最高标准的社会道德规范,人与人之间的关系达到了高度的信任,即使在夜间就寝,也可不用关闭门户,因为不会有盗窃乱贼,也就无须设防。① 此时的门便是一种社会关系的写照,他建构起社会间人与人之间的信任感,消融了阻隔在人与人之间的嫌隙。但是这样路不拾遗、夜不闭户的景象也只能出现在大同社会。

门的开闭之间,也反映了民族心理的变化过程。1840 年鸦片战争以前,清政府自认为天朝上国无须进行对外贸易,且为了防止沿海的动乱,奉行闭关锁国的政策,将沿海一带的对外经贸活动全部停止,只留下广州一处可以进行货物买卖。清政府这种封闭自大的心理给整个中华民族带来了深重的灾难,使我国成为半殖民地半封建社会长达半个多世纪之久。1978 年开始了改革开放的进程,中国人主动打开国门走向世界,向世界传递我们的声音,在对话传播的过程中建构我们的形象,掌控我们的话语权。在这个层面上,门具有了更广泛意义上的社会沟通功能,体现了包容开放的中国态度。透过门的历史,我们不仅可以看到社会风俗的变迁、民族心理的变化,还可以从中窥探等级观念的演变,从而体味上层社会与底层社会的交流机制。

第二节 门的社会表征功能

现代符号学的奠基人皮尔士②认为:"按照符号与客观世界的表征方式,认知主体都是通过联想的思维建立符号与所指物之间的联系。"这就表明:一方面,认知主体在对符号对象的意义诠释中起着至关重要的作用;另一方面,因为符号与所指称对象之间存在一定的共享特征,意义才

---

① 吴裕成:《中国的门文化》,中国国际广播出版社,2011,第 192~193 页。
② 陈惠玲:《皮尔士符号学与西方美学》,硕士学位论文,江西师范大学,2013。

会被符号所表征。"门"这一符号所指代的意义正是在社会生活的场域中被无数劳动人民所构建,并因其属性功能的差异而被赋予文化上的深刻含义。

(一) 五门之制——宫廷之门显威仪

我国古代封建社会等级森严,孔子倡导"男女有别,上下有等,尊卑有序"的观念,就体现出等级制度在规范社会行为当中的作用,任何人都不能僭越礼法的约束。因此《论语》中记载,孔子谓季氏:"八佾舞于庭,是可忍也,孰不可忍也?""佾"是古代奏乐舞蹈的编制,每行八人为一佾,不同身份对于享用乐舞的等级也有不同的规定。"天子礼乐用八佾,诸侯六佾,大夫四佾,不得擅自越级",只有天子可享"八佾"的规制。季孙氏作为大夫只能用"四佾",却僭越等级享用天子礼乐,所以孔子才发出了"是可忍孰不可忍"的呼声,强烈要求严惩这种行为。

孔子的这种思想,贯穿在古代生活的方方面面,尤其是在宫廷建筑的门中,尽显儒家礼教中等级森严的色彩。"天子五门"是古代天子的最高等级,所谓的五门之制,就是指中轴线上的五段分割,是自皇城南门入宫所要经过的几扇重要的大门。《礼记·明堂位》记载,"天子五门,皋、库、雉、应、路""诸侯三门",另外,汉代的郑玄为《周礼·天官·阍人》作注:王有五门,外曰皋门,二曰雉门,三曰库门,四曰应门,五曰路门,到了清代,《古今图书集成》中也有一段对于五门的解释,只是与郑玄排列的顺序略有不同。对于天子五门的说法,学界虽然仍有争议,认为周制天子是三门而非五门,但是由于郑玄遍注群经,影响深远,在多种注疏中反复强调天子五门之说,因此后世学者普遍采纳他的说法。[1] 这里我们不去考究是天子五门还是天子三门,从传播学的视角来看,在这一建筑制度下形成的古代王宫最基本的建筑格局,代表了皇帝崇高的地位,显示出天子的威严,象征着最高统治者的权力,完全反映了中国古代封建社会中一整套礼仪制度和礼教思想。这种制度,不仅传递出皇权凌驾于一切

---

[1] 孔华、杜勇:《清华简〈皇门〉与五门三朝考异》,《天津师范大学学报》(社科版) 2015 年第 2 期,第 48~54 页。

之上的优越性，更是阻碍了统治者和被统治者之间的对话交流机制，为封建社会的没落埋下了深重的伏笔。

(二) 门第之说——高寒有别划等级

儒家的这种等级观念，不仅体现在皇权的至高无上，五门之制的礼法约束上，也体现在一家一户的门面上。家庭是社会最基本的单位，礼教所规定的"君君臣臣父父子子"，也必然要在家庭中得以遵循，才能实现整个社会的秩序稳定。俗话说："富贵看大门"，这种门脸意识，既属于上层社会，又是底层社会的一种生活经验。以门的大小来看这家的社会地位，是中国的文化传统中为人们所普遍认可的一种方式，有钱的人家通常会花重金修饰门面，以彰显所谓的"派头"，而贫寒人家就只能以"木门""柴门"遮掩，因此才有了"高门显贵"和"寒门子弟"的说法。

左思《咏史》："峨峨高门内，蔼蔼皆王侯。""峨峨"一词便显现出高门大户的巍峨壮观。在北京城的四合院内，还可以看到明清时期留下来的许多门制，文武官员的住宅门通常采用敞亮大门，这种大门的形式是面广一间的房屋，屋顶为五檩四架椽的硬山作法，在门簪、门枕石部分都有木雕、石雕装饰，大门内，两侧面墙上用磨砖对缝做装饰，四周加上花边，在大门外两边的山墙墀头上也有砖雕装饰，这种规格也配得上颇有身份的人家了。此外还有金柱大门、如意门、垂花门等形制，都是有头有脸的人家才得以享用的。对于贫苦的人家来说，只能用木板制成门，满足最基本的安全防护作用，有的大门没有门扇，只架着两根圆木立柱立在那里，以此来充当区域分隔的界限，这种门也就被戏称为"光棍门"。

这种差异同样也体现在门的色彩与装饰上，古代皇宫的正门漆以正红色，寻常人家的大门不允许用这种颜色，因此杜甫有诗云："朱门酒肉臭，路有冻死骨。"反映了贵族人家和市井寒门之间的贫富差距。门最基本的构成就是门扇，古人为了将门板拼合起来制成门扇，就用铁钉将木板和横木定在一起，这种铁钉的钉子头为了美观，通常做得比较大而光滑，因此称为"门钉"。主人出门之后要锁门，客人进门要敲门，因此在门扇上也就有了门环，古代称之为"铺首"。凡皇宫宫殿的大门上都是九九八十一枚门钉搭配金铺首，亲王府用九行七列共六十三枚搭配铜门环，文武百官依照等级高低，遵循严格的礼制。在门的制作材料上，与高门大户、朱门彤扉形成鲜明对比的是蓬门荜户、荆门茅舍。①

《敦煌变文集新书》是一份珍贵的民风民俗资料，② 其中就有关于门的描写："论女家大门词：柏是南山柏，将来作门额。至中门咏：团金作门扇，磨玉作门镮，掣却金钩锁，拔却紫檀关。"门的富丽不仅在于团金磨玉的装饰，也在于用材南山柏，配有紫檀门闩。如此豪奢之门，竟不是普通人家可以想象。相比之下，贫寒人家的门则简陋得多。《礼记·儒行》中记载"筚门圭窬，蓬户瓮牖；易衣而出，并日而食"，形容小官吏的生活。刘长卿在《逢雪宿芙蓉山主人》中写道："柴门闻犬吠，风雪夜归人。"可见这家人的生活状况也好不到哪里去，因此"蓬门""柴门"也成为寒门子弟的象征。

(三) 光耀门楣——打破阶级固化之门

在隋朝以前的一个时期，朝廷选拔官员采用九品中正制，只在世家大族中推荐官员，寒门子弟毫无出头之日，到了隋朝，开始实行科举制，通过统一的考试选拔官员，虽然这一制度也有其一定的弊端，却是现行制度下最公平合理的竞争方式。科举制为无数寒门子弟提供了上升的通道，使得他们能够从打破门阀士族对国家政治的垄断，社会中下层有能力的读书人有机会进入上层社会，获得施展才智的机会。同时，金榜题名也是一个家族的荣耀之始，儒家思想中有着浓厚的家族观念，做官不仅是为了自己，也是为了整个家族的门面，因此光耀门楣甚至成为古代寒门子弟光宗耀祖、为家族做贡献的唯一方式。很多读书人寒窗苦读数十载才能考取功名，所以韩愈说："十年寒窗无人问，一举成名天下知。"读书人对于这种考试做官的热衷程度可见一斑。

所谓门楣，就是门框上端的横梁，具有支撑门户的作用，可以挂门匾、署门额。

---

① 楼庆西：《中国建筑的门文化》，河南科学技术出版社，2001，第32~34和54~57页。
② 潘重规：《敦煌变文集新书》，文津出版社，1994。

门楣硕大,门户壮观,由于门楣处于非常醒目的位置,所以历来的建筑师们都非常重视对它的艺术装饰,以加强建筑的感染力。久而久之,门楣艺术就成了反映一个时代、一个民族、一个地域文化形态的生动体现。①

门楣就是人们对财富、权利、功名的一种直观表达,门楣是家宅的吉祥图腾,是家风家教的最好载体。古代按照建制,只有朝廷官吏所居府邸才能在正门之上标示门楣,一般平民百姓是不准有门楣的。1935 年的《阳泉县志》描述当地的四合院:"若科第举人者,门前多置旗杆二,上下马石二;上任则不敢位置,分别富贵如此。"这就说明,即使你是大户人家,富甲一方,没有官面上的身份,也一样不能在门上标示门楣。

提到官职,一定要提到司马第。白居易当时被贬至九江,位在州郡别驾、长史之下,故作诗《琵琶行》:"元和十年,予左迁九江郡司马";明清时,大司马多作为兵部尚书之别称,而司马则成为州同、同知、左堂的别称。《清史稿·职官表》云:"州同分掌粮务、水利、防海诸职",从六品。因司马之职长期沿用,故民间有"司马者,非荣即贵"的说法。有些曾任过同知之职的官员,致仕后,往往在宅第前署"司马第",以光耀门楣。② 官宦之家的府第往往往署有"司马第""大夫第""资政第",以彰显身份和光宗耀祖。

金榜题名,衣锦还乡成为古代读书人一生为之奋斗的目标,高中之后,皇帝会题写一块匾额,悬于门楣之上,这里包含了无数家族对光耀门楣的渴盼,以及无数学子求取功名、寻得仕途的重要见证。

(四) 一门之内——门内的群体身份认同

隐喻是我们日常生活中的一种表达方式,任何事物都承载了本不属于它,却与它相关联的意义,这种意义的生成就是隐喻,隐喻存在于我们的观念之中,又根植于特定的文化传统。在《我们赖以生存的隐喻》一书中,莱考夫和约翰逊③提出:"隐喻不仅是语言现象,更是思维现象,是人类借助具体概念理解抽象概念的一种认知机制。隐喻将原始域的结构、关

---

① 白文明:《中国古建筑艺术》,黄河出版社,1999,第 1028~1124 页。
② 陈有辉:《黄姚古镇传说》,中国戏剧出版社,2008,第 47 页。
③ 〔美〕莱考夫·约翰逊:《我们赖以生存的隐喻》,浙江大学出版社,2015。

系、特征和知识映射到目标域之上，两域之间的映射由我们的身体、社会和文化经验促成。"

门作为我们日常生活中的媒介，具有分割空间、沟通内外的基础作用，门内的群体所具有的凝聚力远远高于门外群体所具备的凝聚力，在这个意义上，门所隐喻的是具有相同社会属性的群体集合，这个群体内的所有成员对自己所属的群体具有高度的身份认同。

家门基于血缘关系凝聚在一起。一门之内，（夫妻子女祖孙）共同生活者曰家。中国古代的家族观念盛行，家族内都设有祠堂，用以祭拜祖先，同时也以这种厚重的家族底蕴将各门各房的后辈子孙聚集在一起。俗话说，"打虎亲兄弟，上阵父子兵"，这种基于血缘的纽带关系往往是最为牢固可靠的。清刘大櫆《赠大夫闵公传》记载："闵氏自庄懿司寇以来，家门贵盛，浙西无其伦比"，显示出这种家门的兴盛与荣耀。

师门则基于契约关系凝聚在一起。东汉王充《论衡·量知》说："不入师门，无经传之教。"正如韩愈在《师说》中所述："师者，所以传道授业解惑也。"弟子投入师父门下，便意味着选择了一种传承，双方基于契约共同承担一定的义务与责任。师父需要向弟子传授本领与知识，弟子则要言听计从，以传承、维护本门宗旨与道义为本分，以此形成一门一派的独特气质。师门的一大特征即是排外，任何人不能同时分属两个门派，否则便会背上"背叛师门"的罪名。

佛门是基于信仰的群体身份认同。在《佛学大辞典》中，"佛门"指的是"佛之法门、佛教之门，又做释门、法门、空门等"。佛门中人无论是在衣着服饰还是在信仰观念上都遵循着佛门的规范，他们身披袈裟，手持佛珠，头顶戒疤，吃斋念佛，专注研究佛理，信奉因果报应、天道轮回，以此标识他们与平常人的界线。1588年，62岁的李贽在麻城芝佛院剃发为僧，了却了其所谓"吾谓当此时，正好学出世法，直与诸佛诸祖同游戏也"的心愿。[1]

国门基于民族身份认同凝聚在一起。从地理上来看，国门是指出入一

---

[1] 李贽：《焚书》，中华书局，1961，第157页。

个国家（或地区）的边境口岸，在中国的边境上则有着霸气的九大国门①，从主权上来讲，国门是一个国家独立自主的象征。一国之人具有相同的法律权利和公民身份，具有共同的历史传统和文化基因，正是这些构成了一个国家区别于他国的文化地景。《孟子·万章下》记载，"今有御人于国门之外者，其交也以道，其馈也以礼，斯可受御与？"是说强盗在国都郊野拦路抢劫杀人，这样能接受他抢来的东西吗？后来改成了"御敌于国门之外"，相应的意思也有了变化。

第三节　门的精神意义

（一）分离与联系的辩证统一

门作为建筑物中出入的通道，是联系内部空间与外部环境的纽带，门的开合，体现了内外的分离与统一。《易经》中说："阖户谓之坤，辟户谓之乾，一阖一辟谓之变，往来不穷谓之通。"② 关闭门户叫作坤，打开门户叫作乾，一开一闭叫作变化，有往有来而不穷尽叫作贯通。这可以从两方面来进行理解。一种是静态的门。乾坤代表着阴阳，"阖户"意味着夜深人静则关闭门户，"辟户"意味着旭日东升则打开门户，符合日出而作日落而息的自然规律。另一种是动态的门。门单纯作为一种"自然边疆"的概念也应当引起我们足够的反思。门的存在并非只是划定界限，我们应更加关注门所蕴含的动态过程，门只有在开合的过程中才能建构内外主体之间的联系，使社会机器处于动态运行的稳定状态之中。在《易经》八卦中，有开门、休门、生门、伤门、杜门、景门、死门、惊门这八门，八门在奇门遁甲的天时预测中极为重要，能够预制人世的祸福吉凶。在古代战争中，"八卦阵"的使用也比较普遍，这样布局的特点就是变化无穷，让人难以捉摸。正如《黄帝阴符经》中所述："八卦甲子，神机鬼藏。"具体的门在什么地方，指代什么并不是固定的，而是根据不同的时间处于不断

---

① 《我国边境上的9大国门，全世界最霸气》，http://m.sohu.com/a/247410355_100220633，2019年6月1日。
② 李振宏主编《四库群经名言名典》，沈阳出版社，2005，第213～214页。

的变化之中。门的一阖一辟之间，正是体现了天地万物、道法自然的阴阳观。①

在齐美尔看来，门恰如其分地充当了分离与统一的矛盾结合体，既以其分割空间、标志领域的功能在某一特定空间中阻碍了人际交流，又以其开合的功能在内部空间与外部空间搭建起沟通的桥梁，此种分离与统一的结合，也只有在门这一特殊媒介上才能呈现。

"在分离与统一的关系中桥梁倾向于后者……与此相反，门以其较为明显的方式表明，分离和统一只是同一行为的两个方面……人们在无穷无尽的空间切出一小块土地，按自己的感官认识在上面塑造出一个特殊单元。空间中，这一小块土地本身被联合起来，可它却与外界分离了。所以说，门在屋内空间与外界空间之间架起了一层活动挡板，维持着内部和外界的分离。"②

钱锺书在《围城》中说："围在城里的人想逃出来，城外的人想冲进去，对婚姻也罢，职业也罢，人生的愿望大都如此。"这样的围城是由墙壁隔绝起来，形成了内外的分离。城内与城外的地理阻隔，进去与出来的人性欲望，构成了对立与统一的矛盾世界，"围城"成为人们深陷其中却又无法剥离的困境。相较于墙壁这一死板的几何形式，门的设置使得内外的交流机制更为灵活，也使得围城的实现成为可能。世上的人无一不站在门的里面和外边，通过门，门内的人可以走向门外，门外的人也可以进入门内。

（二）公共领域与私人领域的界限划分

德国的著名社会学家哈贝马斯提出了"公共领域"的概念，他指出，"所谓公共领域，首先意指我们的社会生活的一个领域，在这个领域中，像公共意见这样的事物能够形成。公共领域原则上向所有公民开放。公共领域的一部分由各种对话构成，在这些对话中，作为私人的人们来到一起，形成了公众。"③ 与此相对的就产生了"私人领域"，私人领域一般包

---

① 梁励园：《中国传统"门"文化的空间表现和哲学含义》，《广东建材》2009 年第 3 期，第 170～172 页。
② 〔德〕齐美尔：《桥与门——齐美尔随笔集》，生活·读书·新知三联书店，1991，第 4 页。
③ 汪晖、陈燕谷主编《文化与化共性》，生活·读书·新知三联书店，1998，第 125 页。

括狭义上的市民社会，亦即商品交换和社会劳动领域，家庭以及其中的私生活也包括在其中。① 我们常说的"关起门来说话"，就是标志着私人领域内部的信任感。

在哈贝马斯看来，公共领域和私人领域有着严格的界限，事实上，人在公共领域和私人领域之间所呈现的状态也有着天壤之别，在传播学者看来，形成其间界线的物理实体就是门，门不光占据了内部空间与外部环境之间的交流通道，同时也在社会意义上构筑了私人领域和公共领域的区隔。在美国女权主义作家凯特·肖邦②的短篇小说《一小时的故事》中，不同场合的门被赋予了不同的象征意义，用以推动故事的叙事情节。当女主人公马拉德夫人初闻丈夫死亡的"噩耗"之时——"当哀伤的风暴逐渐减弱时，她独自走向自己的房里，关上了门"。在走进房间之前，她曾放声痛哭。在姐姐和丈夫的好友眼里，她的悲伤来自失去丈夫的痛苦。但是，在阻隔了他人的视线和想象的门的另一边，马拉德夫人却暴露出她的真实感情，她终于摆脱了丈夫的阴影，可以独立、自由地生活。显然，门在这里展示了空间维度，意味着公共领域与私人领域的分水岭。

17世纪末期，英国进行了资产阶级革命，通过了《权利法案》，确立了启蒙思想家洛克所提出的"私有财产神圣不可侵犯"，因此国家不能干涉公民的私有财产。英国首相威廉·皮特在一次演讲中讲道："臣民的茅草房，风能进，雨能进，国王不能进。"这句话中展示了一种平等的思想，财产权的法律保护不以其身份地位的悬殊而有差异，即使是最穷的人，也可以在他的小屋内对抗国王的权威，保护自己的私有财产。就连国王未经允许也无法踏足私人领域，门里门外构筑了清晰的法律权利和法律地位。

在互联网环境下，门所构筑的公共领域和私人领域的界限在很大程度上被逐步消解，以网络为依托的各种"门"事件，就是将私人领域的事务引入公共领域，从而引发一系列争议。例如"艳照门"中明星的照片都是在私人场合下拍摄并由私人秘密收藏的，属于典型的私人事务，但是一旦

---

① 田静：《公共领域与私人领域的界限：从历史到现实》，《重庆理工大学学报》2011年第25期，第77~80页。
② 崔玉梅、夏宏：《"门"的空间、时间和社会维度——论〈一小时的故事〉中"门"的象征意蕴》，《逻辑学研究》2006年第26期，第56~58页。

通过网络媒体在公共领域公之于众，这些艳照就迅速成为公众热议的话题。① 这种本来没有公共意义的私人事务因媒体的炒作而被引入公共领域，获得了可见性，从这个意义上来讲，私人领域的公共化，既使得私人领域的神圣性被消解，也使得公共领域在一定程度上损失了其所承担的政治功能和民主内涵。

结　语

门所表征的精神世界内涵极其丰富，作为日常生活中的传播媒介，不仅建构着内部空间与外部空间的话语体系，同时也传递了上层社会与底层社会的对话交流机制。在中华民族的历史中，门具有举足轻重的历史地位，其背后所蕴含的人文底蕴也为中华文化添上了浓墨重彩的一笔。门的哲学反映出了阴阳乾坤的无穷变化，昭示出分离统一的自然法则，彰显了海纳百川的磅礴胸怀。

随着时代的发展，门中所隐含的一些观念正逐渐被新的时代观念所解构。例如门所隐喻的等级观念，是在封建社会皇权至上的特定历史时期所形成的，却一直延续至今，并对人们产生了深远的影响。在新的历史时期，人人平等的观念深入人心，已经没有了门户之见，所谓门当户对，也不过是男女双方拥有共同的人生旨趣与价值追求。一些以门为依托的社会风俗，例如"走后门"，对于风清气正、公正透明的社会秩序都造成了严重影响，因此也应当摒弃。

（吴伟　谢清果）

---

① 陶东风：《公共领域和私人领域的双重危机》，《青年记者》2008 年第 7 期，第 57 页。

第五章
祠堂千秋：华夏家族传播的媒介空间

祠堂是家族文化的中心，是中国古代祖先崇拜的重要表现形式，也是一种独特的媒介形态。历史上的祠堂随时间的变化，经历了由小到大、由少及多、由盛转衰到新生的不同阶段，在发展过程中逐渐衍生和发挥着各种各样的媒介功能和作用。祠堂的物态文化：建筑构造、祠内碑刻、堂号堂联、神主牌位构成了物态媒介，其仪式活动——祭祀仪式、族务管理、日常交际构成了交往媒介。本章在梳理祠堂源流后，逐个论述祠堂媒介各构成部分的呈现形态，以及祖先、族众、家族、祠堂是如何构建媒介联系和发挥媒介功能作用的，并辅以具体的历史史料佐证。如今联系当下实际，即使过去的封建家族祠堂不复存在，祠堂仍然具有十分重要的意义，它的部分媒介功能仍然存在，为适应今天的社会，各地祠堂有很多的改造创新。

"祠堂"一词由"祠"和"堂"组成，《说文解字》中的释义为："春祭曰祠，从示，司声。堂，殿也，从土，尚声。"[1] "祠"起初是动词"祭祀"义，意思为春天的祭祀，后来逐渐演化为名词"祭之所"；而"堂"指的有地基的房屋，因此"祠堂"的意思即祭祀用的房屋。朱熹在《家礼》中有云："或有水溢，则先救祠堂，迁神主遗书，次及祭品，后及家财。"[2] 在以血缘和地位为核心的乡土中国深层社会网络结构中，祠堂拥有

---

[1] （东汉）许慎：《说文解字》（现代版），（宋）徐铉校定，王宏源新勘，社会科学文献出版社，2005，第527页。
[2] （宋）朱熹：《家礼》，见《影印文渊阁四库全书本》，台北商务印书馆，1983，第20页。

至高无上的地位，是宗族活动的建筑载体，是家族文化的象征。

从华夏传播的意义来看，祠堂是中国古代社会的一种极其重要的媒介。其一，祠堂是供设祖先的神主牌位、举行祭拜祖先仪式的场所，执行着保存和记录家族历史、与祖先交流沟通的媒介功能；其二，祠堂又是家族议事宴饮，执行族规、家法，族众日常交际，家族教育，婚丧嫁娶等活动的地点，发挥着联系族人、凝聚族人、传播宗族文化的媒介功能；其三，空间上祠堂内的建筑构造、神主牌位、碑刻、堂号、堂联、族谱、文书等物态，都具有丰富的内涵和象征意义，时间上祠堂的历史发展源远流长，上可追溯到先秦时期，记载着家族的祖祖辈辈，执行着传承和传播宗族文化的媒介功能。因此，祠堂既一种独特的物态媒介，也是一种独特的交往媒介，它在物质和精神上都承载着中华民族传统的宗族观念，始终延续着一种信念，一种饮水思源、慎终追远的宗族崇拜思想。

第一节 从祠堂研究说起

学术界关于祠堂的研究已经很多，尤其是历史学领域对祠堂探讨和研究成果已经相当丰富和成熟，人类学和社会学领域的关注亦较多，很多对中国古代宗族的研究都是通过对祠堂的研究展开的，但很少有学者专门研究祠堂本身。目前就已有的研究来看，主要从以下四个方面研究祠堂。

第一，将祠堂本身作为主要内容进行专题研究。如研究祠堂名号、堂联、祠内碑刻、神主牌位、建筑构造等祠堂的各个方面，研究祠堂的物态文化。《祠联与中国古代祠堂文化》[1] 对祠堂的结构、祠联的分类进行阐述，详细剖析了祠联具有的丰富文化内涵；《祠堂中的宗亲神主》[2] 主要通过分析祠堂中的神主牌位、族谱、建筑风水、堂联来研究祠堂中的文

---

[1] 欧阳宗书、符永莉：《祠联与中国古代祠堂文化》，《南昌大学学报》（人文社会科学版）1993 年第 2 期。
[2] 王静：《祠堂中的宗亲神主》，重庆出版社，2008。

化艺术和祠堂的功能；《宗族祠堂碑刻的类型及其传播》[1] 重点论述宗族祠堂碑刻的类型、内涵、文献记载、传播和对宗族文化、民族精神的传扬；《中国家谱堂号史溯源》[2] 追溯中国历史上的家谱堂号的发展源头与脉络。

第二，研究祠堂的精神文化内涵，分析祠堂的功能和价值。《明清时期徽州宗族祠堂的控制功能》[3] 认为明清时期徽州宗族祠堂发挥的族内控制功能有日益强化的趋势，并具体阐述其控制功能及强化的表现；《番禺祠堂文化的调查与研究》[4] 以番禺祠堂为对象，研究其历史及建筑、文化内涵及现状、当今文化建设等内容；《论祠堂功能的嬗变》[5] 首先对祠堂功能的结构和作用进行层次划分，再逐一论述随着时代变化其各个功能的嬗变。但大部分学者研究祠堂文化的出发点都是宗族，研究的是祠堂在宗族中起的作用，是祠堂与宗族的研究。例如《祠堂与宗族社会》[6] 将祠堂置于结构化的地域社会，揭示祠堂与宗族、社会与国家间的关系演变；《清代徽州祭祖研究》[7] 将祠堂作为清代徽州祭祖活动中的一个部分来分析，从而对徽州宗族、宗族祭祖进行研究。

第三，从个案出发，对某地区内有代表性的祠堂和村落进行实地考察。这种研究有利于细致地梳理分析，复原历史真实场景。《祖先谱系的重构及其意义——珠江三角洲一个宗族的个案分析》[8]、《村庙、祠堂与祭祀仪式》[9]、《从墓地、族谱到祠堂：明清山东栖霞宗族凝聚纽带的变迁》[10]、《祠堂的教化功能研究——以江西吉安 A 村为例》[11]、《人贵自立——湖州

---

[1] 杨建敏：《宗族祠堂碑刻的类型及其传播》，《黄河科技大学学报》2014 年第 2 期。
[2] 顾燕：《中国家谱堂号史溯源》，上海古籍出版社，2015。
[3] 陈瑞：《明清时期徽州宗族祠堂的控制功能》，《中国社会经济史研究》2007 年第 1 期。
[4] 黄凤琼：《番禺祠堂文化的调查与研究》，硕士学位论文，中山大学，2010。
[5] 蔡宇安：《论祠堂功能的嬗变》，《宜春学院学报》2014 年第 11 期。
[6] 罗艳春：《祠堂与宗族社会》，《史林》2004 年第 5 期。
[7] 何巧云：《清代徽州祭祖研究》，博士学位论文，安徽大学，2010。
[8] 刘志伟：《祖先谱系的重构及其意义——珠江三角洲一个宗族的个案分析》，《中国社会经济史研究》1992 年第 4 期。
[9] 郑珊珊：《村庙、祠堂与祭祀仪式》，硕士学位论文，中央美术学院，2007。
[10] 王日根、张先刚：《从墓地、族谱到祠堂：明清山东栖霞宗族凝聚纽带的变迁》，《历史研究》2008 年第 2 期。
[11] 李小兵：《祠堂的教化功能研究——以江西吉安 A 村为例》，硕士学位论文，西南大学，2009。

钮氏家族文化研究》① 等，分别对江西吉安 A 村、山东栖霞、广东开平泮村等各个地区的宗族祠堂展开调查研究。

第四，对现今尚存祠堂开发与保护进行思考，尤其是对新农村建设背景下祠堂文化现状与发展进行思考。如《关于祠堂文化在社会主义新农村文化建设中的思考——以从化市祠堂为例》②《卢氏宗祠：一个农村社区公共文化空间功能的变迁与重建》③《新农村建设背景下祠堂文化功能的演变》④《祠堂文化的育人思想及其当代价值研究》⑤ 等。

第二节　祠堂的盛衰与中国社会传播的变迁

古人有云："宗庙，家庙也，古者大夫、士皆有庙，庶人则祭于其后，聚合而族，建立祠宇，以祀其祖先。"⑥ 从广义上而言，祠堂的历史非常悠久，随着历史发展经历着变迁，在不同的历史时期也有不同的称呼，如宗庙、家庙、祠庙、家祠、宗祠等。早在殷商时期就已经出现了祠庙祭祖的活动。周王朝有"天子七庙，三昭三穆，与太祖之庙而七；诸侯五庙，二昭二穆，与太祖之庙而五；大夫三庙，一昭一穆，与太祖之庙而三；士一庙"的规定。⑦ 秦汉以后"庙"为皇家专用称呼，且除天子之外他人不可建宗庙，庶人只能"祭于寝"。

通常认为民间祠堂始建于宋代。唐末五代时期已经出现户外祠堂。从狭义上而言，宗庙专指皇族祭祀的场所，百姓祭祖的地方才是祠堂。北宋以前，平民没有设置祠堂祭祖的资格，唯有士大夫以上才有建置宗庙的权

---

① 陈连根、张银龙：《人贵自立——湖州钮氏家族文化研究》，浙江大学出版社，2009。
② 李清、胡俊秋：《关于祠堂文化在社会主义新农村文化建设中的思考——以从化市祠堂为例》，《前沿》2012 年第 10 期。
③ 卢燕：《卢氏宗祠：一个农村社区公共文化空间功能的变迁与重建》，硕士学位论文，华中师范大学，2012。
④ 邱耀、王华阳：《新农村建设背景下祠堂文化功能的演变》，《科技信息》2012 年第 29 期。
⑤ 蒋仁婷：《祠堂文化的育人思想及其当代价值研究》，硕士学位论文，湖南大学，2018。
⑥ 李小兵：《祠堂的教化功能研究——以江西吉安 A 村为例》，硕士学位论文，西南大学，第 13 页。
⑦ 李小兵：《祠堂的教化功能研究——以江西吉安 A 村为例》，硕士学位论文，西南大学，第 13 页。

力。随着宗族的发展和人丁的扩大，适应祭祀始祖的需要，宋代民间立祠祭始祖的越礼现象时有发生。倡导宗族、普及宗族意识的宋代理学家朱熹、张载、程颐等提倡建立祠堂，供奉家族祖先的神主牌位，以祭祖敬宗收族、重建宗族制度，通过祭祀祖先，达以联宗族之亲，教子孙之孝。朱熹编写《古今家祭礼》和《家礼》，设计祠堂规制，建立供奉高、曾、祖、祢四世的祠堂，祠堂因此开始在民间大规模地涌现。

在蒙古族统治下的元代，礼制荒废，在礼方面的控制较为松懈，祠堂继续发展。然而直到明代中期，国家礼制规定只允许有品之官立祠奉祀四世祖先，庶人只能供奉二世祖先之祀于寝，不鼓励民间宗族组织的发展。不过民间违制现象甚多，庶民建置祠堂，臣民追祭始祖。

嘉靖十五年，夏言上《请定功臣配享及令臣民得祭始祖立家庙疏》，"乞诏天下臣工建立家庙"，自此庶民建立祠堂祭祀先祖正式合法化，百姓可以建立祠堂、祭祀祖先。有学者认为这标志着真正意义上的宗族祠堂正式诞生了。明中后期民间祠堂的发展进入繁荣时期，原有祠堂家族的祠堂规模和宗族组织不断扩大，没有祠堂的家族也掀起了建造祠堂的热潮，全国各地出现了大量的宗族祠堂。

清承明制，清政府以圣谕的形式明确支持倡导宗族，祠堂得到进一步的发展，不仅有家族祠堂，随着家族的扩大，族内人口不断增多，有的家族人丁甚至成千上万，很多家族建立了一族合祀的族祠即宗祠或总祠，奉祀共同始祖，并且族内的各房、各支房都建立了各自的支祠即房祠或分祠，奉祀同一支系的祖先。社会上还有生祠即为活人修建的祠堂、女祠即为妇女修建的祠堂和先贤祠即为先贤人士修建的祠堂。

民国时期祠堂也在发展，但较明清的巅峰状态来说，呈渐衰的趋势。20世纪上半期时局动荡，非常多的祠堂多次遭受损毁，随着时代的进步旧时的宗族制度也彻底衰落。中华人民共和国成立后，以家庭为依托中心的制度被完全消灭了，国家权力对宗族作为地域社会集团的合法性完全否定，又经历了土地改革、人民公社化运动和"文化大革命"，祠堂被作为封建残余大量破坏和拆毁。改革开放之后，随着新农村建设和政府对传统文化的重视，祠堂在农村复苏起来，很多古祠堂被翻新或修复，也有新建祠堂的现象，宗族、祠堂这些传统形式更多地作为文化形态、历史文物保存下来，焕发出新的发展生机。

总而言之，从古至今祠堂作为中国传统的媒介，经历了由小到大、由盛转衰和死而复生的发展过程。那么，作为一种媒介，祠堂是如何发挥其作为媒介应当具备和发挥的功能作用的？是通过哪些途径成为保存记录信息的媒介、联系沟通人群的媒介和传播传承意义的媒介的？这需要更进一步的阐述。

第三节　祠堂作为家族交往独特的物态媒介

笔者将从两个方面来对祠堂媒介的功能作用进行论述。第一方面是祠堂中的物态文化，即建筑构造、祠堂碑刻、堂号堂联、神主牌位四类祠堂中的物态，是组成媒介的各个部分，是自身具有丰富的宗族文化内涵和象征意义的媒介，保存记录、传承传播着世世代代的家族历史文化，因此说祠堂是一种家族交往独特的物态媒介；第二方面是祠堂中的仪式活动，即祭祀仪式、族务管理、日常交际三类祠堂中的仪式活动，是借助祠堂这个媒介，举办一系列家族仪式和活动，以达到与祖先"对话"、与族人巩固关系、保存宗族珍贵材料、传承扩大宗族力量的目的。

一　物态——建筑构造

祠堂一般分为上厅、中厅、下厅三个厅，上厅为享堂，放置祖先的神主牌位，中厅为祀堂，举行祭祀仪式或是婚丧嫁娶的活动，下厅为万年台，是吹鼓奏乐之地，也可以搭建戏台唱戏。祠堂的每一处建筑构造都讲究风水，程颐曾言："地之美者，则其神灵安，其子孙盛。"[1] 族人希望这样可以获得祖宗庇佑，使族运长久、人财两旺。祠堂的形制、雕刻、绘画内容大多以儒家伦理道德、亲仁孝悌、人丁兴旺等理念为主题。如祠堂沿主轴纵深展开，各空间的前后、左右、高低都是有序的，这体现了长幼有序的伦理思想；祠堂的"体"元素为符号的屋顶形式，体现了古人天人合一、阴阳相融的思想；祠堂一般坐落在村落中心，表现宗族地位的重要性，古人对礼制文化的敬畏和对宗族祖先的尊崇等。

---

[1]　王静：《祠堂中的宗亲神主》，重庆出版社，2008，第74页。

建筑构造这种物态，其各个组成部分和特征都含有丰富深刻的宗族文化和伦理思想，它是一种极具象征意义的物态媒介，传达出修建者们对家族祖先、后辈和家族发展运势的重视和祈愿，是所有族人们的情感精神托付的实体实地。建筑构造提供聚集的场所和不变的实物标志，将族人们从身体到心灵都紧紧地相互联系在一起，族人们之间荣辱与共，兴衰共存。凭借建筑构造，祠堂得以成为一种家族交往独特的物态媒介。

二 物态二——祠堂碑刻

祠堂碑刻即祭祀祖宗庙祠之碑，又称家庙碑、祠堂碑，可以分为创建重修记事碑、世系碑、懿行碑、神主碑、祠规碑、家训碑等几类，创建重修记事碑主要记载创建祠堂对本族的意义、家族的迁徙史、建设经过、建成日期、参与人员等，世系碑记载家族世系源流；懿行碑记载对于族中有为社会做出重大贡献的名士，宣传褒奖其言行。如河南巩义市河洛官殿村牛氏祠堂内的《儒医兰圃牛老先生印口劳懿行碑》和新密市来集镇岳岗村刘氏祠堂的《清附贡生刘公懿行碑》①，都是记载家族名人懿行的碑刻，用来激励后生向其言行精神学习。碑刻是一种重要的文字载体，内容丰富，很多重要的家族契约文书、禁示等家族档案都会以碑刻的形式保存在祠堂当中，要了解一座祠堂的来龙去脉、源流历史，就必须展读碑刻。

祠堂碑刻这种物态，其所刻所记载的文字内容具有重要价值，因为这些文字是一个家族从无到有、逐步繁荣壮大、从始祖到近祖的历史发展脉络，浓缩了整个宗族的荣辱兴衰。后辈的族人们在祠堂碑刻的熏陶下了解家族过往，增强对祖先荣光的自豪感和归属感，继而将宗族辉煌传承给子孙和传播出去，提高宗族名望，扩大宗族规模。凭借祠堂碑刻，祠堂得以成为一种家族交往独特的物态媒介。

三 物态三——堂号堂联

堂号即祠堂的名称、名号，一般在正门上的牌匾上或悬挂在中厅墙上的最高处，以往每个家族或支房都会有各自的堂号。"堂号，是某一姓氏中某

---

① 杨建敏：《宗族祠堂碑刻的类型及其传播》，《黄河科技大学学报》2014年第2期。

一支派群体的代称，是区分统一姓氏中不同血亲关系的重要标志，也是追踪溯源的主要依据。"① 堂号一般取"敦、本、仁、崇、孝、忠、德"等字的组合，敦仁堂、敦睦堂、崇本堂、忠孝堂、同仁堂等②，比如王氏的"太原堂"、李氏的"陇西堂"、杨氏的"四知堂"、张氏的"百忍堂"③ 等。

堂联又称楹联、祠联，种类多样，有寝联、祔食联、中堂联、灯联、荐举联、站亭联、廊联、门联等④，每种形式承担不同的意义。悬在正门两边的门柱上，内容一般是歌颂祖宗、追溯根源、颂扬王朝、宣扬义理道德、宣示家族规训等，如《辛幼房祭先事件册·头门内祠联》："四海升平游化日，一门孝友蔼春风。"《欧阳氏家谱·寝联》："祖力永扶家道盛，宗光常照子孙贤。"⑤

堂号和堂联这两种物态，均是用简洁的词语表现祖宗功德功绩的文字载体，包含三个内涵：追忆宗族辉煌历史和祖先荣光，追本溯源；劝诫子孙遵从祖训祖规，劝善惩恶；凝聚家族中人，实现宗族理想。堂号和堂联是一种简略却令人印象深刻的物态媒介，族人们在祠堂进行各项活动时都会反复地拜读堂号、堂联，日积月累地浸润于其内涵之中，继承和发扬祖宗遗训，相互劝勉学习。凭借堂号堂联，祠堂得以成为一种家族交往独特的物态媒介。

四 物态四——神主牌位

神主牌位又称木主、神牌、木牌、牌位，木制或石碑制，置于祠堂的上厅，上面写着祖宗名讳、生卒年月、功名爵禄、原配继配氏姓、子及孙及曾孙名字，一个祖先（夫妇）一个牌位。家族始祖的牌位摆在正中，两边根据左昭右穆摆着家族考、祖、曾祖、高祖四世的牌位，按照祖先等级

---

① 王鹤鸣：《中国祠堂通论》，上海古籍出版社，2013，第 329 页。
② 蒋仁婷：《祠堂文化的育人思想及其当代价值研究》，硕士学位论文，湖南大学，2018，第 18 页。
③ 欧阳宗书、符永莉：《祠联与中国古代祠堂文化》，《南昌大学学报》（人文社会科学版）1993 年第 2 期，第 72 页。
④ 欧阳宗书、符永莉：《祠联与中国古代祠堂文化》，《南昌大学学报》（人文社会科学版）1993 年第 2 期，第 72 页。
⑤ 欧阳宗书、符永莉：《祠联与中国古代祠堂文化》，《南昌大学学报》（人文社会科学版）1993 年第 2 期，第 72 页。

长幼、人伦位置进行排序。"祖宗之神依于主,主则依于祠堂。"① 人们认为祖宗的神灵在享用祭祀时会依托在牌位上面,一个牌位就代表和象征了一位逝去的祖先,当子孙们祭拜牌位时,即是在祭拜祖先们的魂灵。牌位的摆放次序象征着祖宗等级、尊卑长幼,一派秩序井然。

神主牌位这种物态,一方面是关键的文字载体,记载祖宗名讳生卒等重要的家族信息,使祖宗远近次序有据可依,使人们了解先祖和了解宗族谱系历史;另一方面也是重要的物质象征媒介,神主牌位就等于祖宗,是祖宗的"化身",通过共同进行祭拜神主牌位,族人们完成了祭拜先祖先灵、表达后人对先辈尊崇追怀的情感的仪式化过程。神主牌位沟通祖宗,族人借助神主牌位以与祖宗沟通,在此同时族人们间也通过共同祭拜增强了宗族内部的凝聚力。凭借神主牌位,祠堂得以成为一种家族交往独特的物态媒介。

第四节 祠堂作为家族交往独特的仪式媒介

一 祭祀仪式:与祖先交往

"祖宗之安否,一族之隆替系焉。"② 祠堂是祖先灵魂依附、安慰死者的场所,仪式的实现依赖于特定的空间场所的存在,祠堂的最基本功能便是祭祀祖先,它是宗族仪式活动开展的重要场所。在各项祭祖活动中,祠祭是其中最为重要的仪式之一,一般奉行春秋两祭,也有不少家族也会在冬至举行祭祀。宗族若太大,每家每房派代表参加共同祭祀。祭祀仪式由族长或宗子担任,一般只有成年男丁准入祠祭拜,站列位置依世次字辈排序,祠祭过程大致是迎神、献食、敬酒、念祭文、焚烧祭文、宣读族规和家训、退出祠堂等,按清代习俗,祭祀完毕还要后辈向前辈行礼。徽州祭祖的种类方式复杂,按时间有元旦祭祖、忌日祭祖等,按人物有元祖祭祀、能干祭祀等,按事件有结婚祭祖、升官祭祖等。徽州祠祭普遍遵循

---

① (清)张永铨:《先祠记》,收入(清)贺长龄、魏源等《清经世文编》卷66,中华书局,1992,第30页。
② 陈启钟:《明清闽南宗族意识的建构与强化》,厦门大学出版社,2009,第50页。

"三献礼"，即初献、亚献和终献三个部分，祠堂祭祀之后进行分胙、合食活动，通过食品将祖先荫惠分发给子孙。①

祭祀祖宗这种仪式中，族人们在祠堂聚集、对牌位祭拜，同时完成了三种交往活动：与祖宗神灵"交往"，祈求祖宗保佑，加强血缘关系，加强对祖宗的崇拜和对宗族历史文化的认同；与族人的精神交往，宣扬尊卑层级和孝悌忠义为核心的伦理道德，使族人了解家族光荣历史和祖宗遗训遗范，激励、教育族人，增进族人间的交流沟通，增强宗族内部的凝聚力和向心力；与支房支派交往，使分迁的各支族即使分居各地，也能定期联络往来，强化对拥有共同祖先和共属同一家族的认同。通过祭祖仪式，祠堂得以成为一种家族交往独特的仪式媒介。

二 族务管理：与族人交往

祭祖之外，祠堂也是处理家族事务的场所，族人们在此齐聚，聚会一般由族长、族老们来主持，商议处理一些重大事务，如修族谱、选举族长、购置族产、兴办族学、赈济贫困族人、调解族内纠纷、使族人按时缴纳赋税等。家谱的修撰由于从收集、走访、整理、编纂到印制需要相当长的时间，因此也会在祠堂进行。祠堂也是族长行使权力、教化族人的重要处所，族长会在祠堂宣读祠规、家训、乡约等，开展普法宣教和族内教化的活动，进行宣传封建法纪的思想教育活动，规训和控制族人。"不孝不悌者，众执于祠，切责之，痛责之。"② 对于违反族规的族人，也会在祠堂以家法惩罚教育，如杖责、罚金等，使之改过迁善，族众都需要去旁听，引以为鉴。明代休宁泰塘程氏宗族内部，每年于春秋祀日举行定期燕饮聚会活动以融洽族谊，在全体族人进行娱乐和物质享受的同时，宗族长者要讲说古往今来的嘉言善行以训诲族中子弟，寓教于乐。③

在家族事务管理这种活动中，族人们在族长、长老的带领下共同解决

---

① 何巧云：《清代徽州祭祖研究》，博士学位论文，安徽大学，2010，第15页。
② 李小兵：《祠堂的教化功能研究——以江西吉安A村为例》，硕士学位论文，西南大学，2009，第33页。
③ 陈瑞：《明清徽州宗族与乡村社会控制》，安徽大学出版社，2013，第122页。

族内事务、为宗族发展助力。家族事务管理的活动主要分为三个方面：一是统协办理族中的事务，可以增强宗族的经济势力，促进族内人们的团结与和睦；二是祠堂是族规民约的宣传厅，是传达封建礼仪法度和宗族文化的媒介，调整和规范族人的生活和行为，沟通族人的思想；三是通过将违规族人惩戒示众，是展示给族人违反规则的后果的媒介，实现宗族的控制，促进宗族内部的和谐和乡村社会的稳定。通过家族事务管理，祠堂得以成为一种家族交往独特的仪式媒介。

三 日常交际：族众间的交往

除了祭祀祖先和处理家族集体事务，族人们的日常行为举止和各类活动交际也离不开宗族公共机构——祠堂。祠堂具有文化娱乐的功能，是社会的社交娱乐场所之一，族人们的日常生活交际都以祠堂为中心，因生活的各种需求聚集在此。如在祠堂外围空间里，妇女们浣衣淘米、孩童嬉戏、小商贩兜售物品、定期集市、庆典娱乐、搭台看戏等商贸娱乐、民间风俗活动。逢年过节，族人们会装饰清洁祠堂，带着自家做的酒食来到祠堂，坐在一起，大人喝酒、聊天、下棋，小孩嬉闹玩耍，其乐融融。由于祠堂的空间十分宽敞，且作为祖先安灵之所的象征意义，家族内如婚丧嫁娶等的酒席等都会在此举行。徽州地区过去农闲时会在祠堂举办庙会民俗活动，届时祭祀娱神、商贸买卖、演出戏剧、抬龙灯、游花灯等活动繁多，十分热闹。①

祠堂不仅是人们的宗教祭祖中心和人们日常生活的活动中心，也是人们心中的政治、经济和精神中心，更是村落文化的焦点和醒目标志。在宗族日常交际娱乐的这种活动中，祠堂是族人们聚集交往、开展活动的物质场所，活动主要分为三个方面：一是族人们在祠堂内外进行日常生活娱乐，相互之间交流沟通，增进了族人间的联系和感情，丰富了族人们的日常生活；二是族人们在祠堂内举办一些节庆民俗活动，丰富了族人们的精神文化生活，继承传扬了传统民俗文化；三是族人们在此进行婚丧嫁娶等仪式活动，完成人生的每个重要阶段，维系家族情感，表达对祖

---

① 王静：《祠堂中的宗亲神主》，重庆出版社，2008，第52页。

宗不变的尊敬之心。通过日常交际，祠堂得以成为一种家族交往独特的仪式媒介。

结　语

祠堂既是一种物态媒介，是进行事务行为的活动场所，也是一种精神媒介，是家族文化的载体和象征性的建筑物，是族人之根底。祠堂是中国家族文化的大博物馆，宗法伦理、礼仪法度、教化培育、娱乐社交、民俗民风等传统文化都融合在祠堂这个媒介里，祠堂呈现了中国传统社会的媒介融合形态，是中国古代社会的一种独特的媒介。

祠堂存在着很多的封建残余和历史局限，比如男尊女卑的思想、严苛的等级制度、残酷的祠规家训，等等，这是如今发展祠堂应该注意去除的弊端，而如尊老爱幼、重视教育、严禁盗窃、族人和睦相处等，是可以继承并发扬的内容。对待祠堂要"去恶扬善"，才能促进祠堂的进一步可持续发展。

现在很多地区将祠堂作为单纯的村民日常活动场所，村民可以在这里交谈沟通，开展文化娱乐活动，比如下棋、读书、学戏、看电影等；有的祠堂直接被改造成了阅览室、展览室、音像室、棋牌室等文化活动中心；有的地区因其祖先是历史名人，祠堂被打造成历史名人专祠，成为重要的历史文物、古迹，作为旅游景点进行积极的开发。这些不同的改变都赋予了古旧的祠堂以新的内涵和功能，让祠堂焕发出新的活力。这也有利于地区文化和经济的发展，推动当地的公益文化事业建设，提高民众文化生活的质量和道德文化素养。

作为古代传统媒介的祠堂很多已然消失，祖先祭祀的功能已经不复存在，还存留的祠堂功能也与旧时大不相同，但它仍然是村民们心中血脉相连的象征，是重要的历史文化记忆和历史见证，是珍贵的历史建筑和历史文物，仍然是具有家族象征意义、开展文化娱乐活动的物态媒介和村民交流沟通的交往媒介。

（吴美琦　谢清果）

第六章
路通天下：华夏道路媒介的多模态诠释

作为人类社会生产生活的直接产物，道路已超越其物质运输实体的基本属性而被赋予更多的社会特质。近年来，基于人类学、经济学、政治学、生态学等领域的道路研究越来越多，"路学"研究方兴未艾。本章从传播学视角出发，将"路"视为一种传播媒介，探讨了内向传播视角下"神经回路"和"心路"的媒介象征意涵；人际传播视角下现实和虚拟"路网"的媒介联通功能；群体传播视角下道路对城市群中城市地位的媒介赋权作用以及跨文化传播视角下"一带一路"对于中外文明交往的媒介延伸功能。

第一节 从道路研究说起

一 文献综述与研究缘起

道路是人类社会生产和生活的直接产物，其不仅表现为一种物质存在形式，更是一种社会文化现象。作为物质形态的道路，实现不同地点之间人与物的位移与流通；作为文化形态的道路，承载着人类不同群体之间的政治、经济、文化交流和社会资源流动。道路的发展建设是人类社会进步的基础保障，其对社会政治经济文化发展、宗教传播、人口迁徙、族群互动、环境建设等方面都产生了深远的影响。

伴随着世界范围内道路系统的逐渐铺设，近年来，国内外关于道路的研究也逐步展开。借鉴周永明教授的论述，可将目前国内外学者对道路的研究总结为两大框架：一是基于传统的功能主义框架，注重分析道路的目的、功能、使用、后果和意义；二是基于现代性角度的时空分析框架，揭示道路在生产现代性空间的同时又被后者所生产和消费，将道路提高到更宏观抽象的层面加以讨论。① 在功能主义框架下，基于人类学视角的道路经济、政治研究最为普遍。道路经济学方面，国外经济人类学家施坚雅以道路交通为视角，阐述了交通网络的扩展对于农业现代化和城镇发展的重要影响，他认为："与中心地区连接的道路是边缘地区的市场体系得以商业化、最终发展为现代市镇的关键所在。"② 近年来，西方人类学开始探讨道路"与全球化、经济发展、旅游等的关系，面向道路影响的复杂性开展相关研究"。③ 英国学者马丁·阿尔布劳认为："道路是传统的封闭社区实现与外部世界接轨的途径，道路的修建使得边远的地区也能卷入现代化与全球化的进程中。"④ 道路政治学方面，不少专著考察了国家使用道路来加强政治统治的案例，比如中国古代的驿道和古罗马、玛雅帝国的路网。⑤ 政治人类学家斯科特（James C. Scott）研究发现，拒绝修路甚至有意破坏道路，是东南亚山地民族抵制国家权力入侵的手段。⑥ 除经济政治外，功能主义框架下的道路和社会文化的研究涉及面也十分广泛，国外学者从文化变迁、宗教流播、社区变迁、人口迁徙、区域整合、环境冲击、族群互动等多方面对道路与社会文化的关系进行考察。⑦ 国内对于道路的功能主义研究影响较大和成果较多的是基于历史、文化与民族关系视角的民族文化线路的研究，主要是探讨"丝绸之路""茶马古道"和民族走廊对沿途

---

① 周永明：《路学：道路、空间与文化》，重庆大学出版社，2016，第18~22页。
② 〔美〕施坚雅：《中国农村的市场和社会结构》，史建云译，中国社会科学出版社，1998，第95页。
③ Eugenio Y. A., Robert T. W., Stephen U. P., et al., *Loggers and Forest Fragmentation: Behavioral Models of Road Building in the Amazon Basin*, Annals of the Association of American Geographers, 2005.
④ 〔英〕马丁·阿尔布劳：《全球时代：超越现代性之外的国家和社会》，高湘泽、冯玲译，商务印书馆，2004，第135页。
⑤ 周永明：《路学：道路、空间与文化》，重庆大学出版社，2016，第18页。
⑥ James C. Scott, *The Art of Not Being Governed: An Anarchist History of Upland Southeast Asia*, New Haven & London, Yale University Press, 2009, pp. 166.
⑦ 杜华君：《黄渠桥之"道"——一个宁北回汉共栖地域共同体的民族学研究》，博士学位论文，兰州大学，2018，第16页。

经济发展、文化传播、民族关系互动等方面的影响,考察其历史地位和文化价值。另外,近年来国内外学者对于道路生态学的研究也逐渐深入,考察由道路建设引起的植被、野生动物、水生生态系统、风与大气效应、水流、沉积物、化学物质等问题,旨在实现道路、车辆与生态环境的可持续发展。①

在时空分析框架下,国内外学者关注道路与时间、空间变化的关系,考察道路压缩时空限制、拓展交往空间范围、加速社会空间关系变动的作用。英国地理学刊《移动性》(Mobilities)出版的专辑《道路与人类学》(Roads and Anthropology)体现了人类学者从时空角度分析道路的努力。专辑作者在总论中指出:"道路的强大流动性让我们在全球化的宏大叙事和特定时间地点的有形物质实体之间来回穿梭",道路的流动性是支持21世纪信息社会商品和劳动力迅速流通的基础设施;作者还强调了道路带来的空间移动或固定所导致的国家间权力关系的变动。② 法国人类学家欧杰(Marc Augé)在对法国传统城镇的空间布局的研究中提出,一般而言,主要大街交汇于城镇中心,在附近集中了教堂、市政厅和集市、市场等建筑,形成了社会关系交流最密集的空间。③ 国内学者周永明将道路视为一种特殊的空间,兼具时间性、社会性、开放性和移动性。时间性表明道路空间存在于历史语境中,并随历史进程而变化和转型。道路空间的社会性反映在它不仅仅是物理性的存在或社会活动的载体,而且是社会关系互动的结果和再生产的工具。道路最大的特点是它的开放性和移动性,它不只是一个具有固定边界并静态地呈现社会和实践的平台,而且是移动的、延伸的、进行时态的空间,人与物、人与人、物与物的社会关系不断演变、互动、展开和冲突。④ 王建民基于道路空间视角指出国家间关系在现代民族—国家关系秩序形成后始终处于变动之中,道路的建设和通行成为这种

---

① 殷利华、万敏、姚忠勇:《道路生态学研究及其对我国道路生态景观建设的思考》,《中国园林》2011年第9期,第9~59页。
② Dimitris Dalakoglou, Penny Harvey: Roads and Anthropology, Ethnographic Perspectives on Space, Time and (Im) Mobility. 2012, pp. 459 – 465.
③ Marc Augé, *Non-Places: Introduction to an Anthropology of Super-modernity*, trans. John Howe, London & New York: Verso, 1995.
④ 周永明:《路学:道路、空间与文化》,重庆大学出版社,2016,第23页。

关系的写照，在当代国际政治背景下，国家间关系规划了道路修建，而道路的修建恰恰又造成或者催生着国家关系的变动。①

总体来看，国内外现有研究仍局限在经济学、政治学、人类学、社会学的领域，且绝大多数学者只是将道路作为探究社会政治经济文化的背景来分析，道路常常被作为分析的配角，以道路的影响功效作为关注中心，很少有人将道路作为独立的分析对象加以探究。②人类学著名学者周永明教授近年来就道路研究现状指出，"道路对整个区域社会、经济、文化和生态的影响，无论就其范围还是程度而言，都要比现有研究涵盖面宽广复杂得多，要全面深入了解这一复杂现象，就应该跳出单一学科的限制，从跨学科的角度对其影响做全面综合的深入探讨，在此基础上形成一门'路学（Roadology）'。"③

基于国内外的道路研究现状和周永明教授关于建立"路学"的倡导，本研究从传播学视角着力探究作为交往媒介的道路本身的传播功能，开拓道路研究的新视角，为路学研究提供传播学论证材料。

二 理论依据与研究思路

传播学通常把社会传播区分为五种基本类型，即人内传播、人际传播、群体传播、组织传播和大众传播。

人内传播（Intra-personal Communication），也称内向传播、内在传播或自我传播，指的是个人接受外部信息并在人体内部进行信息处理的活动。人能够认识自己，拥有自己的观念，与自己进行沟通或传播，并能够对自己采取行动。本研究将借鉴人内传播的基础理论考察"路"的心理媒介意涵。

人际传播（Inter-personnal Communication）指个人与个人之间的信息传递，是由两个个体系统的相互连接所形成的新的信息系统。在这个系统里，人类的个体通过信息的授受，保持着相互影响、相互作用的关系。

大众传播是（Mass Communication）伴随着近现代印刷、电子传播技

---

① 王建民：《试论葱岭道路与空间关系之变》，载周永明《路学：道路、空间与文化》，重庆大学出版社，2016，第50~61页。
② 周永明：《路学：道路、空间与文化》，重庆大学出版社，2016，第20页。
③ 周永明：《路学：道路、空间与文化》，重庆大学出版社，2016，第2页。

术的发展而产生的一种特殊的社会信息系统，是社会媒介组织通过文字（报纸、杂志、书籍）、电波（广播、电视）、电影、电子网络等大众传播媒介，向社会大众公开地传递自己用各种手段复制的信息的社会实践活动的全过程。本研究中将人际传播和大众传播合为一个整体加以考虑，一方面考察现实社会中的交通网络对人际沟通的影响，另一方面基于当今媒体融合的趋势，社交媒体的出现和发展使得大众传播和人际传播相辅相成的现实，侧重于讨论虚拟社会的网络作为一种大众传播和人际传播的"网络线路"的媒介功能。

群体传播（Group Communication）主要指自然形成的社会群体，如家庭、社交圈、阶层、世代等个体系统的有机结合，并产生了群体意识、群体规范和群体价值。群体传播包括群体内传播和群体间传播。群体传播的一个重要功能就是帮助个人实现社会化。

组织传播（Organizational Communication）是组织成员之间、组织内部机构之间的信息交流和沟通，与自然的群体相比，组织是一个结构秩序更为严密的社会集合体。因组织传播针对的是具有严格规章制度的组织内部或组织间的传播，而本研究考察的是不同族群、群体之间的传播活动，本研究选择以"群体传播"视角为基础，探讨群体传播视角下"路"的媒介赋权功能。①

借鉴以上所述社会传播的五大基本类型并结合研究实际所需，本研究引入"跨文化传播"视角。通常意义下人们所认为的"跨文化传播"指"不同文化之间的传播"，如中国学者关世杰认为"跨文化传播是指一种文化背景的人、群体与另一种文化背景的人、群体所进行的交流"。② 学者李景强指出，"不同文化之间的传播"只是跨文化传播的偶然特性，或者说外在特性，不能揭示跨文化传播的本质特征，由此他认为："跨文化传播的本质特征是传者和受者双方的特殊指向性，即跨文化传播是在特定的异文化群体之间进行的传播，强调在跨文化传播活动中，传者和受者对彼此的文化身份有明确的认知。"③ 本研究较为认可学者李景强对于跨文化传播

---

① 郭庆光：《传播学教程》，中国人民大学出版社，2011，第12~13页。
② 关世杰：《跨文化交流学——提高涉外交流能力的学问》，北京大学出版社，1995，第49页。
③ 李景强：《论跨文化传播的性质》，《新闻界》2010年第6期，第26~27页。

的论述，并以此为基础讨论基于"一带一路"的中外文明交往之路。

综上所述，本研究选取"内向传播""人际传播""群体传播""跨文化传播"四个视角探讨作为传播媒介的"路"在不同传播类型中所承载的媒介内涵，尤其是"路"对内向传播、人际传播、政治传播、跨文化传播视域下人类的互动交流和社会关系变动的媒介建构功能。

第二节　"路"何以为媒介

本研究的出发点是将"路"视为一种传播媒介，考察其在不同的传播类型中的媒介象征和功能，故在正文论述之前有必要对总体意义上"路"何以可为媒介进行解读。

一般意义上，"媒介"指使双方（人或事物）发生关系的各种中介，在传播领域中，一般与英文的 medium 相对应，指传播内容或者说信息（广义上）的物质载体。① 德布雷（Debray）从哲学意义上解释"中介（mediation）"的内涵，认为它是"处于中间介入两者之间的、使两者发生关系的第三者"②。基于以上论述可以知晓，普遍意义上的"媒介"，其核心概念包括"中介""连接""关联"，"媒介"被认为是一种工具，强调其传播介质和中介物的身份。

"路"作为一种产生于人类日常生活实践的物质实体，其最基本的属性即是"连接"，是使两地建立起关联的沟通"中介"。"路"是形声词，从足，从各，"足"指行走，而"各"含有走向之意，故"路"的本义即是"走向目的地的途径"。《说文解字》曰："路，道也。"《尔雅》曰："路，途也。"③ 两者均表示的是"路"的基本释义，即道路。"道"与"路"并用则表示由一目的地通往另一地的路径，"道路"即指供人或车往来通行的地方。④ 由此可见，"路"产生于人类交往之需要，是供两地人和

---

① 谢金文、邹霞：《媒介、媒体、传媒及其关联概念》，《新闻与传播研究》2017 年第 3 期，第 119 页。
② 〔法〕雷吉斯·德布雷：《媒介学引论》，刘文玲译，中国传媒大学出版社，2014，第 122 页。
③ http：//www.zdic.net/hans/路，2019 年 6 月 22 日。
④ http：//www.zdic.net/hans/道路，2019 年 6 月 22 日。

物联系的沟通渠道，其本初即是作为一种人类交往沟通之媒介存在。贺业矩在《中国古代城市规划史》中分析河南淮阳平梁台"城堡"遗址平面图时认为："城的南门有一小段路土痕迹，北门也发现有路土。南北二门大致相对应，从两门都有相对走向的路土来看，估计当有一条联络两门贯穿城堡的南北道。"可见，在中国古代"路"的首要功能是互通，是实现两地互动交往之媒介。

宋元时期，"路"作为古代中国的行政区域而存在，表现出其政治意义上的"空间"意涵。作为"空间"存在的道路，实质上同样体现出其媒介属性。有学者指出，媒介除了"连接"，最重要的是这种"连接"本身（及中间状态）创造了一种崭新的存在物，一种崭新的关系①，如克莱默尔（Kraemer）认为"传媒不仅仅是信息，应该说，在传媒中保存了信息的轨迹（Spur），任何把传媒当作信息的外在运输工具和载体来理解的理论，恰恰都没有抓住传媒的非器具性维度"。② 在这个思考维度上，媒介的"物化"器皿属性被学者所讨论，如海德格尔认为，"器皿的物性绝不在于它由之构成的材料，而在于有容纳作用（fassen）的中空"；有学者认为，"如果说瓮之为'物'的'物性'在其'作为容器而存在'，那么身体、口语、文字、服装、住宅、货币、时钟等'媒介'之'媒介性'，恰在其提供和保证了容纳人、技术、权力、资本、文化等传播要素的可能，即'媒介'是'容纳'不同传播要素的'行动场域'（fields of action），其意义在于为不同传播要素间的互嵌和转换提供可能"。③ 基于以上论述，可以观照，"路"之媒介性，除了基本的"连接"功能外，"路"本身已成为一种承载多重意义的存在物、一种人类的行动场域、一种人类活动的空间，正如宋元时期作为行政区域的"路"一样，其中容纳了人、权力、经济、文化等一切传播内容的相互沟通、博弈，人正是在这样一个场域中与社会进行互动联结，建立着各种私人和公关关系，并不断经验各种关系变

---

① 孙玮：《城市传播的研究进路及理论创新》，《现代传播（中国传媒大学学报）》2018年第12期，第36页。
② 莱默尔：《作为轨迹和作为装置的传媒》，中国社会科学出版社，2008，第72~74页。
③ 钱佳湧：《"行动的场域"："媒介"意义的非现代阐释》，《新闻与传播研究》2018年第3期，第31页。

动和社会变动。

随着古人对"路"的理解不断深化,"路"逐渐超出了其作为物质实体的交通内涵,延伸出精神意义上的"思路"含义。① "思路"意义上,路的媒介属性仍然可考。"思路"即人类思想的路径,通俗地说就是人们心里的想法,② 从这层意义上看,"思路"与"心路"可通,用于表示一个人内心思想的自我思考和交流,也就是我们所说的内向传播的过程。内向传播视角下,"思路"或"心路"可看作人类自我精神交往的媒介,"思路"是连接此时之我和彼时之我的媒介,是实现"主我"到"客我"之升华的媒介勾连。

第三节 内向传播与"路"的媒介象征

"内向传播"又称"人内传播""自我传播",陈力丹教授指出内向传播是人与自己的对话,一种发生在一个人体内的信息交流活动,很少能留下外在的传播痕迹;但自我传播又是一切外在传播的基础。自我传播的过程常常是在传播主体有意无意中发生的,对它的研究涉及大量心理学与社会心理学知识。③ 因此要从传播学视角考察"路"文化,内向传播视角不容忽视。从内向传播视角解读"路"的媒介象征意涵可以从以下两大维度展开。

一 脑系统维度:内向传播的"神经回路"

内向传播视角下"路"的媒介象征首先应该从其实体形态入手。认知心理学和思维科学都从人体器官和人脑系统维度解释内向传播的过程。认知心理学认为内向传播的过程是人体的各部分器官之间协同工作,信息在人体内部流通、传播的过程,而人脑的中枢处理器是整个系统的控制部分④,"外部信息经感觉进入人脑后,所进行的不只是这些信息在人脑器官

---

① 汉典,http://www.zdic.net/hans/路,2019 年 6 月 22 日。
② 汉典,http://www.zdic.net/hans/思路,2019 年 6 月 22 日。
③ 陈力丹:《自我传播与自我传播的前提》,《东南传播》2015 年第 8 期,第 30 页。
④ 姚汝勇:《自我传播内涵考察》,《新闻知识》2012 年第 10 期,第 27 页。

中的简单传递过程,而是这些信息与人脑内部的原有信息相互影响、人脑中的认知图式与心理结构对信息进行一定加工处理的过程"①。思维科学视域下,学者们利用人脑的神经回路和神经元连接来解读内向传播过程。思维科学认为主观的意识和思维是脑过程的一个组成部分,取决于神经回路及其有关的生理特性,是脑的高层次活动的结果。"脑的活动其实就是神经元组成的信息系统的交流过程。我们在某种意义上可以把感觉器官的神经系统称为'信道',即信息的输入系统,而将人脑作为具有加工能力和思维功能的中心调节器。人的大脑加工处理信息的过程,就是它的思维活动过程。"②

在此意义上,传播学者们从认知心理学和思维科学领域观照的内向传播实质上是基于具有实体"路"的形态的人脑系统的自我信息交流过程,这一过程中"神经元"与"突触"之间构成的"神经回路"扮演着至关重要的"信道"角色。据估计,整个人脑的神经元数量约为 10^{11}(1000 亿)个,神经元之间通过"突触"互相连接。③ 由此可以观照,人脑结构系统本身即是一个异常复杂的"路网",在这个意义上,"神经回路"即是抽象意义的"路"在人脑中的直接体现,错综复杂的神经回路构成了自我信息传播的媒介。

二 心理学维度:作为内向传播的"心路"

传播学中用来解释内向传播的理论范例更多是基于人格心理学和社会心理学。④ 在心理学观照下的内向传播过程中,"路"作为人类自我精神交往的媒介而体现出其深刻意涵。

人格心理学中弗洛伊德的"本我、自我、超我"精神分析理论成为学者解读内向传播的重要理论依据。弗洛伊德所述的"本我"表示心灵潜意识领域区别于自我的特性,本我无组织、无统一意志,不知价值、善恶和道德,奉行唯乐原则,其唯一的内容就是力求发泄的本能冲动。"自我"则奉行唯实原则,它与外界接近,感受刺激,接受外界的影响,将外界的

---

① 戴元光:《传播学通论》,上海交通大学出版社,2000,第 64 页。
② 黄辉:《现代思维科学研究》,电子科技大学出版社,2004,第 276 页。
③ 刘觐龙:《关于思维的神经基础》,《自然杂志》1985 年第 7 期,第 507~508 页。
④ 屠忠俊:《自我传播与大传播》,《华中理工大学学报》(社会科学版)1998 年第 3 期,第 114 页。

消息供给"本我"。弗洛伊德描述"自我"与"本我"的传播机制为："自我为了本我的利益，控制它的运动的通路，并于欲望及动作之间插入思想的缓和因素，并利用记忆中储存的经验，从而推翻了唯乐原则，而代以唯实原则。"① 而"超我"是超越一切道德限制的代表，是追求完美的冲动或人类生活的较高尚行动的主体，是人的社会化的结果。超我是自我理想的代表，自我用超我来衡量自己，力图满足理想的日益完善的严格要求，达到"自我实现"的崇高境界。②

从以上论述可得，弗洛伊德精神分析理论观照下的内向传播是一个本我与自我、自我与超我的精神沟通过程。"自我"通过自我克制和自我的思想斗争，克制"本我"以呈现恰当的社会自我形象；同时"自我"又以"超我"为目标，不断进行自我激励和自我反思以期实现超我的最高境界。而本我、自我与超我之间的精神沟通实质上是一个心理建构过程，或者可以叫作一个人的"心路"历程，这条"心路"即是本我与自我、自我与超我之间的沟通媒介，通过这条"心路"，精神个体逐渐找到一条本我与自我和谐共处、自我实现超我的通路。这层意义上"路"的媒介意涵同样体现在米德的主客我互动论中。

社会心理学家米德认为："自我是一个过程而非一个实体，在这个过程中姿态的会话内在化于一个有机体③，'主我'是有机体对他人态度的反应，'客我'是有机体自己采取的一组有组织的他人态度。"④ 按照米德的理论，自我即是主我也是客我，内向传播是主我与客我的交流，它发生在个体内部，自我听自己说并且对自己做出反应；米德认为"交流"的重要性在于它提供了一种行为形式，使得有机体可以成为自己的对象。⑤ 由此

---

① 屠忠俊：《自我传播与大传播》，《华中理工大学学报》（社会科学版）1998 年第 3 期，第 114 页。
② 屠忠俊：《自我传播与大传播》，《华中理工大学学报》（社会科学版）1998 年第 3 期，第 115 页。
③ 〔美〕乔治·H. 米德：《心灵、自我与社会》，赵月瑟译，上海译文出版社，2008，第 160 页。
④ 〔美〕乔治·H. 米德：《心灵、自我与社会》，赵月瑟译，上海译文出版社，2008，第 157 页。
⑤ 〔美〕乔治·H. 米德：《心灵、自我与社会》，赵月瑟译，上海译文出版社，2008，第 124～125 页。

可见，米德所述的"主我"实际上是一个随着社会经验不断做出自我调整的个体，而调整的目标即是"客我"——代表着符合法律、道德和社会规范期望的理想个体。主我和客我交流互动的过程是主我寻找实现理想的客我的路径的过程：一方面，主我与客我的交流过程也是上文所提到的"心路"历程，体现了作为媒介象征的"心路"的沟通作用；另一方面，主我对客我的追求体现了个体希望找到一条合适的通路从而实现主我到客我的升华，而这条心理"通路"也蕴含了其媒介特征，它是主我与客我的沟通媒介，只有找到这一条通路，主我才能达到实现理想客我的目标。

第四节　人际传播与"路"的沟通想象

"自我本质上是一种社会结构，并且产生于社会经验"①，任何内向传播都产生于社会经验并用来经验社会，人际沟通即是个体经验社会的第一步。人际传播的交往介质是人际互动的重要组成部分。本书所述的"路"在人际交往中发挥着重要的精神和物质媒介的作用。

一　"通心"：人际交往的精神桥梁

延续上节中所述"心路"在自我精神交往中的媒介属性，本节指出，"心路"具有延伸性，"心路"由人体内心延伸到体外可搭建人与人之间心灵交往的精神桥梁。心理学家许金声提出"通心"的概念，他认为，"'通心'就是在两个心灵之间有一个通道，对方能够不断地交换能量，而交换的结果是双方的潜能都得到开发。"② 交往双方之心路相通即可搭建两个心灵之间的互通渠道，两个交往个体通过此心路通道交换思想、精神，此时的"心路"成为人与人之间精神交往的沟通媒介，若两人心路相通，则二人交流无须多言即可到达"心有灵犀一点通"的"通心"状态。但若两人心路不通，各有各的想法，则"心路"的媒介功能得不到充分发挥，人际交往就会陷入困境。

---

① 〔美〕乔治·H. 米德：《心灵、自我与社会》，赵月瑟译，上海译文出版社，2008，第126页。
② 许金声：《通心》，北京航空航天大学出版社，2008，第65页。

二 "路网":人际交往的物质载体

对于人际传播最直接的解释即是"人与人之间的交流",传统的人际传播形式是两个或更多个体间在同样的物理空间和物理时间中发生的互动①,而语言和非语言符号(肢体动作、表情等)即是这种面对面人际交流的传播媒介。但人与人之间不可避免地要分隔两地,在这种跨时空的人际交往模式下,连接两地通信的传播媒介则更加重要。本研究认为无论是现实社会中作为实体的道路还是网络社会中的虚拟信息线路都可以视作人际传播的重要物质媒介加以考察。

在电子通信出现之前,现实社会中作为实体的道路是跨时空人际传播的根本媒介。在我国古代,以步行、传车为主的邮传通信是用于战事交流的重要通信方式,这时期统治者们也十分注重道路修治,正所谓"周道如砥,其直如矢"②,可见道路在古代通信中所扮演的不可或缺的地位。近现代,随着经济的逐步发展,道路系统和交通运输设施逐渐完善,以铁路、公路相互交织形成的错综复杂又井然有序的中国路网实现了全国各地的相互连接,道路的媒介沟通功能日益凸显。借鉴文化地理学者哈维(David Harvey)时空压缩(time-space compression)的概念,交通与通信技术的进步使得一定地域范围内人际交往所需的时间和距离缩短;社会理论家吉登斯(Anthony Giddens)强调的时空延伸(time-space distanciation)同样证明了在现代交通的传播系统的帮助下,人们可以突破时间和空间的限制,将人际交往的范围在时间和空间两个层面上进行延伸。③ 由此可见,现代交通的发展一方面压缩了人际交往的时间和空间距离,使得相聚千里的人们能够在短时间内迅速取得联系;另一方面又拓展了人际交往的时间和空间范围,使得人与人之间交往的时间范围得到延伸、空间范围得到扩大。由此可证,可将道路视为人际传播的重要媒介,在现代社会中,道路在远距离人际沟通中更发挥了跨时空媒介的功能。

---

① Cathcart R., Gumpert G., "Mediated Interpersonal Communication: Toward a New Typology", *Quarterly Journal of Speech*, 1983, pp. 267–277.
② 李小飞:《我国古代官方信息传递方式初探》,《兰台世界》2011年第5期,第60页。
③ 周永明:《路学:道路、空间与文化》,重庆大学出版社,2016,第182页。

随着技术的进步和社会的发展，电子通信技术逐渐走入人们的生活，成为人际交往的重要媒介。从电报、电话到互联网通讯，现代通信技术的迅速发展使人际沟通在真正意义上突破了时间和空间的限制，尤其进入21世纪，覆盖全球的通信网络使得人们可以随时随地和世界范围内任何一个国家和地区的人们进行交流。近年来日益普及的社交媒体日益成为人们人际交往的重要渠道。我们在把电子设备、互联网、社交媒体作为一种人际交往媒介的同时，可以想象，这些设备本质上是通过电子线路或信息网络进行信息传递的，而这些电子线路和信息网络可以看作抽象意义上的"路"，尤其是遍布全球的互联网实际上可以被看作一个庞大的虚拟"路网"，"路网"中密集繁杂的信息线路实现了现代人际传播的无限制通信。在此层面上，我们可以认为虚拟网络社会中，人际传播的根本媒介仍然是抽象意义上的"路"。

第五节　群体传播与"路"的媒介赋权

基于群体传播视角研究"路"的媒介功能，我们首先要引入一个概念：城市群。随着社会经济的迅速发展，世界各国的城市化水平迅速提高，城市空间布局集聚化成为各国城市化进程中的新趋势，这种城市的集聚分布形成的"城市群"逐渐成为城镇建设和学界探讨的热点。学界对"城市群"概念的界定众说纷纭，其中姚士谋对城市群概念的界定，涵盖了城市群地域结构、等级关系、空间联系和网络性等综合特征，在国内目前缺乏较为统一定义的状况下，被认为是最权威、认可度最高的概念。[1]他认为"城市群"是"在特定的地域范围内具有相当数量的不同性质、类型和等级规模的城市，依托一定的自然环境条件，以一个或两个超大或特大城市作为地区经济的核心，借助于现代化的交通工具和综合运输网的通达性，以及高度发达的信息网络，发生与发展着城市个体之间的内在联系，共同构成一个相对完整的城市'集合体'"。[2]另外，张京祥认为城市

---

[1] 江曼琦：《对城市群及其相关概念的重新认识》，《城市发展研究》2013年第5期，第30~35页。

[2] 张京祥：《城市群体空间组合》，东南大学出版社，2000，第33~37页。

群是指一定范围内具有密切社会、经济、生态等联系，而呈现群体亲和力及发展整体关联性的一组地域毗邻的城镇，并构建了由城镇组织体系、城乡关联体系、网络联通体系和空间配置体系构成的城市群体空间运行系统，强调了城市群体的空间性和网络性。[①] 本研究借鉴以上两位学者对"城市群"概念的论述，侧重于将城市群视为一个"空间"，这个空间不是固定的，具有流动性，各个城市之间的规模、等级变化受到政策、经济等方面的影响，尤其是交通系统对城市群空间的变动影响甚大，故本研究从群体传播视角，探讨作为媒介的道路在城市群空间里各个不同等级的城市之间的网络联结及其空间关系变动中扮演的角色。

一 城市群体空间与权力关系

"空间"一词源于拉丁文Spatium，指在日常三维场所的生活体验中，符合特定几何环境的一组元素或地点；两点间的距离或特定边界间的虚体区域。[②] 空间是社会实践的产物，基于社会学的空间研究是古今中外学者最为关注的领域。社会学中关于空间的研究最早可追溯到19世纪恩格斯对曼彻斯特的社会居住模式的研究。其后，马克思、恩格斯对资本造就城镇化和大人口的空间聚集的分析涉及了空间生产方式的研究。齐美尔认为空间是要素之间的一种关系，相互作用是空间的填充，空间为人们的互动提供了场所，而在互动的过程中空间被赋予了意义。齐美尔从空间的排他性、分割性、社会互动的空间局部化、邻近/距离、变化性五个方面阐释了空间的社会性。之后的20世纪20~30年代，芝加哥学派对城市生态空间的生成和变动机制进行了大量研究。20世纪中后期，布迪厄的"场域"研究、福柯的"全景监狱"成为空间分析的代表。近30多年来，在结构主义和新马克思主义的影响下，学者对空间的研究更多关注空间与权力、结构等的关系。[③] 对于"空间与权力"的研究，列斐伏尔和福柯的观点对本研究最具借鉴意义。列斐伏尔认为，空间应当被看作服务于思想和行动

[①] 邹军、张京祥、胡丽娅：《城镇体系规划》，东南大学出版社，2002，第105页。
[②] 胡德：《权力空间过程与区域经济发展》，东南大学出版社，2014，第64页。
[③] 陈巍：《城市社区权力秩序：基于社会空间视角的研究》，中国社会科学出版社，2015，第8~9页。

的工具；作为一种生产的方式，空间也是一种控制的、统治的和权力的工具，空间在历史发展中产生，并随历史的演变而重新结构和转化。福柯也认为空间在任何形式的公共生活中都极为重要，空间是任何权力运作的基础。① 列斐伏尔和福柯都阐述了空间作为权力运作的基础性特征，是权力运作的一个场域。关于"权力"，本研究借鉴福柯关于"权力"的论述，他不认为权力是某种一致的、单一的、稳定的实体，他研究"权力关系"，而"权力关系"是一种角力关系，或者说是一种较量关系，这种关系无时不在，永无止境。②

基于以上关于"空间"与"权力关系"的阐述，本研究中的"城市群"正是在人类生产和生活中产生的一个社会化空间，是城市权力关系运作的基础场域，城市群中不同等级的城市即是权力关系博弈的主角。受经济发展、政策支持、交通设施等因素的影响，这种权力关系也在不断变动，即各个城市的规模、地位处于不断地变化之中，由此促成了城市群空间的流动。另外，作为城市网络联结的交通系统的建设所导致的空间本身的变动直接影响了各城市间权力关系的变动，从这个意义上讲，交通系统，即道路，在权力关系变动中扮演了一个媒介赋权的角色，它直接促成了权力主体的变化和权力结构的改变。

二 路权博弈与媒介赋权

前文已经论述了"路"的媒介意涵，在城市群体传播中，把路作为一种媒介进行考察更加合情合理。城市群中各个城市的连接沟通是以道路为基础的，如果把上一节中关于网络虚拟道路的论述考虑进来，那各个城市间的信息互动同样是基于作为媒介的虚拟信息路网，由于篇幅限制，本节对于道路媒介性的研究暂且只论述实体道路对城市的媒介赋权，日后研究中可以单独就虚拟信息道路（即网络）对群体的媒介赋权功能进行详细论述。

赋权（Empowerment）又称增权，指增强人、人际或集体的政治力量，使个人、团体或社区有权力和能力采取行动，以改变现状的过程。赋权存

---

① 庞骏：《东晋建康城市权力空间》，东南大学出版社，2012，第7~8页。
② 雷维尔：《福柯思想辞典》，潘培庆译，重庆大学出版社，2015，第121页。

在个人、社区和社会三个层面的划分，本研究主要基于社会层面的赋权考察城市群中各城市权力的增减，社会赋权旨在改变社会规范、公共话语和社会资源的分配，赋权的对象是社会的"无权"群体，赋权的过程与最基本的传播行为联系，赋权具有很强的实践性。① 社会工作中弱势群体增权有两种模式："个体主动"和"外力推动"。媒介作为一种重要的社会资源成为群体增权的一个至关重要的外部推动力。道路作为媒介对城市群体的赋权意义可以从两个方面考察。首先从城市自身主动性考虑，道路的铺设为其所经过的城市带来了对外经济贸易和对外信息沟通的便利性，打破了原有城市的封闭性，为其主动对外交流和发展提供了媒介动力；其次从外部助推力来看，道路的经过为城市带来了外部资源，无论是经济资源、政策信息、文化信息、外部人才等都会为该城市的发展注入鲜活的推动力。以我国中原城市群②中郑州、开封、洛阳三个城市的权力关系博弈为例，我们可以观照道路对城市的媒介赋权意义。

郑州、开封、洛阳三个城市地理位置毗邻，现今郑州作为河南省省会已经发展成为全国重要中心城市、特大城市，显然已经成为中原城市群中的权利主体。但从中国历史上来看，中华人民共和国成立之前，开封和洛阳在中原地区一直处于优势地位。开封市历史文化悠久，先后有夏朝、战国时期的魏国，五代时期的后梁、后晋、后汉、后周，宋朝，金朝等朝代相继在此定都，素有八朝古都之称，自元朝设置行省以来一直到中华人民共和国成立初期，开封都是河南省的省会。洛阳更是有 5000 多年文明史，历史上先后有汉、魏、隋、唐等十多个王朝在此建都。另外洛阳是丝绸之路的东方起点、隋唐大运河的中心，地理位置十分优越。

1950 年前郑州人口大约只有 18 万人，在人口、经济上都比不上当时的开封、洛阳，但 1954 年河南省省会由开封迁到了郑州，究其原因，道路（包括陆路和水路）的建设与废弃对于三个城市的地位变化发挥了重要作用。从媒介赋权角度考虑，洛阳和开封的繁荣最主要的原因在于隋唐大运

---

① 王斌、刘伟：《媒介与社区赋权：语境、路径和挑战》，《国际新闻界》2015 第 10 期，第 80~81 页。
② 中原城市群位于中国中东部，以河南省为主体的中原地区，是中华民族和华夏文明的发祥地。

河的赋权功能，而其地位的下降同样也是因为运河废弃，即媒介中断所致。历史上，隋炀帝开通大运河加大了洛阳与河北、江淮的联系，唐高宗时期"南粮北运"经洛阳再运往都城长安，安史之乱之后，淮河与河北形成藩镇割据，到洛阳的运河逐渐废弃，洛阳也随之逐渐衰落。开封在洛阳之后受通济渠和黄河的媒介增权影响，经济迅速发展，成为中原的航运中心，但后来因黄河含沙量不断增多，将大量泥沙带到了通济渠，曾经的黄金水道逐渐废弃，开封也逐渐失去了其原有的地位。[①]

而郑州在清末近代化的大潮中借助铁路系统的媒介赋权得到迅速发展，超越开封和洛阳逐渐成为大都市，1954年成为河南省会。甲午战争之后，张之洞和盛宣怀着手主持修建京汉铁路[②]，京汉铁路跨越黄河路段——黄河大桥的选址直接改变了开封和郑州的命运，黄河大桥本应该穿过作为当时河南省会的开封，但因其地下泥沙厚重，不适合建桥，最终工程师选择了地质坚硬的郑州地段建设黄河大桥。京汉铁路横穿郑州直接带动了郑州的经济迅速发展，后期陇海铁路[③]与京汉铁路交会于郑州，使郑州逐渐发展成为全国重要的交通枢纽，四通八达的道路发挥其作为媒介的经济、政治、文化沟通功能，赋予了郑州在中原城市群中权力主体的地位。

第六节　跨文化传播与"华夏之路"的国际延伸

跨文化传播是不同文明体之间的物质、精神、文化等的交流互通，中国作为一个文明大国，自古至今就十分重视与他国的交往，从古代丝绸之路、茶马古道到21世纪的"一带一路"，这些超越交通意义的文化线路成为中外文明交往的重要媒介。本节以"一带一路"为例，论述其在华夏对外传播中扮演的媒介角色。

[①] 《曾经无比辉煌的洛阳和开封，如今为什么不如郑州？》，http://www.360doc.com/content/18/0624/12/13924396_764870681.shtml，2019年6月22日。
[②] 京汉铁路，原称卢汉铁路（京广铁路的组成部分），是卢沟桥、郑州至汉口的铁路，是甲午战争后中国清政府准备自己修筑的第一条铁路。1898年底，从南北两端同时开工，1905年11月15日郑州黄河大桥建成，1906年4月1日全线竣工通车，全长1214公里，改称京汉铁路。
[③] 陇海铁路，简称陇海线，始建于1904年，1953年7月陇海铁路全线建成通车。

一 媒介内容分析：基于"一带一路"的华夏对外传播

媒介分析侧重对"一带一路"本身进行讨论，作为一种高度具象化的媒介手段，"一带一路"是华夏对外传播的实现路径和渠道。在"一带一路"这个媒介场域中，沿线各个国家即是传播的主体，各国之间交流互通的内容即是传播客体，因本书仅考察华夏对外传播，故此处仅论述以中国为传播主体的华夏对外传播内容。

（一）实体传播

"一带一路"倡议提出政策互通、设施联通、贸易畅通、资金融通、民心相通五大合作重点①，从设施联通、贸易畅通、资金融通三方面可以考察我国的对外传播的实体内容。基础设施建设是我国对外传播的重要实体内容之一，五年来，中国和沿线各国一道，在港口、铁路、公路、电力、航空、通信等领域开设了大量合作，作为"一带一路"倡议发起者的中国在各国基础设施建设中发挥着举足轻重的地位，我国资金技术、科技人才的支持，建设者和设备工具的大量投入一定程度上都是华夏对外传播的国家力量和国家形象展示。投资贸易合作是"一带一路"建设的重点内容，我国的对外贸易输出、跨国企业建设、跨国项目投资都是华夏对外传播的经济实体内容，对构建各国经济合作、贸易畅通的良好营商环境发挥着重要作用。

（二）思想传播

思想文化传播是实现"一带一路"建设的精神内核，各国优秀思想文化的碰撞为各国开展合作提高生机和活力。五千年华夏文明的对外传播更是"一带一路"建设中的重要推动力。从政策互通、民心相通角度考虑，华夏文明的对外传播首先是中国特色社会主义先进思想的传播。习近平总书记提出的"人类命运共同体"概念得到全世界各国的广泛认同，也是

---

① 新华社：《经国务院授权 三部委联合发布推动共建"一带一路"的愿景与行动》，http://www.gov.cn/xinwen/2015-03/28/content_2839723.html，2019年5月13日。

"一带一路"建设的伟大思想根基。根植于中华民族五千年文明史的优秀传统文化和思想也是"一带一路"媒介场中的重要传播内容,中国对外办学、开展电影节、图书展等活动传递中国知识、中国思想、中国文化,其中"孔子学院"是华夏文明对外传播的成功典型,"一带一路"沿线已有53国建立137所孔子学院①,"孔子学院"成为"一带一路"对外传播中重要的媒介载体,我国儒学的优秀思想、中国传统文化知识通过孔子学院实现了有效的对外传播。

二 媒介效果分析:"华夏之路"的国际延伸

"一带一路"作为华夏文明对外传播和沿线各国交流互通的重要媒介,对推动各国经济发展、政治稳定、文化繁荣的意义可想而知。从华夏对外传播角度着手,中国借助"一带一路"这一媒介增强了国际话语权的表达。

国际话语权是指一个国家在国际社会中有权利表达涉及国家利益和其所承担国际义务的具体主张,并且这些主张能够在国际社会中发挥影响力和引导力,取得国际社会的价值共识和理念认同。国际话语权建设包含静态结构和动态结构两个层面。从静态结构上来看,国际话语权主要涉及话语的规则制定和话语的内容创新,包含由学术、制度、组织、民众构成的内在权力要素,由资源、知识、规则等构成的静态权力模式,由后天实力和先天实力构成的外在权力要素等方面。从动态结构上来看,国际话语权建设主要涉及国际话语传播能力提升,包含话语场域、话语主体、话语内容、话语媒介、话语目标等方面。②"一带一路"可以看作我国国际话语权传播的话语媒介,借助"一带一路",我国传达了一系列关于国际经济政治发展、文化生态建设等方面的话语内容,逐渐建构了中国的国际话语场域,打破了中国在国际上"失语"的状况,实现了增强我国国际话语权的目标。

---

① 《"一带一路"沿线已有53国建立137所孔子学院》,https://www.yidaiyilu.gov.cn/xwzx/roll/65817.html,2019年5月13日。
② 胡荣涛:《习近平新时代国际话语权建设的结构分析》,《安徽师范大学学报》(人文社会科学版)2019年第1期,第9页。

结　语

　　本书将"路"视为一种传播媒介，分别从内向传播、人际传播、群体传播、跨文化传播视角对"路"的媒介意涵和功能进行了解读。内向传播视角下，本书将脑科学的"神经回路"和心理学维度的"心路"作为个体内向传播的媒介加以考察；人际传播视角下，本书从实体的交通系统和虚拟的网络系统两方面考察了现实和虚拟"路网"对人际传播的建构功能；群体传播视角下，本书借助"空间"与"权力"的相关理论，以中原城市群为例考察了城市群中郑州、开封、洛阳的权力关系博弈及道路对城市地位的媒介赋权功能；跨文化传播视角下，本书从传播内容、传播效果就"一带一路"两方面进行了媒介分析。

　　总体来看，本书的研究视角较为宏观，基于传播学理论从多个角度对路文化进行媒介解读，其创新性和意义在于一方面为当今正方兴未艾的"路学"研究提供了传播学解读的有益视角，另一方面也为媒介学的研究提供了全新思路。"万物皆可以为媒"，桥梁、门、茶、扇子、书信等物质实体都可以纳入媒介学研究的考虑范围。但正是本书宏观的研究视角限制了研究的深度，从内向传播、人际传播、群体传播、跨文化传播四个维度对"路"进行媒介解读虽涵盖范围较广，但内涵意义尚浅，未来的研究中，笔者有意着眼于某一视角对路文化的媒介意涵进行深入探讨。

（张丹　谢清果）

第七章
周而复始：华夏生肖文化的符号学解读

德国哲学家、符号学家恩西特·卡西尔（Ernst Cassirer）将人定义为"符号的动物"。中国人不仅是符号的动物，而且是将动物变为符号的动物。以十二种传说的或者真实的动物为内容的中国生肖是华夏文明独具特色的一项文化传播符号。形成于两千多年前的生肖文化，伴随中华文明开始走向农耕文明而产生，亦伴随中华农耕社会走向成熟而定型。生肖文化广泛分布于中华文化圈，是地道的由多民族统一而成的中华民族独具特色的文化符号之一。生肖不仅在中华文化的小传统方面广泛传播，而且在以儒释道精神为大传统的华夏文明传播方面亦极受重视。生肖文化传播既是一种物质传播，又是一种精神传播。生肖文化传播既是传统的文化传播符号，又是当代的文化传播符号。生肖文化传播在深刻影响古代和现代中国老百姓的衣食住行以及精神信仰与人际交往的同时，也正在伴随着中华文化走向世界的传播，越来越多地影响着世界各地的人们。

人类通过制造并使用符号来搭建起自身的意义世界并表达自己的思想，诠释、认知、建构起对于客观物质世界的人生观、世界观和价值观等认识。正如卡西尔所讲，自从人类掌握了使用符号，"人不再生活在一个单纯的物理宇宙之中，而是生活在一个符号宇宙之中。语言、神话、艺术和宗教则是这个符号宇宙的各部分，它们是织成符号之网的不同丝线，是人类经验的交织之网。人类在思想和经验之中取得的一切进步都使这符号之网更为精巧和牢固。人不再直接地面对实在，他不可能仿佛是面对面地直接实在了。人的符号活动能力进展多少,物理实在似乎也在相应地退却多少。在某种意义上说,人是在不断地与自身打交道而不是在应付事物本身。他使自己被包围在语言的形式、艺术的想象、神话的符号以及宗教的仪式之中,以致除非凭借这些人为媒介物的中介,他就不能看见和认识任何东西"。① 从这个意义上来讲,能否制造并使用符号将人和动物区分开来了。"动物只对信号做出条件反射,只有人才能把信号改造成有意义的符号。"② 人类在制造和使用符号过程中不仅将自己和动物相区分,而且也将动物本身符号化,使得动物具有了客观物质世界之外的人类符号意义,成为人类认识世界特别是认识人类自己的一种特殊文化传播符号,中国的生肖符号就是人类将动物符号化的代表性文化产物之一。

第一节 生肖文化与中华文化传播

生肖是华夏文明独具特色的一项文化传播符号。形成于两千多年前的生肖文化,在中华文明开始进入农耕时代而产生,亦伴随中华农耕社会发展而走向成熟并定型。生肖文化广泛分布于中华文化圈内包括汉族和少数民族在内的各民族中,是地道的由多民族统一而成的中华民族独具特色的文化符号之一。

人们多将生肖作为一种民俗文化加以研究,这方面的研究多将焦点放在与生肖有关的民间信仰、民俗游艺、民间艺术以及通俗文学、成语、谚语、歇后语上来。不可否认这在某种程度上体现了生肖文化强大的传播力,但是另一方面我们不应该忽视生肖文化传播是一种多维度、全方位的传播。生肖的基本符号意义深刻体现了中国人自古以来的世界观和宇宙观,十二生肖动物形象既是中国古代先民图腾信仰的直观体现,同时又是十二地支的具象展现,动物符号化背后蕴含着中国人"天人合一"的意义世界,从古至今深刻影响了中国人的精神交往、人际往来、日常生活、婚丧嫁娶、审美装饰,等等。

---

① 〔德〕恩斯特·卡西尔(Ernst Cassirer):《人论》,甘阳译,上海译文出版社,2003,第40~41页。
② 李彬:《传播符号论》,清华大学出版社,2012,第8页。

此外，生肖文化传播既是一种物质传播，又是一种精神传播。物化的生肖符号，或是食品，或是玩具，或是艺术品，运用身体传播和视觉传播传承和强化了生肖符号的意义，加深了人们对于生肖符号的理解和适应。以满足精神需求为主的书籍、动漫、影视、俗语等生肖文化精神传播的媒介，在建构人们精神世界里的生肖符号意义的同时，又反过来助长了人们构建物化的生肖符号的创新思维和灵感。

生肖文化传播既是传统的文化传播符号，又是当代的文化传播符号。改革开放以后在"文革"期间被当作迷信和封建思想的生肖文化迅速复兴，伴随生活水平的改善农历新年重新为人们所重视。1980年我国发行了第一张生肖猴邮票，以后每逢农历新年必定要发行生肖邮票以志纪念，这个传统一直沿用至今，同时在春晚、春联、灯会、庙会等媒介中生肖符号的元素也越来越多，还产生了生肖纪念币、生肖酒、生肖文化衫等现代传播形式。随着中国文化影响的日益扩大，生肖符号正日益向世界传播，带有民族文化价值选择的十二种动物符号正在世界上越来越多的国家和民族间引起文化与情感上的共鸣，它们或是发行生肖邮票或是欢庆中国农历新年，正在以越来越多的方式接受并沉浸在生肖符号给人们带来的意义世界之中。生肖文化传播在深刻影响古代和现代中国老百姓的衣食住行以及精神信仰与人际交往的同时，也正伴随着中华文化走向世界的传播过程，越来越广泛地影响着世界各地的人们。

第二节　生肖文化的历史溯源与传播途径

十二生肖的历史久远，可以追溯至东汉王充的《论衡》，其中有对十二生肖动物的记录：

> 寅，木也，其禽，虎也。戌，土也，其禽，犬也……午，马也。子，鼠也。酉，鸡也。卯，兔也……亥，豕也。未，羊也。丑，牛也……巳，蛇也。申，猴也。(《论衡·物势》)[1]

---

[1] 黄晖:《论衡校释》(第1册)，中华书局，1990，第148页。

辰为龙，巳为蛇，辰、巳之位在东南。(《论衡·言毒》)①

王充所说与今人熟知的十二生肖相对应的十二种动物是一致的，长期以来人们以为这是对生肖最早的记录，直到 1973 年在湖北云梦县睡虎地出土了一批秦时期的竹简，这批秦简中有名为《盗者》一节的文章记载了十二生肖②：

> 子，鼠也。盗者锐口，稀须，善弄……丑，牛也。盗者大鼻，长颈……寅，虎也。盗者壮，稀须，面有黑焉……卯，兔也。盗者大面头……辰，盗者男子，青赤色……巳，虫也。盗者长而黑……午，鹿也。盗者长颈，小胻……未，马也。盗者长耳……申，环也。盗者圆面……(《日书·盗者》)

与《论衡》不同，秦简《盗者》中除了"巳，蟲也""申，环也""酉，水也"，其余生肖都相一致。但从上述两则较早的生肖记录文献来看，生肖似乎是早已广泛流布的说法，并非文献作者首创。这也似乎暗示着早在秦汉时期生肖就是民间流行的文化，也正如吴裕成所说："秦简和《论衡》的时代，都不能说是十二生肖的源头，倒不妨当作溯源而上的起步点。"③

一　生肖文化的基本内涵

生肖文化的历史久远且内涵丰富，即包含远古动物崇拜、神话思维、五行数术、天文地理等方面的内容，又关涉民间日用和社会规范，是华夏文化集中体现的文化面向，也是具有中华文明特色的媒介符号。

(一) 生肖即动物

这里有一个非常有趣的问题：生肖是动物，但是未必所有动物都是生肖。上文提到生肖早在秦汉时期就应有存在和流布，只是未有确凿的文字

---

① 黄晖：《论衡校释》(第 3 册)，中华书局，1990，第 957 页。
② 赵伯陶：《十二生肖面面观》，齐鲁书社，2000，第 6 页。
③ 吴裕成：《中国生肖文化》(第 2 版)，天津人民出版社，2003，第 2 页。

叙事，但这并不妨碍人们接受生肖这一文化概念，重要的是生肖由动物组成，是动物的象征符号。

远古时代，人和自然的关系是十分密切的，通过动物表述世界，笼统地来看可以理解为一种动物崇拜。《列子》中说："黄帝与炎帝战于泉之野，帅熊、罴、狼、豹、䝙、虎为前驱，以雕、鹖（hé）、鹰、鸢为旗帜。"① 而《史记·五帝本纪》中提到黄帝"教熊罴貔䝙虎以与炎帝战于阪泉之野"。② 这是上古时代部落文明的反映，当时还未进入农耕文明的前夜，那时人们将与他们共同生活在自然界中的动物作为一种符号来表达世界，是古人原始思维和形象思维的合理反映③，而这两种思维逐渐在经济的发展中生成为王钟陵先生提出的"神话思维"，则是上古人类走向文明的标志。史前文化是采用"神话思维"来看待世界、认识世界的，这种"神话思维"则是具体思维的高级形态，而其最显著的特征就是"象征"或者是"隐喻"。④ 因此，古人首先使用具体思维将动物形象纳入认知系统，在文明的不断发展中又通过"神话思维"完成了对动物象征内涵的增殖，意义不断扩大，最终形成生肖文化。

所以，与其说生肖是一种图腾崇拜，不如认为其是早期人类通过"神话思维"认识世界的方式，而这种符号意义的阐释是不断增殖与扩展的。这表现在民间对十二个生肖动物置于文化情境中的不同解读上，如清代刘献廷《广阳杂记》引李长卿《松霞馆赘言》：

> 子何以属鼠也？曰：天开于子，不耗则其气不开。鼠，耗虫也。于是夜尚未央，正鼠得令之候，故子属鼠。地辟于丑，而牛则开地之物也，故丑属牛。人生于寅，有生则有杀。杀人者，虎也，又，寅者，畏也。可畏莫若虎，故寅属虎。卯者，日出之候。日本离体，而中含太阴玉兔之精，故卯属兔。辰者，三月之卦，正群龙行雨之时，故辰属龙。巳者，四月之卦，于时草茂，而蛇得其所。又，巳时蛇不

---

① 杨伯峻：《列子集释》，中华书局，1985，第84页。
② （汉）司马迁：《史记·五帝本纪》（第1册），中华书局，1963，第3页。
③ 参见王钟陵《中国前期文化——心理研究》，上海古籍出版社，2006，第33~51页。
④ 参见王钟陵《中国前期文化——心理研究》，上海古籍出版社，2006，第96~97页。

上道，故属蛇。午者，阳极而一阴甫生。马者，至健而不离地，阴类也，故午属马。羊啮未时之草而茁，故未属羊。申时，日落而猿啼，且申臂也，譬之气数，将乱则狂作横行，故申属猴。酉者，月出之时，月本坎体，而中含太阳金鸡之精，故酉属鸡。戌时方夜，而犬则司夜之物也，故戌属犬。亥者，天地混沌之时，如百果含生意于核中，猪则饮食之外无一所知，故亥属猪。

从上述文献可以看出，人们将现实动物对应生肖属相，首先是对动物的具体思维，是对这些动物属性特点的基本认识，再将动物属性特征提炼为对应属相的符号意义。如鼠喜欢夜间活动，且是交子之时世界处在混沌之中，故为首；牛能耕田，是开天后要辟地的象征；龙是辰，辰时表示三月，是一年中多行雨的季节；午马，是一日的正午，赤日炎炎，正如马儿奔腾驰骋，朝气蓬勃；到了夜间，世界又回到混沌与黑暗，像猪一样只知道吃一般混混沌沌等。

（二）生肖有十二

生肖为什么是"十二"个，而不是其他数量？

图 7-1 十二生肖陶俑

"十二"是华夏文化中广泛出现的特有数字，如十二星宿、十二地支、十二时辰、十二经脉、十二乐律等。《周礼·春官·冯相氏》记："掌十有二岁，十有二月，十有二辰，十日，二十有八星之位，辨其叙事，以会天位。"时间以"十二"为单位进行分割。《尚书·舜典》说："肇十有二州，封十有二山，浚川。"在舜即位后将部落疆域划分成十二个州，又划分十二座名山，是在地理上用"十二"进行区分。《左传·哀公七年》说："周之王也，制礼上物，不过十二，以为天之大数也。"周礼中十二是帝王制礼的数量，代表皇家的尊严。《国语·晋语四》记载："黄帝之子二十五宗，其得姓者十四人，为十二姓。"《后汉书·荀爽传》也记载："故天子娶十二女，天之数也；诸侯以下各有等差，事之降也。""十二"是标志皇家规格的独有数量，是不能僭越的标准。

除了中国，"十二"这个数字在西方也具有特定的文化标识，如北欧神话里有十二位神祇；希腊神话奥林匹斯山上有十二位主神；希伯来人的祖先雅各在《圣经·旧约》中记载有十二个儿子，是以色列人的十二支族脉；《新约》中基督有十二位门徒；埃及人相信人死后灵魂能登上超过十二个国土面积的神舟，飞往天堂；古巴比伦以十二黄道宫为一个系统；等等。① 因此，"十二"成为世界各国文明中不可或缺的数量标定，是代表各自文化系统对自然规律的相似总结。

（三）十二生肖与属相

生肖如果还只是动物的象征则并没有与人以及社会文化勾连起来，生肖属相则成为每个中国人具有的民俗符号并且具有独立的符号意义。正如20世纪70年代日本首相田中角荣访华时给周总理出的谜语："全国十二个，人人有一个。"② 就是指每个人的生肖属相。只有在理解生肖符号的同一文化圈的人才能理解属相带给每个人的意义象征。更为重要的是，在人、社会和属相之间发生的意义交换是通过"叙事传播"，即通过故事，进行的（见图7-2）

"叙事传播"从字面上可以直观理解为"叙事"加"传播"，是"一种以故事为载体，从叙事学角度探讨传播现象的、更具修辞色彩和策略性的传播。"③ 生肖文化尤以生肖故事传播为主要环节，其中有许多源自民间

---

① 参见吴裕成《中国生肖文化》（第2版），天津人民出版社，2003，第6~7页。
② 吴裕成：《中国生肖文化》（第2版），天津人民出版社，2003，《引言》第1页。
③ 胡建斌：《叙事学视阈下的春节故事传播研究》，博士学位论文，华中科技大学，2017，第6页。

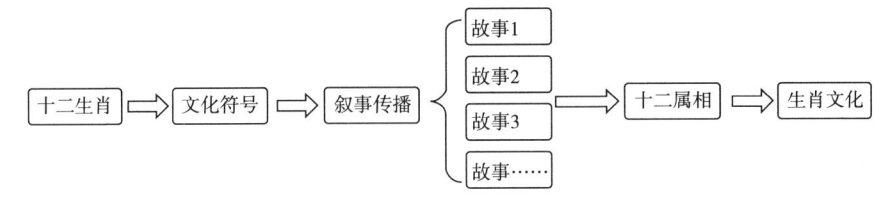

```
十二生肖 → 文化符号 → 叙事传播 ⎰ 故事1
                                 ⎨ 故事2  → 十二属相 → 生肖文化
                                 ⎩ 故事3
                                   故事……
```

图 7-2　生肖符号传播的途径

传说、民俗文化的内容，都使得属相成为人们接纳生肖符号于社会文化系统中一个重要的面向，如关于老鼠的故事就有"老鼠嫁女"传播较广。"老鼠嫁女"是民间广为流传的故事主题，讲的是老鼠夫妇生了一个漂亮的女儿，希望给她找到有权有势的家庭，于是老鼠先生去找了太阳、云朵、大风、石墙说媒，但他们都认为自己不如对方，最终老鼠先生还是找到了能打墙洞的老鼠，绕了一圈，回到了原点。这个故事戏剧性很强，情节富有张力，也表现出鼠的本性，但其能够在民间流传则得益于其与人民大众生活息息相关。正如民俗研究学者叶大兵所说："风俗是反映历史的一面镜子。透过风俗的折光，能够照出人类社会生活的不同侧面，使我们了解历代人民的物质生活、科学文化和精神面貌，反映出不同历史时期人民思想的闪光、心灵的祈求以及他们的欢乐和悲哀。"[1] 老鼠为交子，象征着新旧交替、万物始生、辞旧迎新之意，这也是为什么民间在岁时风俗、喜庆节日的时候喜爱贴上《老鼠嫁女》的年画[2]。

不仅老鼠，十二生肖每一个属相都有自己的故事，通过每个动物的属性突出生肖符号的特征也隐喻出社会的文化意义。这样的生肖故事还有《玉兔捣药》、《西游记》中的美猴王等。朱熹曾写过一首诗，诗句中每一句都讲述了一个生肖动物，也是符号之能指，但他的诗句在描绘每一个属相的同时还包含他本人对于生肖属相的解读。这正如德国哲学家、符号学家恩斯特·卡西尔的观点："人与动物的本质不同于体现在动物只对信号做出条件反射，只有人才能把信号改造成有意义的符号。"[3]

---

[1]　叶大兵：《叶大兵民俗学论集》，上海文艺出版社，2007，第 1 页。
[2]　殷伟：《文化生肖》，文物出版社，2004，第 26 页。
[3]　李彬：《传播符号论》，清华大学出版社，2012，第 8 页。

读十二辰诗卷掇其余作此聊奉一笑

夜闻空箪啮饥鼠，晓驾羸牛耕废囿。
时才虎圈听豪夸，旧业兔园嗟莽卤。
君看蛰龙卧三冬，头角不与蛇争雄。
毁车杀马罢驰逐，烹羊酤酒聊从容。
手种猴桃垂架绿，养得鹍鸡鸣角角。
客来犬吠催煮茶，不用东家买猪肉。

——朱熹

（四）生肖文化在我国少数民族地区的传播

生肖不只是汉民族的特有文化符号，在少数民族区域也广泛流行，不同的是各民族生肖的代表动物有所不同，如清代肖雄《西疆杂述诗》中记有：

> 回国纪元以三百六十日为一岁，岁分十二月，配以地支，不知天干。地支亦论所属，辰则属鱼，余与中国同。

其所记述的民族的生肖将"辰"以鱼为代表，与汉族的以龙为代表不同。其余的生肖动物则相同。除此以外，以鱼代龙的生肖系统还出现在柯尔克孜族的十二生肖中，他们的十二生肖排序是：鼠、牛、虎、兔、鱼、蛇、马、羊、狐狸、鸡、狗、猪。[①] 其中龙也被狐狸替代了，显然狐狸是草原较常见的动物，而龙则是中华文明较特殊的一种动物，是幻化的动物。同样，在云南哀牢山区的彝族人也有自己的十二生肖系统，不过也是将辰位的龙用穿山甲替代了。[②] 穿山甲在南方热带地区较为常见，为什么彝族同胞要用穿山甲代替龙呢？吴裕成认为可能因为穿山甲在古时又称鲮鲤，也是江河湖海中的生物，而彝族人居住在远离大海的山区，神话传说不丰富，自然能将鲮鲤和龙的意象相联系。

除此以外，川滇黔的彝族同胞又与哀牢山的彝族不同，但与汉族的十

---

① 参见吴裕成《中国生肖文化》（第2版），天津人民出版社，2003，第40~41页。
② 参见吴裕成《中国生肖文化》（第2版），天津人民出版社，2003，第86页。

二生肖相同，而毛道彝族把虫、鱼、肉、人引入了生肖系统，桂西地区的彝族在生肖系统中则用了凤、蚁、人、雀，显然又和其他彝族不尽相同。但无论如何，从许多已有的文献来看，中国各地民族都有十二生肖，并作为文化的象征符，只是基于各个地区生活环境的不同，所选取的动物各有不相同。①

第三节　生肖文化的传播途径

一　物质传播：各种物质媒介，物质文化遗产

十二生肖在民间的物质呈现异常丰富，如年画、木偶、陶器、剪纸、对联，等等。前文所提"老鼠嫁女"题材的年画在清代在中国各地就十分流行，其中苏州桃花坞，天津杨柳青，四川夹江、绵竹，湖南隆回、邵阳，陕西凤翔、神禾，安徽临泉，河北武强，福建漳州，上海，山西新绛等地年画都十分出名②，这些地方的年画造型活泼生动，能抓住故事中典型情节加以表现，使得"老鼠嫁女"故事深入人心，也使其成为百姓喜闻乐见的文化符号（见图7-3）。

图7-3　老鼠嫁女年画

此外，还有丰富多彩的剪纸艺术，表现"老鼠嫁女"的生肖故事（见图7-4）。

在众多生肖的物质呈现中，最为著名的要数圆明园生肖兽首铜像了。

---

① 吴裕成：《中国生肖文化》（第2版），天津人民出版社，2003，第45页。
② 殷伟：《文化生肖》，文物出版社，2004，第26页。

图7-4 老鼠嫁女剪纸

生肖兽首铜像曾是圆明园海晏堂的喷泉摆件，由来华耶稣会教师郎世宁设计。兽首铜像会根据十二时辰喷水报时，是当时闻名世界的建筑珍品。1860年圆明园被英法联军洗劫烧毁，十二兽首铜像流失海外，至今没有找回全部。十二兽首作为生肖文化的物质再呈现，不仅体现了中华文化的璀璨光辉和工匠的精美技艺，而且兽首曾在皇家园林摆放体现着文化的灵魂，"它们负载着太多的社会学含义——成为地缘政治、文化制衡、民族关系、普世原则、文物制度、经济杠杆的一个特殊的象征符号"①。因此，生肖不是简单的符号，其涉及的面向十分广阔，这是历史文化不断建构的结果。

二 精神传播：各种文艺手艺，非物质文化遗产

十二生肖作为华夏文明特有的文化符号，在精神传播中亦彰显多姿多彩的形式和内容，表现在诗歌、歌谣、绘画中。《诗经·小雅·车攻》中曰："吉日庚午，既差我马。"《礼记·月令·季冬》也有："出土牛，以送寒气。"这是较早以生肖动物为题材的诗歌，也与社会生活密切联系。

明代永乐初年翰林院大学士胡俨也写有生肖的诗句，描述得惟妙惟肖。

---

① 为毂：《圆明园生肖兽首——不堪承受命运之重的符号》，《雕塑》2009年第2期。

续十二辰诗

鼷鼠饮河河不干，牛女长年相见难。
赤手南山缚猛虎，月中取兔天漫漫。
骊龙有珠常不睡，画蛇添足适为累。
老马何曾有角生，羝羊触藩徒忿愫。
莫笑楚人冠沐猴，祝鸡空自老林丘。
舞阳屠狗沛中市，平津牧豕海东头。

诗句用词典雅，还包含了生肖的传说故事，使人回味，耐读。还有大量的民谣童谣，也普遍流传在民间，对生肖文化起到了较好的普及作用。如下则民谣，通俗易懂，朗朗上口，也十分契合十二个动物的生物属性。

生肖民谣

老鼠不留隔夜粮，水牛身上拔根毛。
画虎不成反类犬，兔子不吃窝边草。
天龙难斗地头蛇，打蛇要打七寸处。
好马不吃回头草，羊毛出在羊身上。
青肚猴子教勿乖，偷鸡不成反蚀米。
打狗要看主人面，千年野猪老蚀食。

古代还有许多教育儿童的歌谣，而以生肖为题材的童谣能起到非常好的教育示范作用，是启迪少年心智的优秀读本。《沪谚外编·十二生肖歌》就有从正月唱老鼠一直到十二月唱猪的歌谣，每首歌谣信息丰富，既有中国传统文化的精髓，亦能启蒙儿童增加认识。

沪谚外编·十二生肖歌

正月梅花开来直到梢。老鼠眼睛像胡椒，偷油咬物真讨厌，叮嘱家家多养猫。二月里向开杏花。耕牛最是有功劳。油车里碾豆牛用力，盗田里库水牛赶车。三月桃花红喷喷，老虎凶来要吃人。凶人还有凶人制，提到铁笼里那能放虎形。四月蔷薇开来话头多。兔子双双来做窝。月落一窝小兔子，子崽多来劳碌多。五月里来石榴开，老龙取水白漫漫。问龙住宿在何处？松江有个白龙潭。六月荷花开来梗子青，毒蛇出世草里登。要嘱家家预备竹夹剪，灭尽毒蛇不害人。七月凉风凤仙飘，客人骑马马飞跑。古来好将得好马，沙场征战立功劳。八月中秋木樨香，性情愚善是胡羊。吃奶跪在娘腹下，畜生也识孝亲娘。九月菊花开得叶头齐，花果山上猴儿真可怜。扬州婆捉去做戏法，随街傍路卖铜钱。十月芙蓉开来小春天，家家养只过年鸡。雌鸡生蛋有出息，雄鸡到天明喔喔啼。十一月水仙开来耀眼明。狗能防夜帮主人。独是生成一种欺贫重富怵脾气，看见穷人咬不停。十二月里腊梅开，枥里猪驴拖出来。日里吃仔三顿不做啥，杀伊肉吃本应该。①

通过生肖符号进行的人际交往也是较为普遍的社会行为。每个中国人都有自己的生肖属相，这样就有了民间"本命""本命年"之说。其中关乎不同地域的风俗习惯包括禁忌文化等内容，都是人们在日常人际交往中的生肖信息。如在中国北方地区的民间，人们在逢本命年过生日要"扎红"，就是孩童要穿上红背心和红裤衩，成年人则扎上红色腰带，人们相信以此可以辟邪免灾。有些地区的人认为本命年腊月三十晚间不能出门。②当然，许多"本命年"禁忌都有迷信的内容，但又确实是中国丰富传统文化的具体表征，不能一概而论地被排除在文化传播研究的范畴之外，因为这是中国人精神交往的一个面向。

三　当代传播：各种现代传播技术和形式

生肖虽然是个古老的文化符号，但是在今天依然具备极强的生命活力，这是研究生肖的价值所在。而在许多现代媒介中，如电影、邮票、纪念币、动漫、吉祥物、玩具等都不乏生肖的符号表达。

生肖邮票一直是人们热捧的收藏物品，从1950年日本出现第一套生肖邮票至今，已有60多年。目前共有127个国家和地区发行过3500多种生

---

① 胡祖德：《沪谚外编》，上海古籍出版社，1989，第19页。
② 参见吴裕成《中国生肖文化》（第2版），天津人民出版社，2003，第122页。

肖邮票，生肖邮票形成了一个很大的邮票体系。① 可以说小小的生肖邮票如同中国文化的一张名片，在世界范围广泛流传，让越来越多的人认识和了解中国的生肖文化。这既是得益于邮票这一物质媒介，同时也是生肖自身的文化魅力在促使这一中国文化符号流行世界（见图7–5）。

图7–5 国外发行的生肖邮票

结　语

生肖的文化魅力始终不减，这正如德布雷在媒介学中所说，"medio 首

---

① 许博、李丕征、刘魁立、马未都、张颐武、周治华：《生肖邮票：文化传承的载体》，《中国邮政》2016年第1期。

先近似地指在特定技术和社会条件下,象征传递和流通的手段的集合"①。生肖首先是作为一种象征符号在中华的史前文明时期形成,但是在历史的进程中,则又转换为故事形态、物质形态、精神形态等继续传递,这是生肖符号长盛不衰的奥秘所在。

(王婷　谢清果)

---

① 〔法〕德布雷:《普通媒介学教程》,清华大学出版社,2014,第31页。

第八章
见信如面：华夏书信文化的媒介功能探析

"信"作为最直观的交往媒介之一，具有举足轻重的媒介学意义，既联系着人与物，又在无言中分离着。书信的硬载体信笺、文字，承担了身份象征的符号意义，又有着情感交流和艺术传承的作用。媒介的二元性使书信的软载体即书信的内容，既能够消弭对话距离，起到情感交流、思想文化交流、政治沟通、生死交流、物质交流的媒介作用，也可以延长对话距离。如今，虽然人们较少地使用书信，但是其媒介意义却被传递了下来，书信类综艺的流行就是最好的证明，历史文化追溯的媒介期盼、人文精神交流的依恋、中华优秀文化传播的媒介再现，就是书信现代意义的延续。本章从书信的硬载体媒介功能、软载体媒介功能和当今传播的意义延续三个维度，对中国本土化的书信进行媒介功能考察。

观古今用人，必因媒介。[①] 书信是一种直观的交往媒介，具有中介的特性：一是指它的居间性，即它居于传播者与受传者之间；二是指它的桥梁性，即它可以使传受两者通过它交流信息、发生关系。[②] 书信在我国的发展史极为悠久，春秋时期已成为民间最重要的通信方式之一，曾有"春秋聘繁，书介弥盛"[③] 的记载。同时民间书信调查研究表明，书信是普通

[①] （五代）刘昫：《传世藏书·史库·二十六史·旧唐书》，海南国际新闻出版中心，1995，第819页。
[②] 邵培仁：《传播学》，高等教育出版社，2000，第148页。
[③] （南朝）刘勰：《文心雕龙》，内蒙古人民出版社，2009，第184页。

民众使用频率最高的文体之一。① 然而，书信作为交流的最初文本、最明显的诠释领域，却鲜有媒介学家对其进行研究。② 而"信"在中国又有着特殊的意义，承担交往媒介的同时，它也是一种规范交往的伦理道德，即诚信意义上的"信"。在中国社会中书信之所以具有重要地位，跟"信"作为一种品格也紧密相关。而这两方面都与沟通或传播直接相关。

如今，人们追求科技和便利，导致书信等情感载体的失落，书信对于我们来说越来越陌生，这也是如今研究书信媒介功能的现实意义所在。现在《见信如面》《信·中国》综艺的流行，将曾经最主要的交流媒介——书信再次拉到我们面前，这意味着即使是在当今互联网时代的社会，书信也仍然在发挥着重要的媒介功能。

第一节 书信硬载体的媒介功能

任何一种文化媒介无不是由"硬载体"和"软载体"组成。③ 笔者认为，书信的硬载体是书信的形式，即笺纸及上面的文字；软载体则是指书信的内容，即笺纸上的字所表达的含义。不仅书信内容是沟通的介质，书信的硬载体也承担了不容小觑的媒介作用。

（一）身份象征的介质

鲁迅非常喜爱笺纸，曾在与姚克的通信中写道："我旧习甚多，也爱中国笺纸，当作花纸看，这回辑印了一部《笺谱》，算是旧法木刻的结账。"④ 鲁迅也非常注重笺纸的选择，曾在1929年5月21日和许广平就所用信笺及其寓意进行讨论。⑤ 鲁迅和笺纸已经在无声中形成了一种勾连，也正因此鲁迅的文人气质更深入人心。

---

① 张鸿苓主编《一般书信 笔记 日记》，北京师范大学出版社，1994，第2页。
② 〔美〕彼得斯：《交流的无奈——传播思想史》，何道宽译，华夏出版社，2003，第150页。
③ 姚兵主编《广西社会科学年鉴2014》，广西人民出版社，2014，第281页。
④ 鲁迅：《鲁迅经典文集·鲁迅家书全编》，国际文化出版社，1994，第295页。
⑤ 王得后：《鲁迅书信的笺纸》，载《鲁迅研究月刊》2002年第6期。

每个时期都是流行的笺纸类型，如唐代的"薛涛笺"，宋代的"芦雁笺"，清代的"金石书笺流派"。普通笺纸已经不能满足文人的儒雅风气，开始流行自印笺纸，根据自己的喜好制作笺纸，历史上对此留存了很多记载。著名的唐代女诗人薛涛善制诗笺，发明了"十样变笺"的新奇染色技法，能够染出十种颜色，笺纸精美为当时文人所喜爱，时人称之为"薛涛笺"。① 据《唐音要生》载："诗笺始薛涛，涛好制小诗，惜纸长剩，命匠狭小之，时谓便，因行用。其笺染演作十色，故诗家有十样变笺之语。"宋朝的张元幹曾在词中《小重山》中提到薛涛笺："薛涛笺上楚妃吟。空凝睇，归去梦中寻。"②

文人的笺纸，其功用不限于写信记录等实用，而在于标志风趣，示儒雅风流，在无声中展现才华。文人借助笺纸烘托自己的文人气质，表征身份地位，成为独特的"名片"；而笺纸又依托名人身份，被记住，被留存。文人喜欢利用笺纸的种类、材质等以其这种物态符号的形式，彰显自己的身份，从这个意义上说，笺纸俨然已经成为一种身份的象征的介质，成为一种传播介质。

（二）情感交流、意趣表达的介质

书信的硬载体之一笺纸还是维系和增益感情的桥梁，借助笺纸传情达意，是许多文人雅士含蓄的来往方式。鲁迅曾在与姚克的书信中提及欲将制成的《笺谱》赠予S夫人。③ 在1931年2月5日的致俞平伯信中写道："永明笺再版本已出来，此种白纸似太松，又一种黄者虽看相不甚好而尚适于写字，附呈样本一枚，不知何者为佳，请示之，当奉送也。"④ 从书信来往中能够看出来，鲁迅经常与其互相赠予笺纸，虽然礼物微薄，但其情义深厚。在此意义上，笺纸成为情感交流、共同分享喜悦的介质。

除了浅层次的礼尚往来、共同欣赏，笺纸对于文人来说又承担着思想传递介质的作用。鲁迅曾经自制笺纸，用《日本考》作图版，配以俊秀的

---

① 谭龙曼编《中国典故》，黄山书社，2012，第165~166页。
② 周振甫主编《唐诗宋词元曲全集 唐宋全词》第3册，黄山书社，1999，第925页。
③ 鲁迅：《鲁迅经典文集·鲁迅家书全编》，第295页。
④ 张伯存：《青灯的趣味》，上海人民出版社，2016，第128页。

书法字"明李言恭日本考卷所录歌谣之三十七知堂记",把日本歌谣《武藏无山》作正文。用这样蕴涵着丰富的中日文化的自制笺纸给日本学者、翻译家松枝茂夫写信,其中的感情不再是"投我以木桃报之以琼瑶"的"永以为好也",更饱含了写信人欲与收信人思想的碰撞,其中的含义只可意会不可言传。在此意义上,笺纸又成为思想传递、意趣表达的介质。

(三) 艺术传播的介质

笺纸在文人及艺术家的手下,慢慢从简单的写字用品而衍生出艺术品。唐代开始使用笺纸,宋代笺纸逐渐增多,但比较遗憾历史记载的名笺未留存至今,到了明代笺纸逐渐增多,图案和花纹也变得更加精细。明末天启、崇祯朝是笺纸发展最繁盛的时期①,出现了以《萝轩变古笺谱》和《十竹斋笺谱》为代表的多色套印笺谱。晚清之后,江浙一带出现了以名家书画作品为图案的笺谱,专门供人欣赏。② 从最简单的适用写作的笺纸,到施以简单绘画图案装饰的笺纸,再到开始有精致细腻的花纹,最后发展到文人雅士相互传阅和馈赠的艺术性大于实用性的礼品。自此,笺纸已经在原有基础上逐渐发展成为一种更为精致的艺术形态。

有些笺纸上的图案选自寓意吉祥的物品、禽兽或者动物,比如《萝轩变古笺谱》中的笺纸上面绘制着蕴含不同含义的花卉植物的图案,欲向收信人表达其中的情感。从这种意义上说,笺谱已经类似一种书籍,供人赏阅、品味的艺术品。后人通过笺纸或者笺谱来赏析其染色技术、材质种类、绘画图案等方面,这无非一种艺术鉴赏的行为,而书信的硬载体之一笺纸也就成为艺术传播的介质。

同样,如今临摹练字的拓本也有很大一部分是从古代留存下来的书法作品,比如我们熟悉的王羲之的《奉橘帖》、王献之的《鸭头丸帖》、苏轼的《致杜氏五札》,等等。习字临摹的过程,是与古人艺术对话的过程,是艺术接收的过程,所以从这种意义上说,书信的硬载体之一书法字也是艺术传播的介质。

---

① 汪庆正:《钱币学与碑帖文献学》,上海人民出版社,2016,第 296 页。
② 赵宪章、包兆会:《文学变体与形》,南京大学出版社,2010,第 249 页。

第二节　书信软载体的媒介功能

书信是最直观的媒介之一，从古至今留存的书信多之又多。从传播学维度来看，书信作为华夏传播最直观的一种沟通介质，具有非常鲜明的沟通行为学特征。从书信的软载体即书信的内容出发研究，其媒介功能主要体现在两个层面：一是书信作为消弭对话距离的媒介，可以进行情感交流、思想交流、物质交流、生死交流、政治沟通和文化传播；二是书信作为延长对话距离的媒介，可以延长时间距离、空间距离，甚至可以作为终止交流的介质。

一　书信作为消弭对话距离的媒介

在刘勰的《文心雕龙·书记》中，对于书信文体就有"辞若对面"的评语，书信大多是一种远距离对话，即我们通常所说的"千里面语"，虽然隔着千里之远，但打开信的那一刻收信人仿佛在与写信人当面对话。这就点出了书信消弭对话距离的媒介作用。

（一）情感交流的媒介

私人书信构成了一种更为安全的语境，真实的情感只有在私人书信当中才能被吐露。其中的情感大致分为三种：爱情、亲情和友情。

其一，书信在爱情传递、夫妻感情维系中的作用不可忽视。从古至今陷入爱情的男男女女都喜欢用私人书信来表示对对方的爱慕之情、思念之情，现在人们也许通过微信或短信表达，但这些其实也是书信演变的类型。恋爱中的男女或者夫妻之间的书信大概包括两类：一类是表达两情相悦或分隔两地的爱慕或思念，如沈从文写给三三的情书；另一类则多表达被丈夫冷落、抛弃后的怨气，如著名的卓文君《与相如书》。沈从文在给三三的情书中称三三为"兆和小姐"，说"若果人皆能在顽固中过日子，我爱你你偏不爱我，也正是极好的一种事情。得到这知会时我并不十分难过，因为一切皆是当然的"。[①] 信中淋漓尽致地表现了真挚的感情和对三三的疼惜爱

---

① 张兆和：《与二哥书——一个叫三三的女子》，中国妇女出版社，2007，第16页。

慕。再如卓文君写给司马相如的《与相如书》，信中表达了对司马相如的怨气，情感真挚，感动相如，由此又有了著名的《报卓文君书》。

其二，书信是增进友情的桥梁。东晋高僧，往往佛道兼通，谈锋甚健。例如，谢安寓居会稽，听说支遁要去剡溪养病，便盛邀他来东山同游。信中说："思君日积，计辰倾迟，知欲还剡自治，甚以怅然。人生如寄耳，顷风流得意之事，殆为都尽，终日戚戚，触事惆怅，唯迟君来。以晤言消之，一日当千载耳。"① 信写得清淡隽永，与内容构成完美的和谐。公牍文《太史公自序》中，司马迁对于自己遭受的"李陵之祸"只是一笔带过，未详细描写和表达自己的情感。而在史学家认可度最高的最早的私人书信《报任安书》中，虽然主题与之相同，但司马迁在信中倾诉自己不幸的遭遇，将一腔愤怒甚至是屈辱一吐为快，司马迁的真情表现得淋漓尽致，回信的开头就感愤自己"身残处秽，动而见尤，欲益反损，是以独抑郁而谁与语"。② 究其不同，是公牍文和私人书信的不同，公牍文面向的是大众，其真实情感不能全部诉诸笔端，只能将其隐藏在背后；而在私人书信这种更为安全的语境下，书信最初的受众只是收信人，可以更安全地表述感情，直抒胸臆，无所顾忌。

其三，书信是维系亲情的纽带。杜甫的一句"烽火连三月，家书抵万金"③，道尽了家书的珍贵之处。其珍贵之处大概因为书信来往的时间之久，难度之大，如同杜牧所言"远梦归侵晓，家书到隔年"。④ 一封家书能够让远在外面的旅子感受到家的温暖，由书信构建起一个亲情的语境，家文化在书信之间传承。即使是没有大事的记录，仅仅是生活碎片，也能够让收信人感受到温暖。"诫子书"又是亲情之间的又一重要文体，汉代有很多优秀的诫子书，如刘向写给小儿子刘歆的《诫子歆书》，以"告歆无忽：若未有异德，蒙恩甚厚，将何以报"⑤ 开头，严厉地警告刘歆勿蹈前人覆辙。

---

① 邓绍基、李玫主编《尺牍精华》，巴蜀书社，1998，第153页。
② （汉）司马迁：《报任安书》，见吴楚材、吴调侯选编《古文观止》，凤凰出版集团，2005，第224~228页。
③ 王澧华主编《中国古代文学（上册）》，商务印书馆，2007，第362页。
④ （唐）杜牧：《杜牧诗集》，（清）冯集梧注，陈成校点，上海古籍出版社，2015，第342页。
⑤ 乙力编《中国古代圣贤家训》，兰州大学出版社，2004，第23页。

（二）思想文化交流的媒介

书信对于文人不仅仅可以用来沟通情感，在一来一往的书信交流、思想碰撞中，无形之中形成了一种隐形的沙龙，一种纸上的会议，而书信便是其中的媒介。韩愈曾在《答李秀才书》中谈论自己对"道"和"辞"的看法："然愈之所志于古者，不惟其辞之好，好其道焉尔。"① 柳冕在《与滑州卢大夫论文书》中感慨治乱之世，表达自己的看法："文生于情，情生于哀乐，哀乐生于治乱。"② 朱熹曾在与友人的书信往来中探讨理学问题。从古至今的书信中，也不乏关于文学的评价，南朝梁文学士人刘峻撰写《类苑》，刘之遴在与刘峻的书信中对《类苑》做了高度评价。自古至今，对治世、对文学、对理学等，不管是思想方面还是文化方面，皆有所记录，书信在不同的人笔下被赋予了不同的媒介意义，在这种隐形的沙龙中，始终存在着思想的碰撞和文化的激发。

（三）政治沟通的媒介

所谓政治沟通，即政治信息在政治体系内外的流通过程。书信作为一种非常便于移动和留存的直观的媒介，其政治沟通的媒介功能非常明显和重要。从古至今有众多的类似于"国书"或"公函"的承载政治沟通作用的书信，这些书信主要是商议国家之间的政治事务。《左传》所载《郑子家与赵宣子书》《子产与范宣子书》等是我国古代文献保存下来的最早的书信文体。③

在公共领域，有着国书、公函、战报等书信文体，以《吕相绝秦之辞》为例，书信在其中勾连着"诸侯国""部落"彼此之间的沟通，是我们最熟悉的政治沟通。而在私人领域，也存在着人际沟通视角下的政治沟通。在书信中针对具体事件表达自己的观点，如庾翼通过对西晋王衍空谈误国行为的危害，间接地批评了殷浩。在书信中表达自己的政治观，如江

---

① （清）姚鼐纂集《古文辞类纂》，胡士明、李祚唐标校，上海古籍出版社，2016，第363页。
② 董浩等编《全唐文》（卷五百二十七），中华书局，1983，第5336页。
③ 赵宪章、包兆会：《文学变体与形式》，南京大学出版社，2010，第236页。

淹在给袁炳劝他隐退的回信中说："独念贤明蚤世，英华殂落，仆亦何人，以堪久长，一旦松柏被地，坟垄刺天，何时复能衔杯酒者乎？"① 不管是在公共领域还是私人领域，不管是大众传播视角还是人际传播视角，书信都承担着政治沟通的媒介作用。

（四）生死交流的介质

书信还连接着生与死，祭文就是最典型的一种文体，祭文是祭祀时的诵读之文，以哀悼死者为主，这是生者写给死者的一封信，是生死交流的介质。

韩愈写的著名的《祭十二郎文》是祭文中的代表作："呜呼！汝病吾不知时，汝殁吾不知日，生不能相养以共居，殁不得抚汝以尽哀，敛不凭其棺，窆不临其穴。"② 韩愈将抒情融于叙事之中，表达了对兄嫂及侄儿深切的怀念，以及对十二郎逝世的无比痛惜，真情所至，感人肺腑。明朝王阳明曾在礼部尚书汪俊死后为他撰写祭文："公有大劳，国史辉煌；公有心学，传者四方。公何以没？吾何以伤？交情未竟，公进此觞。呜呼哀哉！"③ 因为活着的人对死去的人的怀念、哀悼、痛惜，衍生出了祭文这一种文体，因为有着沟通交流的欲望，所以书信才被赋予了生死交流介质的意义。

除却生者写给逝者的祭文，书信本身其实就是一种"与死者的交流"。彼得斯认为一切需要介质的交流都是与死者的交流，因为媒介可以储存"生者的幻象"，而且可以在人体死亡之后回放这些形象。④

（五）物品流通的媒介

除了情感、生死等意识形态的沟通、传播功能，书信还承担了物品流通的介质。比如西晋刘琨给任南兖州刺史的侄子刘演写信道："前得安州干姜一斤、桂一斤、黄芩一斤，皆所须也。吾体中溃闷，常仰真茶，汝可

---

① （明）胡之骥注《江文通集汇注》卷九，《报袁叔明书》，中华书局，1984，第346页。
② 郭超主编《四库全书精华·集部·第1卷》，中国文史出版社，1998，第91~92页。
③ （明）王阳明：《王阳明全集5》，中国画报出版社，2016，第209页。
④ 〔美〕彼德斯：《交流的无奈》，何道宽译，华夏出版社，2003，第135页。

信信置之。"① 其大意为刘琨要求刘演经常给他送兖州茶。书信推动物品流通的功能在西方也同样如此,被誉为"爱书人圣经"的书信集《查令十字街84号》记录了纽约女作家海莲和一家伦敦旧书店之间的情缘。"随信附上一份清单,上面列出我目前最想读而又遍寻不着的书。如果贵店有符合该书单所列,而每本又不高于五美元的话,可否径将此函视为订购单,并将书寄给我?"② 这是书中记录的第一封书信的最后一段,在这里,书信是带动物品流通的媒介。正因为人们的需求的多样性,书信所承担的媒介功能也就变得越来越广泛。

书信推动物品流通的功能还体现在催生物品的产生。鲁迅和郑振铎曾就印制《北平笺谱》《十竹斋笺谱》之事,往来几十封邮件,其中鲁迅的信件有21封。1933年2月5日鲁迅开始提出印制《北平笺谱》,"因思倘有人自备佳纸,向各纸铺择优各印十至一百幅,纸为书叶形,采色亦须更加浓厚,上加书目,订成一书……实不独文房清玩,亦中国木刻史上一大纪念耳。不知先生有意于此否?……"③ 1935年3月30日鲁迅的信中又写道:"《北平笺谱》如此迅速的成为'新董',真为始料所不及。今在中国之售卖品,大约只有内山的五部而已——但不久也就要售去的。"④ 至此,收录人物、山水、花鸟笺332幅的《北平笺谱》已经成为市面上流行的商品,这实则是书信作为物品流通媒介的另一种表现。

二 书信作为延长对话距离的媒介

所有的事物都有正反两面,媒介也有二元属性,本身是一种矛盾的统一体,既使两者分隔又使两者联通。⑤ 这也决定了书信既能够消弭对话距离,使人有辞若对面、千里面语的效果;又能够作为一种分隔将沟通的距离延长,而这种延长既包括时间距离的延长,也包括心理距离的延长,甚至能够终止交流将距离延长至无限。

---

① 任继愈等编《中华传世文选·汉魏六朝百三家集选》,吉林人民出版社,1998,第209页。
② 〔美〕海莲·汉芙:《查令十字街84号》,陈建铭译,译林出版社,2005,第1页。
③ 鲁迅:《鲁迅文萃》(第4卷),百家出版社,2001,第1147页。
④ 鲁迅:《鲁迅佚文辑》,解放军出版社,1976,第496页。
⑤ 胡潇:《媒介认识论》,人民出版社,2012,第5页。

(一) 延长沟通的时间距离

北京的熊猫慢递有一个很特别的业务：给未来的某个人写封信，可以是自己也可以是其他人，然后指定书信寄出的日期，可以是几个月后，也可以是几年后，甚至可以是几十年后，由"熊猫慢递"寄出，寄信人将会在未来的某一天收到。这就是典型的延长时间距离的书信，这种延长并非书信需要时间转移的延长，而是寄信人主动的延长。

历史上还存在未能寄出或者未能及时收到的书信，这种沟通时间的延长是被动的。历史上毛泽东的一任妻子杨开慧曾在与毛泽东分开之后写了许多封情书，却因为种种原因未能寄出。"天阴起溯（朔）风，浓寒入肌骨。念兹远行人，平波突起伏。足疾已否痊，寒衣是否备？孤眠（谁）爱护，是否亦凄苦？"① 为了不被发现，杨开慧将一沓书信藏在卧室的墙缝中，虽然有些字迹看不清楚，但朴实无华的文字中，仍然能够真切地表达出对毛泽东的关爱、关切和思念，真挚热烈的感情让人不禁落泪。

相传，早在1596年，英国女王给中国万历皇帝写了一封信。信中，英国女王提出了公平贸易的问题，态度恳切，然而可惜的是书信搭载的船在海上遇难而未能送达，导致万历皇帝不知道英国的意思而造成了诸多误会。直到1978年沉船被捞起来，这封信件才被世人所知道。在1986年，英国女王还是决定将这封沉睡了将近四百年的信件交还中国。

书信的可转移、可留存的特点，使其可以延长沟通的时间距离，而这一点又成就了书信的另一重要媒介功能——还原历史。这一点将在书信现代意义的延续中重点探讨。

(二) 延长沟通的心理距离

书信的起源千人千语，认可度很高的一种是"书之于笏"②，从其演变来看，"笏"所具有的"礼仪"性质有着很重要的意义。《礼记·玉藻》所做的解释是："凡有指画于君前，用笏。"从这种意义上说，笏成了一种

---

① 梁瑞郴、杨华方、纪红建：《12·26毛泽东生辰印记》，湘潭大学出版社，2014，第65~66页。
② 周良霄：《皇帝与皇权》（第3版），上海古籍出版社，2014，第93页。

向君主禀奏的以示敬畏、表达谦卑的面具。而书信，也就演变成传递"羞于言说"的内容的介质，这无疑是一种心理距离的延长。

在文学作品中也有类似的对书信掩饰羞涩的作用的提及。如斯蒂芬·茨威格笔下的"陌生女人"经常给她的崇拜对象邻居小说家 P 先生写信。明明住在隔壁，近在咫尺的距离，却要选择写信交流，究其原因，如陌生女人在信中所言：写信就像"在黑影里同你谈话，我不感到害羞"。①

（三）终止交流

书信在我们的观念中往往是为了交流而存在的一种媒介，有来而有往，而媒介的二元属性赋予了书信另一种媒介意义——终止交流。

历史上汉代朱穆曾写过一篇著名的绝交诗《与刘伯宗绝交书》："昔我为丰令，足下不遭母忧乎？亲解衰绖，来入丰寺。及我为侍书御史，足下亲来入台。足下今为二千石，我下为郎，乃反因计吏以谒相与。足下岂丞尉之徒？我岂足下部民？欲以此谒为荣宠乎？咄：刘伯宗，于仁义道，何其薄哉！"发言直率，反斥刘伯宗因地位变化、前恭后倨的态度，愤然与之绝交。

林清玄曾经捡到过一封诀别的情书。情书上写着看似普通的句子："这些日子以来，谢谢你陪我走过这一段路。""你是一个很好的人，你一定会认识比我好上千倍的女孩。""由衷地希望在没有我的日子，你依然过得好。"② 不知道是何种原因使这封诀别信遗落在路上，或许是女孩不小心弄丢了，或许是男孩看到后伤心地丢掉了，但是不论如何，这封信存在的意义是为了终止这种关系下的沟通交流。

第三节　书信现代意义的延续

如今，文化兴国战略不断深入，国家提倡"全民阅读"倡议。十九大报告提出，在新时代，我们要"推动中华优秀传统文化创造性转化、创新

---

① 关于斯蒂芬·茨威格笔下的那位"陌生女人"写信给小说家 P 先生的长信，参见赵宪章《论民间书信及其对话艺术》，《清华大学学报》2008 年第 4 期，第 62 页。
② 林清玄：《不看，是一种自在》，九州出版社，2014，第 64 页。

性发展,继承革命文化,发展社会主义先进文化,不忘本来、吸收外来、面向未来,更好构筑中国精神、中国价值、中国力量,为人民提供精神指引"。

现代人经常感叹"身体走太快,灵魂跟不上"。书信作为源远流长的一种交往文体,流传至今,其意义在现代得到了延续,在现代社会也被赋予了新的意义。书信在今天重新得以重视,它是历史文化追溯的媒介期盼,而书信类综艺节目的产出使书信又成为传统与媒体融合的媒介试探、人文精神交流的媒介依恋以及传播中华优秀文化的媒介再现。

一 历史文化追溯的媒介期盼

中华文化上下五千年,现代人对古代人的生活、对未知的好奇愈加强烈,随着考古学的发展,人们与过去的接触越来越多。其一,文化思想是私人信件最活跃的领域之一,礼仪制度、佛教、文学艺术等都是私人信件所涉及的领域,考察私人书信的内容以及书信本身的文体属性,对当今文化传播具有很重要的媒介意义;其二,书信的留存使之成为还原历史的媒介,在后人与历史之间构建了一座桥梁。

(一) 文化传播的媒介

礼仪制度是私人信件中被讨论的重点之一,东晋会稽王司马道子曾在与王彪之的书信来往中讨论嘉礼,司马道子问:"东海王来月欲迎妃,而女身有大功服,此于常礼,当是有疑。但先拜时,大礼已交,且拜时本意,亦欲通如此之阕耳!不得同之初婚,固当在于可通。"彪之答曰:"女有大功服,若初婚者,礼例无许;既已拜时,犹复不同。昔中朝许侍中等曾议此事,以为拜时不应以丧为疑,倚傍经礼,甚有理据,谈者多谓是。殿下可视而量之。"[①]

佛教也曾在书信往来中被大量讨论,讨论的内容既包括佛教本身,也包括佛教与其他宗教如道教的关系,以及佛教与俗世的关系。

书信作为一种文体,其文学价值不言而喻,书信还是一种具有审美价

---

① (唐)杜佑:《通典》卷五九《嘉礼四》,中华书局,1988,第1681页。

值的散文文体。自古至今，以《报任安书》为首的被留存和传诵的书信名篇，是文学精品，是文化传播的媒介。《报任安书》被誉为千古奇文是当之无愧的，清代学者吴楚材评《报任安书》："此书反复曲折，首尾相续，叙事明白，豪气逼人。其感慨啸歌，大有燕赵烈士之风，忧愁幽思，则又直与《离骚》对垒，文情至此极矣。"①《报任安书》在清代的文学意义非凡，在当代更是如此。《全唐文》中收录的书信就有近500篇，其中唐宋八大家之一韩愈所写的书信有55篇。

书信在当时对于文化的传播，尤其是礼仪制度文化、宗教文化、文学艺术的传播发挥着重要的作用；在现代，礼仪制度文化、宗教文化、文学艺术等历史文化的留存，对人们的学习仍然有着不可忽视的媒介作用。

（二）历史还原的媒介

书信中往往是真实的情况记录，私人书信中往往隐藏着许多我们不曾知晓的历史真相。像家书这样亲近的人来往的私人书信，成为可信度较高的史料。

比如上面所介绍的各种礼仪制度的资料，在人们研究古代历史时就非常重要。再比如现代人探寻近代文学时，文人之间的书信中就隐藏着诸多我们不知道的有关文学作品、文人交往的信息。如现在留存下来的闻一多与友人的信件，有诸多封涉及《太阳吟》《园内》《李白之死》等创作原貌的信息，这对现代文学探寻和历史考证都有很重要的意义，而这些信息如果不是因为私人书信的公开我们恐怕永远都不得以知晓。

书信这一信息载体在大众读者与史实之间建立了一座桥梁，延长了沟通的时间距离，跨越时空建立了一条特殊的对话通道，使后人能够通过书信与前人沟通交流，虽然这种交流只是思想层面的，但它对追溯历史、还原史实有着非常重要的意义。

二 传统与媒体融合的媒介试探

互联网时代的发展，方便了人们的交流和生活，但是传统文化的传播

---

① （清）吴楚材、吴调侯选注《古文观止》，孟庆祥等编纂，黑龙江人民出版社，2008，第206页。

也遭遇了前所未有的阻碍。主流文化被边缘化，娱乐色彩"主流化"。在遭受受众流失压力下的电视媒体也不得不将内容转向更受欢迎的浅层次的娱乐快感消费，娱乐色彩侵蚀着传统文化。与此同时，传统文化的传播缺乏互联网思维，受众少，传播弱，影响力小。如何在媒体融合背景下将传统文化更好地传播出去，弘扬中国传统文化，宣扬爱国精神，是目前主流文化传播者和媒体工作者应当思考的问题。

当前文化类综艺节目以汉字、诗词为主，要想制作一档全新的文化类综艺节目，书信是很好的一个切入点，书信文化也就被重新拉到我们眼前。《见字如面》文化嘉宾许子东在第一期开场时说："书信这种形式正在消亡，但是书信里承载的文化与文明不应消亡，应该转到电子媒体和互联网，而《见字如面》就是在做这个事情。"《见字如面》《信·中国》深入挖掘中国传统文化，以书信为媒介，探索出一条独特的路子。从受众的观感体验来看，节目口碑很好，选题独特，受众觉得新鲜、惊喜，且有宝贵的文化意义。书信类综艺节目，是将传统与媒体融合的新试探，书信这一源远流长的实用性文体，跨越历史时空，在当今时代又被赋予了新的媒介意义。

三 人文精神交流的媒介依恋

随着互联网应用的深入，书信逐渐演变成电子邮件，甚至微信。我们一步步见证着书信的传统媒介形态发生的变化，而这种变化还会持续，但书信作为人类交流的媒介价值却是永恒的，因为人类需要将无形的思想情感媒介化，书信（包括电子邮件），无论是可视的还是可持的，都是对情感与承诺的确认。现代书信类综艺类节目的产生就是最好的证明。

以《见字如面》节目为例，节目是在对历史回顾的背景下，让嘉宾阅读精选的名篇书信。例如嘉宾阅读徐志摩与陆小曼的书信，除了阅读和回忆书信的当时，更多的是想让当代人产生思考。朗读者能够与过去的人通过书信进行思想交流，与自己进行人性认知的思想博弈；而于观众而言，能够通过嘉宾的现场朗读，间接感受到写信人和读信人的情感状态，嘉宾的分享对于观众而言也是触碰新思想、产生新思考的方式。

书信类综艺节目是将书信文化重新拉到我们面前的引子，是人文精神交流的开端。书信文化深入人心，口耳相传，综艺节目引导人们重新跨越时空，挖掘藏在书信背后的更深层次的人文精神的内涵，这也是书信流传至今的真正意义，当然也是书信类综艺节目随着时间流逝而不断被接纳和欣赏的原因所在。真正有内容和真正优质的东西，才会深入人心，才会被永恒留存。在这种意义上说，书信已经跨越时空成为当代人进行人文精神交流的一种媒介依恋。

四 中华优秀文化传播的媒介再现

书信依靠其可留存与可转移的属性，成为一种时间偏向的媒介，也许我们无法与写信人直接交流，但我们能够依靠书信跨越时空与过去对话。目前，主流文化的传播在互联网高速发展、新媒体技术崛起的时代，仍然存在着不容小觑的困境。如何在娱乐色彩浓厚的当今，将主流文化，将中华优秀文化传播出去，增强其影响力，人们仍然在探索之中。目前的书信类综艺节目，以《见信如面》《信·中国》为代表，其对红色文化和中华传统文化的传播起到了重要的作用。

书信是红色文化传播的媒介。红色文化在现代很多年轻人的心目中是枯燥乏味的，但《信·中国》这档书信类节目打破了某些固有的认知，为我们展示出一种能够被现代人接受的新型的传播方式。《信·中国》中的信作为一种传播媒介，高扬红色文化的旗帜，传承了爱国精神，弘扬了奋斗精神，传播了创新思想，"精忠报国""舍生取义""宁死不屈""自强不息"这些词汇不再只是被写在书本上的刻板文字，而真真正正通过书信、通过媒体融合被有效地传递到人们的心中。

书信是中华传统文化传承的媒介。人人都说"中华文化上下五千年"，而中华文化我们究竟又知道多少呢？在娱乐综艺节目同质化的媒介语境下，《见信如面》和《信·中国》两档节目凭借中华传统文化这样主流的人文精神内核，利用多元化的媒介传播手段，挖掘受众心理诉求，达到中华传统文化传承的跨文化传播效果。

结　语

万物皆媒，书信作为一种直观的交往媒介具有不容小觑的媒介学意义。书之于笏，书信从最初记录文字防止忘记的笏开始，一步步演变为进行交流的传统书信，再到电子邮件等，书信的传统媒介形态一直在发生变化，但人类欲将无形的思想情感媒介化的需求，使书信的媒介价值成为永恒。不管是书信的硬载体还是软载体，不管是私人领域还是公共领域，不管是人际传播视角还是大众传播视角，书信在华夏传播观下，都具有重要的媒介传播功能。

（苏洁　谢清果）

第九章
天堑通途：华夏桥梁的媒介意象透析

人类仰赖各种自然资源和社会资源生存，但是这些资源不会总是恰到好处地集中在一个地方，这意味着不同地区的人们要互通有无来满足彼此的日常所需。再者，人类还要处理复杂的人事，为了生计四处奔波，由此产生定向或不定向的人口流动。但无论是人员还是物资的流动，都需跨越一定的空间距离。在自然界，地区与地区之间总有着或大或小、各种形式的天然屏障，如江海湖泊、悬崖峭壁，它们将空间切割成多个相互区隔的部分，人类的交往却要求重新黏合空间，人类不得不架设桥梁、铺设路面来保障交通的畅达。

在古代，"桥"字出现要略晚于"梁"字，"桥""梁"是异名同义的两个单词，① 《说文解字》曰："桥，水梁也。"② 又有"梁，水桥也。"③ 可见二者能互为通释。《诗经·大雅·大明》上说："造舟为梁，不显其光。"④ 此处的"梁"便是指桥。桥、梁，起初专指水面上的建筑物，后也用来指代架设在空中的建筑物。⑤ 桥是路的延伸，故，桥可理解为一种架设在水上或空中以便通行的道路。桥具有跨越、承受和连接三种功能。⑥

---

① 茅以升：《桥梁史话》，北京出版社，2016，第223页。
② 《说文解字》，http://www.shuowen.org/view/3767，2019年5月29日。
③ 《说文解字》，http://www.shuowen.org/view/3768，2019年5月29日。
④ 沐言非编《诗经》，中国华侨出版社，2016，第309页。
⑤ 唐鸣镝：《中国古代建筑与园林》（第3版），旅游教育出版社，2015，第155页。
⑥ 杨庆峰：《事物意义的凝结与构成——以桥为例的分析》，《科学技术哲学研究》2010年第4期。

人在面对深渊时会本能地感到跌落的恐惧，桥可以横跨江海湖泽、深谷沟壑，将路延伸至人无法通行的地方，"当脚下的大地不再深远，跌落的恐惧将逐渐散去，于是就有可能探究心理的安全感"。① 桥是人类情感自恐惧转变为安适的重要过渡，同时也象征着个体在遇到险阻时能转危为安，它不仅可实现空间向度的跨越，还可实现人类心理层面的跨越。当行人从桥上经过时，桥要承载过往车辆以及行人的重量，故而桥的坚固与否关系车马人流能否安全从此岸抵达彼岸。此外，桥还承担着将行人从一个空间接引至另一个空间的重要使命，起到连通空间的作用，"在分离与统一的关系中桥梁倾向于后者，桥墩两头间距可见可测，同时间距已被桥梁逾越"。② 原本断裂的空间依靠桥连接在一起，成为一个相互联系的整体。

桥具有传播的意味，是一种传播媒介。中国社会科学院语言研究所词典编辑室编写的《现代汉语词典》③ 给出的媒介定义是："使双方（人或事物）发生关系的人或事物。"与媒介相对应的英文单词是 medium，medium 有中间（middle）、中心（midst）之义，约在 17 世纪衍生出"中介物"（intermediate agency）、"传播渠道"（channel of communication）的含义。④ 总的来说，媒介是使物与物之间建立联系的中介，它可以是自然物、技术甚至人本身，通过媒介建立的联系可以是作用力也可以是信息。⑤ 桥为分隔两地的人提供了接触的可能，它代表了一种开放的态度，反对封闭与隔绝的状态。依托于桥，断裂的空间得到弥合，人力和物力实现了流动，而负载在人与物上的信息也迅速在桥的两岸扩散开来。而且桥的建造本身就代表了一种沟通交流的意愿，人们并未将自己圈禁在一方小世界中，而是积极对外探索，与其他地区的人们建立联系，相互往来。伊尼斯的媒介偏倚论认为，媒介具有两种偏向：一种是时间偏向，另一种是空间偏向。偏

---

① 马卫东：《塞西尔·巴尔蒙德：〈建筑与都市〉中文版发现三周年纪念特别专辑》，宁波出版社，2008，第 93 页。
② 〔德〕齐美尔：《桥与门——齐美尔随笔》，涯鸿、宇声等译，上海三联书店，1991，第 3 页。
③ 中国社会科学院语言研究所词典编辑室：《现代汉语词典（汉英双语）》，外语教学与研究出版社，2012，第 1315 页。
④ Online Etymology Dictionary，2017 年 10 月 25 日，http：//www.etymonline.com/search? q = medium，2019 年 5 月 28 日。
⑤ 李沁：《沉浸媒介：重新定义媒介概念的内涵和外延》，《国际新闻界》2017 年第 8 期。

倚时间的媒介质地较重，却能耐得住时间的侵蚀，如石头、黏土，偏倚空间的媒介质地较轻，方便移动和携带，如纸张。① 桥是一种时间偏向的媒介，尤其是石桥，可跨越上千年的时光而不毁。赵州桥始建于隋开皇末年至隋大业元年（公元605），距今已有1400余年的历史，它将古代桥梁的建造原理、造型设计等信息较为完整的保存下来，并传递给后人，使现代的桥梁建筑大师也受益匪浅。

桥是我们生活中较为常见的媒介，它多建于江河湖泊、海域、悬崖之上，如南京长江大桥、矮寨特大悬索桥、港珠澳大桥等。自古以来，桥一直发挥着十分重要的沟通交流作用，它连接了人与自然，跨越了生和死，同时，还促进了群体内部与群体之间的交往，缔造了我们共同的民族记忆。

第一节　沟通自然的媒介

桥是人类与自然协商沟通后的成果。峻拔的山和辽阔的水阻挡了人类前进的步伐，人们需要翻山越岭、蹚水过河才能抵达目的地，而这一过程往往充满了艰难险阻。如李白在《蜀道难》中有感而发："西当太白有鸟道，可以横绝峨眉巅。地崩山摧壮士死，然后天梯石栈相勾连。"《诗经·小雅·十月之交》曰："百川沸腾，山冢崒崩；高谷为岸，深谷为陵。"② 山长水远，路途迢迢，人们想用更便捷的方式抵达目的地，根据两点之间直线最短的原理，人们架设桥来连接分离的空间，以最短的路径、最短的时间来跨越山谷、溪流、江海。桥能切实提高人类通行的效率，但造桥却着实不易。建筑师要考虑到桥的选址以及选址地的自然地理条件，如风、水、土。自然界的狂风、暴雨、湍急的水流、松软的泥土都是自然对人类发出的挑战，而人类需对此做出回应，一一克服，造桥方能成功。如将桥墩深埋在土中，辅之以水压，使桥墩稳固，免受暴风侵扰；利用压缩空气筑"沉箱"基础；利用"水射法"下沉管柱。③

桥除了连接两岸外，还具有审美功能，是重要的美学符号。桥虽是人

---

① 〔加〕哈罗德·伊尼斯：《传播的偏向》，何道宽译，中国人民大学出版社，2009。
② 沐言非编著《诗经》，中国华侨出版社，2016，第246页。
③ 茅以升：《桥梁史话》，北京出版社，2016，第24页。

工产物，但可巧妙地与自然融为一体，为山河增色。桥与山光水色相互映衬，引得无数文人墨客作诗称颂，如"市桥官柳细，江路野梅香"（杜甫《西郊》），"弯弯飞桥出，敛敛半月彀"（苏轼《栖贤三峡桥诗》），等等。中国古典园林将造景艺术发挥到了极致，在置景时将自然景观和人工造物有机组合在一起，使山、水、植物、建筑和谐地存在同一个画面里。水是古典园林的基本要素，园林因水而活，桥则是构成水景的关键因素之一。园林中的桥大多设计得很别致，不以通行为主要目的，而胜在构思巧妙，凸显高雅的审美情趣。① 园林中较为常见的桥有鼋鼍，亦唤作汀步桥，仅是在水中布下些许露出水面的石块，以供人蹑步通行；有廊桥，此类桥是在原有的桥身基础上再叠盖屋顶，桥并非直线式地延展，而是回环曲折，蜿蜒起伏，以起到分隔园景、增加层次、调节疏密、区划空间的作用，人在桥上行走，可有移步换景之感。② 园林中的桥与亭台楼阁、山水奇石相映成趣，桥下流水潺潺，桥的倒影在水中明明灭灭，波动起伏，桥边杨柳依依，水面上的莲花含苞待放，这样一幅清幽雅致的景象怎能不给人以美的享受呢？

　　古人造桥极其讲究风水，风水是为寻找建筑物吉祥地点而形成的一套景观评价系统。③ 风水术包含天人合一的理念，强调人与自然的和谐统一，它认为，倘若人类建筑物选址恰当，符合自然规律，那么天地间的生气会助长人的运势，反之，人会厄运连连，灾祸不断，人的命运和自然演化紧紧绑缚在一起。古代的风水术认为，桥的修建与人的兴衰成败、吉凶祸福相关，故桥的修建必得慎之又慎，需要考虑动工的时间、桥的材料、桥的朝向等。人在筑桥时要充分考虑桥与自然的融合，务必做到二者能够兼容包并。桥通常选址在"水尾"，即溪流的下游，以期能够弥合溪流这一豁口造成的生气外漏；再者，古人将水视为财富的象征，故而在河流下游修筑桥梁有锁住财富，避免财源流失之意。④ 在部分地区，人们相信桥是桥内世界与桥外世界联系的通道，是生气与煞气流通的中介，桥既能锁住

---

① 张旭勉编《解读颐和园》，黄山书社，2013，第178页。
② 陈从周主编《中国园林鉴赏辞典》，华东师范大学出版社，2001，第1068页。
③ 尹弘基、沙露茵：《论中国古代风水的起源和发展》，《自然科学史研究》1989年第1期。
④ 吴积雷：《祈福禳灾：廊桥与风水——以浙江省庆元县为例》，《广西大学学报》（哲学社会科学版）2012年第2期。

内的生气，聚拢天地间的祥瑞和福泽之气，同时也可能引来外界的煞气，故桥头通常还会设有镇邪之物，如神龛、寺庙等。① 风水固然带有不少迷信色彩，但其中亦不乏科学原理。举例来说，风水忌讳在正对着门口的方位设桥，从科学的角度来将，倘若在此处设桥易形成笔直的气流，人宛如站在风口，长期受强劲气流的吹拂会影响身体健康。② 人如何与自然沟通交流是一门深奥的学问，仅从桥的建设便可窥见一斑。由于重视风水，人们不会肆意架桥，而是仔细考察筑桥点的自然地貌，聆听自然的语言，而自然亦会将坡度、土质、水速、风速等信息透露给人们，告诉他们此处是否适宜筑桥。有些地方生态脆弱，一旦原来的环境受到破坏就会造成无法遏制的后果，故而人类注重保持生态的平衡，维护自然的协调性。

在民智未开的传统乡土社会，个体的主客我意识较为淡薄，人与自然没有截然的界限，传统的天人感应、天人合一思想在此盛行。由于长期和自然打交道，人们保留了原始的自然崇拜，相信万物皆有灵，自然界的阳光、雨水、雷鸣、电闪都不是纯然的物理现象，而带有宗教意味。他们认为神灵、祖宗的魂灵游荡在天地之间，时刻注视着他们，故而时刻秉持着一颗对自然的敬畏之心，尊敬自然，保护自然。筑桥需破土动工，这破坏了原来的自然地貌，是对自然的干预，故应向神灵请愿，征求神灵的同意，有些地方在筑桥时要先祭河神，祈求神灵的保佑后方可动工，③ 便是此理。无论是察地形、堪风水，还是筑桥前的祈福，这都体现了人们对于自然环境的重视，以及与自然和谐共处的美好愿景。

第二节　连接生死的媒介

在古时人们的思想中，桥不仅是人类彼此往来的通道，它同时连接

---

① 李华珍：《符号与象征——闽东古廊桥建筑文化探析》，《华侨大学学报》（哲学社会科学版）2007 年第 2 期。

② 李华珍：《符号与象征——闽东古廊桥建筑文化探析》，《华侨大学学报》（哲学社会科学版）2007 年第 2 期。

③ 张祝平：《廊桥的"神化"与"去神化"》，《广西大学学报》（哲学社会科学版）2012 年第 2 期。

了天、地、神、人，四者可同时汇聚在桥上，桥是他们沟通交流的媒介。海德格尔在《筑·居·思》中说道："桥是一个位置。作为这样一个物，桥提供了一个容纳天、地、神、人的空间。"① 桥能够连山跨水，上承晴天，下接碧水，它是空间与空间之间的弥合点，空间在此汇聚进而产生联系。

古时的人相信，神主宰了人的生死祸福，故而与神打交道，是关乎自己命运的事情。在传统乡土社会，人们的生产生活多与宗教活动紧密交织在一起，江南是水乡，河网密布，桥梁众多，桥是人们外出的必经之所，见证着每一次"离去"与"归来"，而越是关键的场所，越是需要有神的"在场"。人们渴望出入平安，桥的重要性使它被赋予较强的神性，同时，桥本身也成为宗教活动场所。桥是连接神界和人界的通道，神跨越桥，便从神界来到人界，与人产生交集。浙南闽北地区多廊桥，廊桥内部有足够的空间设置神龛，人们便可以恭请神进入室内，向神供奉香火。桥是神灵的居所，神灵的在场保佑了在桥上通行的人类能够出入平安。由于桥身的空间有限，无法容纳大型的宗教建筑物，有时人们会在桥的一岸建造寺庙专门供奉村落的守护神，而寺庙的出入口正对着桥的方向。为感谢神灵的庇佑，逢年过节人们都会搭戏台演戏给神灵看，而戏台就恰好设在桥的另一岸，如此，庙宇和戏台便两两相对，神在庙宇中就可以看见戏台上的戏，如果神愿意，还可以通过桥从河岸的一侧来到河岸另一侧，与他的信徒一起近距离观看表演，接受信徒给他的这份献礼。桥作为中介物使人与神的近距离接触成为可能，人与神的交往更加密切。

在中国古代传说中，桥梁是在人与鬼、生与死之间建立联系、形成过渡的中介。传说冥界有一条路叫黄泉路，有一条河叫忘川河，忘川河之上便架着奈何桥，一位唤作孟婆的阴间使者常年驻守在奈何桥边，熬煮着孟婆汤。人死后魂魄来到冥界，需走过黄泉路，跨过奈何桥，饮下孟婆汤，如此，前尘往事便会尽数忘却，进入新的轮回。故而，桥还象征着死亡与重生，跨过桥，便是告别过去，开启新的人生旅程。人们还认为，架桥可

---

① 〔德〕海德格尔：《演讲与论文集》，孙周兴译，生活·读书·新知三联书店，2005，第163页。

以延长桥主人的寿命，在桥主人去世后，架桥的功德可以免去他死后在阴间受苦，人在世间修的桥越多，功德就越大，甚至死后灵魂可破格为神。①

由于桥具有连接生死的意味，因此在部分地区人们的传统思想中，架桥可以改变人的命数，他们祈求桥带来新的生命，并带走人身上的灾祸病痛，护佑人长命百岁。在这些地区，倘若有人求子，便可以在村里挑选一个车马行人来往频繁的地方架设求嗣桥。架桥方便了人们的出行，人们接受了桥主人的惠泽，身上的福气和运气会转移一部分给桥主人，助其诞子。传统社会十分看重家族香火的延续，在求嗣桥附近，人们还会另建土地祠，祈求土地神帮助他们照看求嗣桥。通常来说，求嗣桥是为了孕育男性后裔而建设的，故而建桥的时候，桥的方向要朝南，"南"谐音"男"，寓意生一个男孩。建桥的时候，桥主人会请来村中的道士主持开工仪式，诵念祝祷词，而整个修桥过程，家中的女性皆不得参与。② 在苗族古村落，架桥求子的习俗也普遍存在，求子桥是苗族桥生命文化的突出表现之一。在苗族，修桥这样的大事需要巫师的全程参与，巫师会亲自选取合适的修桥木材，而入选的木材多为挺拔的杉木和枫木，以此类树木架桥，是希冀后代能够体魄强健、刚劲有力。挑选完木材后，巫师会对着木材念一段颂词，大意是："山神树神，主人造桥，子孙繁衍，村寨兴隆；子孙强壮，护村护寨……"巫师是沟通人与神的中介，负责向山神和树神表明求嗣之人的意愿，在求得山神和树神的首肯后方才可以伐木为桥。在苗族人看来，孩子的孕育本质上是孩魂归家的过程，孩魂最常逗留的地方就是溪边，但他们无法蹚水过河直接去人家中投胎，所以人们需修桥接引孩魂，到桥上求子，招孩魂归家。③ 当孩魂经由桥的引渡，随人归家后，其生命形式就发生了转变，从魂魄变成活生生的人，从而与更多凡世之人产生联系。我国民间正月十五还有"走三桥""走百病"的习俗。顾禄的《清嘉录》有

---

① 张光红：《调适与整合——以贵州剑河王村的桥为研究对象》，《滇西科技师范学院学报》2016年第1期。

② 张光红：《调适与整合——以贵州剑河王村的桥为研究对象》，《滇西科技师范学院学报》2016年第1期。

③ 杨东升：《论苗族古村落"路"、"桥"生命文化的发生》，《云南民族大学学报》（哲学社会科学版）2011年第6期。

载:"元夕,妇女相率宵行,以祛疾病,必历三桥而止,谓之'走三桥'。"①可见,参与"走三桥"活动的主要是妇女,桥带有生殖崇拜的意味,百姓们认为,走桥不仅可以渡危难、祛百病,还可以使子嗣昌荣,妇女希冀通过"走三桥"来增强自身的生命力和繁殖力。在"走三桥"的过程中,她们会捡几块桥砖带回家,希望能沾一沾桥的生命力,为家中添丁。② 在一些地区,人们倘若求子成功,会在堂屋门和火炉门的中点线上架一座阴桥,并请道士作法保佑孩子平安长大。有些新生儿体弱多病,家中的大人会特意请来村中的道士为孩子算命卜卦,若是测出来孩子命中犯煞,桥崩路断,家长需为其架起阴桥,阴桥在此成为牵引新生幼儿灵魂回归阳界的媒介。③ 桥的一头是生,一头是死,世人深深眷恋着尘世,而桥是将死者引渡至人间的中介,桥的存在是生命的见证,无怪乎民间对桥有这样深的感情了。

第三节 人际交往的媒介

桥在人际交往中起到身份界定的作用。在古代,桥梁的建造不能算是小工程,村里的桥多半不大,且在依依杨柳、黑瓦白墙的映衬下,颇有几分"小桥流水人家"的恬淡意境。而村与村之间架设的桥梁是合全村之力建成,它不仅起到沟通连接邻村的作用,还是一个标志性的地界。远古时期的部落在某个山谷定居后,为宣示所有权,明确领地边界,会在山谷出口处修一座桥,向外人明示此地已经有主。④ 这道分界线鲜明地区分了谁是社群内部的成员,谁是社群之外的人,群体之间有了内外之分,成员对自己的身份也有了更加清楚的了解。在苗族古村落,由于人口的繁衍,族群规模日益庞大,原本的小户人家演化为家族中的一个个分支,小家修建的"家桥"变成一族、一宗之人的"族桥"和"宗桥",桥是区分家族内

---

① 胡协寅校阅《重订清嘉录》,广益书局,1942,第15页。
② 韩娜:《"鹊""桥"在牛郎织女传说中的民俗意义》,《长春理工大学学报》2009年第1期。
③ 钱晶晶:《桥:地方社会脉络下的文化符号——明清以来贵州三门塘人的修桥活动及其意义》,《广西民族大学学报》(哲学社会科学版)2009年第3期。
④ 薛力:《连山跨水、祭神安民——福建永安青水廊桥》,《室内设计与装修》2015年第3期。

各分支的标志。苗族中的许多社会事务都是以"族桥"或"宗桥"为单位进行的，如祭祖这样的事项多半是由拥有同一"族桥"或"宗桥"之人共同举行的，在祭祀本族本宗之桥时，宗族内部人员在场即可，无须与其他族群的人商议。此外，如果先辈定居的土地人口负载过重，苗族族群还需对外迁徙，那些去往他处安家的苗族人在若干年后返乡祭祖，族桥和宗桥便是指引他们回家的引路桥。①

桥能够凝聚族群内部的成员，维系和稳固族群内部的关系，并且是族群认同的重要标志。如果先人之桥出现损坏，子孙便有义务集资修缮，这是对先祖事业的维护，也是为后代保存祖业，它象征着生命的传承与延续。透过这一项义务，先人、今人与后人之间便多了一层由桥建立的联系，桥连通了过去、现在与未来。当然，与义务相对的还有权利。有些地方，人们修桥时还会在桥头建一座小型的土地祠，唯有桥主及其后代才有资格祭祀并接受土地神的庇佑，非家族中人不可偷祭。祭祀这样极具仪式感的活动可以加深个体对自己身份的感知，使认知与行为一起刻印在个体的脑海中，不易被遗忘。祭祀与修缮具有的强排他性区分了家族内部与家族外部的成员，且二者都再次追溯了家族历史，子孙们拥有对祖先的共同记忆以及操演记忆的权利，群体成员系出同源这一事实再次强调了族群内部成员的血缘关系，且成员共同参与祭祀与修缮活动也使人们的联系更加紧密，其中，桥都是必不可少的中介，是连接族群成员的重要纽带。②

桥能够在不同群体间建立联系，促成人际交往。如桥梁大师茅以升所说，"人类一有交通，就要桥，越是靠河的地方，人口越集中，桥也就越集中，有了桥，人的活动就频繁起来了"。③ 古时的交通系统并不发达，山路崎岖不平，车马通行不易，陆路在运输大量物资时尤其不便，水路就成了陆路的重要补充。交通枢纽处容易形成大城市，通常水路发达的地方人口也较为集中，为方便彼此往来，人们架设了桥梁确保通行无阻。河流将

---

① 杨东升：《论苗族古村落"路"、"桥"生命文化的发生》，《云南民族大学学报》（哲学社会科学版）2011年第6期。
② 杨东升：《论苗族古村落"路"、"桥"生命文化的发生》，《云南民族大学学报》（哲学社会科学版）2011年第6期。
③ 茅以升：《桥梁史话》，北京出版社，2016，第24页。

两岸分割成两个相互隔绝的空间,而桥把两岸都纳入近邻关系中,使两岸的社群组织连接在一起,由此产生频繁的交流和互动。桥靠近水面,夏季温度不高,是绝佳的纳凉场所,太阳落山后,村里村外临近的人都喜欢在茶余饭后聚集在桥边谈天说地。桥是人们联络感情、熟悉彼此的重要场所,同时也是信息交换的场所。此外,桥是水陆的交叉口,有桥的地方通常会形成繁华的商业街。我国北宋时期的名画《清明上河图》便栩栩如生地绘制了清明时期来自天南地北的人在桥边参加集市的热闹场面。出生在不同地区、操着不同口音的人们借由河、桥的连接汇聚在同一个时空里,彼此间产生各种各样复杂的关系,而不仅仅局限于简单的血缘和地缘关系。

桥是社会网络中的重要连接。社会网络研究将社会中的个体或团体看作一个个节点,将这些节点连接在一起的是人与人之间的关系,任何节点都"镶嵌或悬浮于一个由多种关系联结交织成的多重、复杂、交叉重叠的社会网络之中"。① 如果两个团体间存在结构洞,无直接联系,而团体中的某个个体可以在分离的团体间构成联系,那么此人便被视为一个切点,也就是"桥"。"桥如大网上的结,将世界连成一片并紧紧地扣牢"② 桥能够起到传播中介的作用,分离的团体可以依靠桥来相互传递信息,交换意见,故而"桥"是架设在不同团体之间的信息交流渠道。③ 值得注意的是,此处的"桥"属于社会强弱关系中的弱关系,它的意义不在于加强群体内部成员的联系,而在于与外部群体建立一个信息流通的端口。倘若没有桥,团体与团体之间就缺乏交流的渠道,这导致团体的信息来源过于单一,只能依靠团体内部成员进行信息共享,且信息同质化现象严重。长时间处于这样的信息环境下,团体成员的想法和意见也会趋向一致,容易产生回声室效应。桥的出现可以突破团体的信息壁垒,减缓信息的闭塞,使得人员、物资随着信息在各个团体之间流动。

---

① 姚小涛、席酉民:《社会网络理论及其在企业研究中的应用》,《西安交通大学学报》(社会科学版) 2003 年第 3 期。
② 邓杰:《天地不言》,文化艺术出版社,2006,第 77 页。
③ 陆春萍、童潇:《论社会网络结构对个体行动者的限制——以中国社会关系网运作为例》,《内蒙古师范大学学报》(哲学社会科学版) 2007 年第 5 期。

第四节 民族记忆的媒介

舒尔茨的场所理论认为，场所不同于物理意义上的空间和自然环境，它是人们通过与建筑环境的反复作用后在记忆和情感中所形成的概念，与特定的地点、特定的建筑和特定的人群联系在一起。① 桥所提供的便是这样一个特殊的场所。桥，特别是石桥，由于材质坚硬，不易磨损，能够历经岁月的洗礼较完整地保存下来。我国有不少历史悠久、主体建筑保存良好的古桥，如广州的广济桥、河北的赵州桥、北京的卢沟桥和福建的洛阳桥。这些古桥不仅仅是作为历史遗迹保存下来，同时也承载着我们共同的民族记忆，是我们民族情感的有象征物。

卢沟桥位于北京城西南方向的永定河上，它始建于宋代，历经元、明、清三代修理，才逐渐形成今天的模样。卢沟桥是一座"连拱桥"，全桥共有 11 拱，11 拱连成一线，共同承重。桥上的附属建筑如"东西廊"和"过街塔"现今已不可见，但桥身雕刻的精美装饰有不少留存了下来，狮柱石栏便是其中一绝。根据 1962 年北京市文物工作队的统计，卢沟桥栏柱上的石狮子共有 485 个，② 且这些石狮雕工精湛，将狮子的神态表现得淋漓尽致，它们或动或静，或静默或嬉戏，却没有一个是重样的，具有极高的观赏价值。卢沟桥作为偏倚时间的媒介，将古代工匠的石刻工艺带到了现代，向人们展示了古代桥梁的面貌。卢沟桥的悠久历史以及不俗的建造水平都使其具有极高的历史价值和艺术价值。除此之外，卢沟桥还和我国历史上一个重要的时间节点联系在一起。1937 年 7 月 7 日，日军发动卢沟桥事变，这是日本帝国主义全面侵华战争的开始，也是中华民族全面抗战的起点。日军的侵略给中国百姓带来了深重的灾难，它是刻印在我们民族记忆中的不可磨灭的伤痛。如今，只要提及卢沟桥，人们就会想到"七七事变"，就会想起那段饱受屈辱的历史，它时刻警醒着我们，中国必须变得足够强大，才能保护自己不受外敌的侵略，保护自己的人民。

---

① 郭红、莫鑫：《诺伯格——舒尔茨的场所理论评析》，《四川建筑》2004 年第 5 期。
② 茅以升：《桥梁史话》，北京出版社，2016，第 139、143 页。

中华人民共和国成立后，南京的经济得到飞速发展，在长江上建桥、打破南北之间的交通阻碍已是迫在眉睫的事情。南京长江大桥正是在这样的背景下开始兴建的，并于1968年12月31日正式建成通车。南京长江大桥是一座公路、铁路两用的桥梁，铁路桥长约6700米，公路桥长约4500米，是当时国内最大的现代化桥梁。该桥的建成使我国南北路线的铁路和公路相互衔接，交通更加便捷。南京长江大桥的建设极为不易，美国华特尔曾经指出该河段"水深流急，不宜建桥"，而我国的工程师克服了这一难题，成功建桥。南京长江大桥也成了当时中国的标志性建筑，代表了中国最高的桥梁建筑水平，可谓世界桥梁建筑史上的奇迹，无数国人为之感到深深的骄傲。南京长江大桥建造时期为20世纪五六十年代，因此桥梁的建筑风格不免受到影响，南北两处的桥头堡采取了三面红旗的造型设计，且周围刻有"全世界人民大团结万岁"的浮雕。如今，这些装饰物都已是历史的见证，南京长江大桥也已经成为南京的标志性建筑，是江苏的文化符号之一。南京长江大桥在中国人民心中有着特殊的地位，它不仅是一个地理地标，同时也是一个精神地标，它是我们国家在相当艰难的环境下扛住压力、鼓足精神、辛勤奋斗的成果；它代表着一代人的过去、一个国家的过去，当我们回望历史时，南京长江大桥就是牵引我们回到过去的重要媒介。桥带领我们穿梭过去、现在和未来，让我们从历史中吸取经验、拼搏当下、展望未来。

结　语

在全球化进程日益加快的今天，世界各地各族人民都被连接在一起，社会网络日益复杂，陶渊明想象中的与世隔绝的桃花源在现代社会已再难寻觅。面对全球化的浪潮，与其被迫卷入，还不如主动出击。一方面，我国积极加强国内各地区之间的联系，港珠澳大桥等新桥的建立可以大幅度缩减人们在交通上消耗的时间，使彼此往来更加密切；另一方面，我国也在主动与其他国家建立友好关系，通过签约多个合作项目、建立孔子学院、派遣留学生等方式与外国友人较好地沟通交流。可见，无论是在古代还是在现代，桥都承担着连接人与团体的重要作用。

（何雨蕾　谢清果）

第十章

地理媒介：华夏长江的传承载体

  长江作为世界长河，对中国包括中国文化有着重大影响。从传播角度来看，长江是一种媒介。而长江作为一种偏向空间的媒介，在不同空间中发挥着多样的媒介作用。在地方的空间中，一方水土有着一方媒介，长江作为媒介体现出了地方性；在物质实体层面的空间中，长江是地理媒介、经济媒介和政治媒介；在精神建构层面的空间中，长江是宗教媒介、情感媒介和认同媒介。在当下"一带一盟"和中俄"长江—伏尔加河"合作的大背景下，长江将继续发挥媒介的作用，促进中俄两国的政治合作与交流。

  长江发源于"世界屋脊"——青藏高原的唐古拉山脉各拉丹冬峰西南侧。在世界大河中长度仅次于非洲的尼罗河和南美洲的亚马孙河，居世界第三位。但尼罗河流域跨非洲9国，亚马孙河流域跨南美洲7国，长江则为中国所独有，这也是长江独特的地理地位。纵观人类历史，几乎所有大江大河都是文明的发祥地，而长江得天独厚的自然优势只为中华儿女所享，这也对中华文明产生了重要影响。1985年10月，考古学家发现了中国最早的人类之一"巫山人"的化石[①]。可见长江不仅催生了人类，更孕育了早期的文明，长江流域的古人类遗址就证明了长江文化源远流长。长江对中国包括中国文化的意义不用赘述，我们更需要从多学科的视角来研究长江。从传播学角度来看，长江是一种媒介。长江在传播过程中，是作

---

① 刘军：《长江：瞩目巨龙之舞》，长江出版社，2008，第13页。

为一种扩大并延伸信息传送的工具，它连通了个体与外界，个体与个体、个体与群体，以及群体与群体。

加拿大学者伊尼斯在《传播的偏向》一书中提出了媒介的偏向性，将媒介分为偏向在时间上纵向传播的媒介和偏向在空间上横向传播的媒介，他认为偏向时间的媒介笨重而耐久，不适合运输，比如黏土和石碑，而偏向空间的媒介轻巧而便于运输，比如文字和莎草纸。① 根据这样的分类，长江则是一种偏向空间的媒介，它具有易于流通和传播但是难以保存的特征，正如古希腊哲学家赫拉克利特所言"人不能两次踏进同一条河流"，长江也是一直处在变化发展中。而且长江是在不同的空间中发挥着媒介的作用。邵培仁认为空间是媒介传播环境中的材料与景观，空间作为语境影响着空间话语，因此空间话语是变化和流动的。人文地理学一般将空间分为四个不同层次，不同层次的空间有着各自的特点与景观：第一空间——可感知的有形世界；第二空间——变动不居的意象世界；第三空间——物质与经验的交错地带；第四空间——地方的空间。② 而长江就在这样不同层次的空间中发挥着多样的媒介作用。

本章以上述四个不同层次的空间为基础，把空间分为物质实体层面的空间、精神建构层面的空间、地方的空间，从这三个层次来分析研究长江的媒介作用。

第一节　物质实体层面的空间

一　地理媒介：开山劈岭

长江流域西部地区起初是被古地中海所占据，由于中生代侏罗纪的一次强烈的造山运动，古地中海推出，在横断山脉、秦岭、云贵高原间的低地里遗留下了云梦泽、巴蜀湖、西昌湖、滇池等几个大水域，它们被一条水系串

---

① 〔加〕哈罗德·伊尼斯：《传播的偏向》，何道宽译，中国传媒大学出版社，2015，第27页。
② 邵培仁、杨丽萍：《媒介地理学》，中国传媒大学出版社，2001，第53、54、56、57、58、59、60、70页。

联起来，而之后的喜马拉雅造山运动使得全流域地面普遍上升，形成了与现在相似的地貌。① 长江就这样开山劈岭，成为联结不同区域、地形的媒介。

基于构造地貌单元的统一性，有学者将长江分为了三段：上段，宜宾以上的金沙江；中段，宜宾—宜昌的川江；下段，宜昌以下的长江中下游。② 上段为长江流域最高的一级台阶，是西部断块抬升的高原、高山区；中部地势与西部台阶相比大幅度降低，是中部褶皱隆起中、低山区；下段是长江流域最低一级台阶，是东部倾斜沉降的丘陵、平原区。③ 正是由于西高东低的地势，东流的古长江最终袭夺了西流的川江，形成了"天下险"夔门，不尽长江从此滚滚东流。之后长江流域的人们也通过长江开启了人与自然之间的交往，彼此相互作用。

长江不仅沟通了青藏高原、四川盆地、云贵高原、江汉平原、洞庭湖平原、华东平原等起伏不平的地势阶梯，还形成了庞大的长江水系，流域面积1万平方公里以上的支流就有49条，主要支流有嘉陵江、汉水、岷江、雅砻江、湘江、沅江、乌江、赣江、资水和沱江。从地理媒介的意义上来看，长江打破了地势的区隔，连接东西两端，而且长江将上游的泥沙带到了下游，形成了下游广阔的平原、宽缓的河道，以及星罗棋布的湖泊，最重要的是丰富了不同区域的物种多样性，椎实螺科、扁蜷螺科和蚬科的物种就广泛分布在长江流域，它们的扩散就是借助长江的流动实现的。④

二 经济媒介：黄金航道

长江作为贯穿我国东西的大动脉，流域面积宽广，水量充沛，自古以来就被人们称为"黄金航道"。长江航运自新石器时代的独木舟开始，尤其是进入奴隶社会之后，交通运输多恃水道，国都所在，必求舟楫可至，以便于商贾贸易、行旅往来⑤，长江得天独厚的条件促进了航运的蓬勃发

---

① 卫家雄、华林甫：《中国史话·长江史话》，社会科学文献出版社，2011，第10页。
② 张信宝、刘彧、王世杰、刘维明、薛雯轩：《黄河、长江的形成演化及贯通时间》，《山地学报》2018年第3期。
③ 陈喜昌、蔡彬：《长江流域地貌特征及其环境地质意义》，《中国地质》1987年第5期。
④ 舒凤月、王海军、崔永德、王洪铸：《长江流域淡水软体动物物种多样性及其分布格局》，《水生生物学报》2014年第1期。
⑤ 卫家雄、华林甫：《中国史话：长江史话》，社会科学文献出版社，2011，第11页。

展。从物质实体层面的空间来看，长江还是一种经济媒介，承载了长江流域经济要素的流动，实现了"蜀麻吴盐自古通，万斛之舟行若风"①的物资流通和"朝辞白帝彩云间，千里江陵一日还"②的人员往来。

　　长江作为经济媒介，在明清时期尤为突出。闭关海防可以追溯到明朝，由于倭寇侵扰沿海和西方国家东侵，海疆长期动乱不安，为了国家社稷，历代政府都有实行海禁政策，一直延续到了清代。正是这样限制海运的政策，反而促使了内河航运业的蓬勃发展。其中内河航运以南北航向的京杭大运河和东西航向的长江最为突出。长江流域的几个城市都发展成了重要的航运港口：长江的入海口——上海，毗邻经济发达的江南地区，农业工业发达，河网交织，商船旅客络绎不觉，甚至出现了"城内外无息地"③的盛况；汉口作为长江中游段的重要港口，云贵川的货物都要从汉口转运，而且平日还要负责粮食的运输，航运极其繁忙，"舴艋艨艟，凌波而上下以千万计"④；位于长江和京杭大运河交汇处的仪征更是下游最繁盛的航运中心，"南北要津，商贾辐辏"。⑤ 长江航运的繁荣和发达也引发了列强对航权的觊觎，要求内河通商，企图把经济势力从沿海延伸到长江流域地区。早在1853年，美国就提出了这一要求，1853年7月，美国驻华公使马沙利会见两江总督怡良时，就提出"开放长江及支流"。⑥ 随后的一系列不平等条约彻底把长江向外轮开放，"内河航路，日辟日广……内河行轮之势，殆如水银泻地，无孔不入"，吸引了众多外商资本投入长江，大批洋商轮船参与长江航运。而清政府没有认识到长江的经济媒介作用，就这样把这个沟通货物人员的要道拱手让人，这也从另一个方面解释了中国近代民族资本主义为什么会弱小，因为列强不仅抢占了销售市场，还控制了运输线。因为物物流通是经济

---

① 邓绍基、周秀才、侯光复：《中国古代十大诗人精品全集——杜甫》，大连出版社，1997，第272页。
② 秦言：《中国历代诗词名句典》，中国商业出版社，2011，第304页。
③ 樊百川：《中国轮船航运业的兴起》，中国社会科学出版社，1982，第33页。
④ 樊百川：《中国轮船航运业的兴起》，中国社会科学出版社，1982，第45页。
⑤ 樊百川：《中国轮船航运业的兴起》，中国社会科学出版社，1982，第44页。
⑥ 李育民：《近代中国的条约制度》，湖南人民出版社，2010，第178页。

传播的基本现象，而人才作为间接生产力也是经济传播中的重要流动要素①，列强控制了内河航运就阻断了长江承载的物资和人才的传播。

三 政治媒介：定安诸侯

（一）诸侯朝贡

朝贡制度是我国古代基于大一统理念发展起来的一种政治交往方式，涉及与先秦分封制密切相关的中央与地方的关系，以及后来发展出的民族关系和中外关系，其主要目的是彰显国威，怀柔远人，以巩固边防。朝贡可以定义为地方割据政权、少数民族政权抑或海外诸国向中央王朝称臣纳贡，进献方物，以示臣服，而中央王朝也会本着礼尚往来的原则，向这些政权或国家进行册封赏赐，借以体现当朝恩典。② 朝贡制度中的长江是一条重要贡道，即贡使朝贡时经过的路线。长江中下游由于得天独厚的地理条件，再加上与京杭大运河相连，形成了自西向东再由南向北的水路，十分适合运输大宗朝贡品，长江理所应当成为朝贡体系中不可或缺的重要组成部分。长江在这里传播的是物资，是地方、外邦对中央的臣服，更是中央的绝对权威，正如汉武帝的《泰山石刻文》所言"四海之内莫不为郡县，四夷八蛮咸来贡职"，甚至"岛夷卉服，厥篚织贝"，身穿草服的域外部落也要向天子进献精美的丝织品。

战国时期的荆、扬、梁三州贡道的水运就已经初现朝贡体系的雏形。《尚书》中的《禹贡》记叙了南北水运交通四通八达的水道之网，期望长江与黄河两大水系在统一的社会条件上发展水上交通运输事业。③ 这样的交通事业反而也会促进社会的统一和政治的稳定，方便中央对地方的管理，以及地方给中央上贡。

从宋代开始中央对贡期、贡道和朝贡规模都有明确的规定，贡道一般会选择当时经济发达的地区，以显示当朝的繁荣富强，营造"万国来朝"的盛况，长江流域农耕经济发达，上游有"天府之国"的四川，中游有

---

① 周鸿铎：《经济传播学总论》，中国纺织出版社，2005，第19、20页。
② 孙晓玲：《宋代朝贡制度研究》，硕士学位论文，山东师范大学，2015，第10页。
③ 罗传栋：《长江航运史·古代部分》，人民交通出版社，1991，第44页。

"鱼米之乡"的湘鄂两省，下游有"稻粱肥，甲天下"的江淮，沿岸贸易也初见规模，还有丰富的矿产、森林与其他物产，自然被划在了官方贡道中。东南亚各国有陆路和海路两条朝贡路线可选，"其国入贡，自昔由邕或钦入境，盖先遣使议定"①，陆路中就包含珠江水系和长江水系的水路，而海路一般是由广东沿海或泉州入境，再从港口出发入京，同样也需要溯江而上，由水路辗转到达北京。

（二）战争兼并

纵观中国古代历史，兼并战争不断，尤其在周、秦巨变时，诸侯为了称霸都在不断地进行战争，开启了"战国"时代，这里的战国指的就是连年参与征战的强国。战场除了陆地，更有水域，不夸张地说山脉和河流是军事扩张线路的基础，因为它们对交通路线起着决定性的作用。长江作为一种政治媒介，在这里扮演的角色不仅是战场，更是帝王实现政治野心的载体，他们通过在长江及其沿岸发动的战争统一天下。

以"观中国之政"的楚国为例，其对外扩张就包含了对地理状况和地缘形势的充分利用和考量，特别是充分把握了长江最大的支流——汉水带来的地理优势，其军事行动和战略目标都是深受汉水影响。楚武王时期，楚国为了逃离群山，从南阳盆地边缘高山深谷中的丹淅水流域进入汉水流域，溯汉江而上征战"汉阳诸姬"，以开拓一片可供自己发展的土地。② 要想吞并汉东诸国，必须先征服汉水之北最强大的国家——随国，于是楚国自汉水南下，经大洪山南麓京山县通道再从涢水流域北上，在随国东南速杞击败随军。此后，楚武王通过汉水、涢水以及两者之间的大洪山山道，与巴国联军大胜邓军，在蒲骚击败了郧军。楚国在稳定了汉东地区之后，又向西北边绞国进军。根据《左传》的记载，楚武王四十一年（公元前701年），"伐绞之役，楚师分涉于彭"，兵分两路，从汉水和彭水到达绞国。获胜之后，楚国又把兵锋对准了卢、罗两国，虽然鄢水一战失败，但这两个国家之后也并未影响楚国的称霸大业。随着这一系列基于长江的扩

---

① 周去非、屠友祥：《岭外代答》，上海远东出版社，1996，第31页。
② 陈元秋：《春秋时期楚国扩张线路研究》，硕士学位论文，华东师范大学，2017，第18、19页。

张,楚国进入了地形平坦、土地肥沃的宜城平原,汉水流域也逐渐成为楚国的腹地。就这样,楚国借助长江之利,用强大的武力争霸其外,最终独占长江中下游,成为七雄中疆域最广者。《战国策》记载:"西有黔中、巫郡,东有夏州、海阳,南有洞庭、苍梧,北有汾陉之塞、郇。地方五千,带甲百万,车千乘,骑万匹,粟支十年,此霸王之姿也。"

一直到民国和解放战争时期,长江依旧作为军阀割据、抗日战争和解放战争的重要战场,更重要的是长江还是中国邻水主权的重要组成部分。周恩来就对列强攫取中国内河航行权及共管中国江河予以抨击,"自外国的外军舰商船可以自由行驶于中国内地的江河后,中国的港湾河流久已置在帝国主义列强的统治下了。乃长江外舰联防,外国商船可以武装的事件发生,中国的江河更进一层变为列强的共管物,沿江沿海的中国被压迫民众,遂永远在列强的炮口下讨生活了"①。维护领水主权的完整关系到民族独立与反帝反封建,在这个层面上,长江意味着主权的介质,把握住了长江,就守住了我国的领水主权。

(三) 民族往来

在民族层面,长江同样发挥着政治媒介的作用。总的来说,长江在民族关系上的作用可以分为三个大的方面:一是长江流域的生态环境和人文环境丰富多样,从上游、中游到下游,孕育了多元的民族;二是长江连接流域内的各个民族,打破地理的界限,使民族交往成为可能;三是长江流域以优越的地理条件吸引各民族聚居在中下游平原,共同劳动,共同生活,消弭各民族之间文化的界限。

按水系来说,长江流域拥有最多的少数民族人口。② 长江的上游有高山和深谷,气候多样,中游和下游则主要是山地、丘陵和平原。自然和地理条件的差异,导致长江流域内的人文环境各有不同,上游主营林业和牧业,中下游主营农业和养殖业;上游是藏缅语族,中游是苗瑶语族,再加上生活方式和风俗习惯也截然不同,最终基于地域,以群相分,形成了个

---

① 周恩来:《周恩来早期文集》(下册),中央文献出版社、南开大学出版社,1998,第570页。
② 张正明:《长江流域民族格局的变迁》,湖北教育出版社,2006,第2页。

性鲜明的众多民族。

长江通过航运的发展，把不同的民族连接在了一起。唐代，藏族先民文化进步，吐蕃日渐强盛，把长江之源通天河地区也纳入吐蕃王国的版图，之后东进岷江上游，更是大胆迈出了与汉人交往的第一步。后来李靖攻伐吐谷浑，文成公主和亲入藏，进一步加强了汉、藏民族间的往来。在当时入藏通道主要经过长江上游通天河流域，正是这个通道支持了使臣和商人的频繁往来，建立了中原与吐蕃的友好交流。如果没有长江的通达，汉、藏的交往可能还被横断山脉和青藏高原所阻隔，更谈不上交好交恶了。而苗蛮的活动范围遍及了长江上、中、下游，深入各民族的聚居区，其迁移也是凭借长江的水运。

僚人是湘沅地区历史悠久的少数民族，分布在鄱阳湖周围。三国时已经衰弱的僚人部落，有的顺江而下迁移，"在江淮之间，部落滋蔓，布于数州"（《北史·蛮传》），与当地的其他民族往来，还有的甚至走出山区进入富饶的长江平原地带，与汉族人民同吃同住，这个时候长江流域的发达成为迁移的重要动力。在这个过程中，少数民族开始迅速汉化，他们的感情、心理状况、生活习惯都在偏向长江文化，以适应新的生活环境，最后在各个方面不断接近汉族后，实现了民族融合。

（四）"一带一盟"背景下中俄"长江—伏尔加河"合作

自古以来，长江作为一种政治媒介发挥了维护政权、开疆扩土、民族交往融合的作用，而在当下，长江更是作为对外传播的媒介，推动着中俄往来。

2013年，中俄两国进行了非毗邻地区合作的新尝试，建立了"长江—伏尔加河"合作机制。在2015年5月8日，中俄两国元首又签署《关于丝绸之路经济带建设和欧亚经济联盟建设对接合作的联合声明》，对"一带一路"框架下的中俄务实合作做出了战略规划，进一步扩大"长江—伏尔加河"地区间合作。[①] 未来，长江将联合伏尔加河共同发挥政治媒介的作用。

---

① 沈影：《"一带一盟"背景下中俄"长江—伏尔加河"合作的战略分析》，《国际贸易》2018年第12期。

长江和伏尔加河流经区域是两国合作的重点区域，它们地理位置类似，产业互补特点明显。不同于长江的原材料生产和高新技术产业，伏尔加河沿岸联邦区有着雄厚的工业基础和发达的科研力量，正是这样的互补性让两个区域可以进行密切的技术和商贸合作，共同投资建设，探求新的经济发展空间。长江和伏尔加河承载的经济要素为中俄两国的合作奠定了基础，再加上长江和伏尔加河作为航道沟通了两国的资源流动和产业分工，两国之间密切的经济往来将深化为两国在政治层面上的交流沟通，比如论坛、互访、各级别会议、各机构之间的合作往来，共同讨论和决定区域经济合作的政策和方针。这些政治活动开展的前提都是长江和伏尔加河作为媒介推动了信息的传播和物资的交换。而且，长江和伏尔加河还可以与政治宣传联结在一起，以河流的文化感召力来促进人们对政治政策的理解，化解对政策的陌生感和不信任感，减少来自民间的阻力和障碍。从更宏观的视角来看，长江还将与伏尔加河一起对接"一带一盟"，拓展中俄两国的合作空间，进一步推动整个欧亚大陆的发展与繁荣。

第二节　精神建构层面的空间

一　宗教媒介：以鬼道教

自古以来，人与河流就互相交往，河流对文化的印记就来自于这样的交往，河流是精神生活的对象。[①] 黄河流域孕育了儒教文化，而长江流域孕育了道教文化。长江与道教的诞生和发展有着不可割裂的密切联系，从传播的角度来看，长江是作为联结群众和道教的宗教媒介，延伸和扩展了道教的传播。

首先，长江流域民间盛行巫术和鬼神崇拜，为道教的产生提供了基础。《后汉书》曾记载西南地区的少数民族"俗好巫鬼禁忌"[②]，《晋书·

---

① 乔清举：《河流的文化生命》，黄河水利出版社，2007，第48页。
② （南朝宋）范晔：《后汉书·南蛮西南夷列传》（第10册），中华书局，1965，第2845页。

《李特传》中有更明确的表述:"汉末,张鲁居汉中,以鬼道教百姓,賨人敬信巫觋,多往奉之。"① 长江的民俗信仰使得以此建立的道教能够传播,并沿着长江进一步扩大传教的势力范围。其次,长江流域有崇拜水的传统,水崇拜与道教的思想、信仰、宗教仪式关系密切。② 水是道教的一个重要意向,在《道德经》中常以"水"悟"道",最经典的莫过"上善若水,水善利万物而不争,处众人之所恶,故几于道"③,以水类比至高的品性。长江流域的群众受长江滋养,自然理解水的至柔至善,进而能明白道教的教义,接受道教的思想。而且道教中的"九江水帝",包括"浙江水帝""扬子江水帝""松江水帝""吴江水帝""楚江水帝""湘江水帝""剩江水帝""汉江水帝""南江水帝",对应的正是长江及其支流,由于与长江的接近性,这样的水神崇拜更容易收获信徒。道教中的宗教仪式也与长江息息相关,不管是为了向神表示尊重的沐浴,还是用符烧灰冲水、作法用的法水都离不开长江。"放河灯"的仪式更是把长江作为了一种媒介:在长江之上放河灯,与神进行宗教上的沟通。因为道教认为"原夫济万物者,莫过于水;照三界者,莫过于灯"。最后,长江作为媒介还承载着带有宗教意义的内容,从水患到奇异现象都是道教传教的契机④,扩大了民众对道教的信仰。

二 情感媒介:江上行诗

情感传播是传播活动主体采用情感逻辑的结构和指向方式,通过情感主体活动影响传播受体,以情感为基础和传播纽带力求达到传播活动的目的。情感传播需要借助一定的媒介来承载所要传播的情感内容,触景生情、托物寓感都属于情感传播策略,其中的"景"和"物"都可以成为构成情感传递的纽带。⑤ 同样,长江作为人们生活生产的背"景"和天然存在的地"物",情感也能附着其上,实现情感主体与传播受体的互动。

---

① (唐)房玄龄等:《晋书·李特传》(第10册),中华书局,1974,第3022页。
② 杨立志、李程:《道家与长江文化》,湖北教育出版社,2005,第9页。
③ 饶宗颐:《老子想尔注校证》,上海古籍出版社,1991,第10页。
④ 杨立志、李程:《道家与长江文化》,湖北教育出版社,2005,第13页。
⑤ 李建军、刘会强、刘娟:《理性与情感传播:对外传播的新尺度》,《江西社会科学》2015第5期。

"片云天共远，永夜月同孤。落日心犹壮，秋风病欲疏。"① 杜甫在《江汉》这首诗中把个人的沉浮同人民的遭遇、国家的命运紧密结合起来，把长江作为寄托情感的媒介，抒发了自己的爱国之情。这也是长江作为情感媒介的一个典型表现——江行诗。李德辉在《唐代交通与文学》中对江行诗的定义是描写在江河上航行时所见所闻所感的诗。② 诗人们关注到了个人情感与外界环境的关联，把自身的情感体验投映在了场景中，长江就是其中的一个重要意向：张若虚的《春江花月夜》"江畔何人初见月，江月何年初照人""人生代代无穷已，江月年年望相似"③，王湾的《次北固山下》"海日生残夜，江春入旧年"④，写的是长江，抒发的是哲学意味的人生感慨；李白的《黄鹤楼送孟浩然之广陵》"孤帆远影碧空尽，唯见长江天际流"⑤，王昌龄的《芙蓉楼送辛渐二首（其一）》"寒雨连江夜入吴，平明送客楚山孤"⑥，在长江送别友人之际，也把不舍之情融于长江之景；柳永的《八声甘州·对潇潇暮雨洒江天》"对潇潇暮雨洒江天，一番洗清秋"⑦，李商隐的《暮秋独游曲江》"深知身在情常在，怅望江头江水声"⑧，把愁思悼意寄于长江，表达出了无尽悲凉。在诗人们的江行诗中，长江作为媒介，以情感为纽带，联结了情感主体和传播受体，在精神建构层面的空间释放了巨大的交流能量。

三 认同媒介：长江儿女

在精神建构层面的空间存在着"我是谁"的主体焦虑，这样的焦虑主要通过自我认同、群体认同以及地方认同来排解，以达到自我与社会，自我与客我之间相对和谐的一种状态。美国环境心理学家普洛尚斯基根据个体与某个物理环境之间的联结，提出了地方认同（place identity）概念，

---

① 吴庚舜：《杜甫诗选注》，上海远东出版社，2011，第166页。
② 李德辉：《唐代交通与文学》，湖南人民出版社，2003，第20页。
③ 中国社会科学院文学研究所古代组：《唐诗选注上》，北京出版社，1978，第22页。
④ 中国社会科学院文学研究所古代组：《唐诗选注上》，北京出版社，第55页。
⑤ 中国社会科学院文学研究所古代组：《唐诗选注上》，北京出版社，第84页。
⑥ 中国社会科学院文学研究所古代组：《唐诗选注上》，北京出版社，第64页。
⑦ 张惠民、张进选注《柳永词选注》，人民文学出版社，2007，第129页。
⑧ 郑在瀛：《李商隐诗全集》，崇文书局，2011，第172页。

认为地方认同是通过人们有意识和无意识的思想、信念、偏好、情感、价值、目标、行为意向和某个物理环境产生的关联。长江作为一种媒介建构了长江流域人民的地方认同，个人与群体将自身定义为长江的一分子。

在性质上，地方认同主要涵盖了四个方面的特征：地方认同表现了个人或群体对于环境的熟悉感以及作为"局内人"的感知[1]；地方认同给人们带来的情感满足以及促使人们产生情感偏好[2]；地方认同成为自我的一种符号和一种象征[3]；地方认同影响个人与群体的行动和行为。[4] 长江在地方认同中起到的媒介作用也体现在这四个方面。首先，长江搭建了个体与地方的联系。长江流域的人们生长生活在长江边上，对长江的水文地理都有一定的了解，这样的熟悉性深入人心，就形成了以居住地对群体的划分，他们自称为长江儿女，对"局外人"进行区隔。北宋李之仪在《卜算子》中写道："我住长江头，君住长江尾。日日思君不见君，共饮长江水。"[5] 长江作为一种想象共同体的纽带，能够给人带来一种情感满足，让分隔在长江不同流域的人们，也能通过长江紧紧联系在一起。其次，长江常常作为一种符号和象征。系列电视纪录片《话说长江》着重对长江的人文地理进行记录，而其镜头的选取以及解说秉持着"爱国主义地理教科书"的原则，要"让观众看完以后自然而然生出对祖国的热爱之情"。[6] 长江成为中国的象征，也成为中国人的符号，以长江关联祖国，激发对祖国的热爱之情，形成国家认同凝聚力。最后，以长江形成的地方认同，其影响深入人们生活的方方面面。以长江文化中的吴越文化为例，吴越文化有六大特征：鲜明的水乡文化特色；浓郁的市民文化特色；外柔内刚的文化

---

[1] Proshansky H. M., "The city and self-identity", *Environment and Behavior*, 1978, pp. 147–169.
[2] Rowles G. D., "Place and personal identity in old age: Observations from Appalachia", *Journal of Environmental Psychology*, 1983, pp. 81–104.
[3] Proshansky H., "The city and self identity", *Environment and Behavior*, 1978, pp. 147–169.
[4] Dixon J., "Dislocating identity: Deseg regation and the transformation of place", *Journal of Environmental Psychology*, 2004, pp. 455–473.
[5] 胡云翼选注《北宋词选注》，香港中流出版社，1977，第121页。
[6] 王小峰：《〈话说长江〉：第一部以真切为标准的纪录片》，《三联生活周刊》2009年第36期。

品格；重文重教的文化理念；博采众长的文化个性；鲜明的重商文化特色。① 这些特征体现在行为上就是有着宽容开放的态度，积极学习新事物，等等。长江就这样将散落在流域的个体重新连接起来，在以长江为意向所形成的共同意义网内，形成了有强归属意识的"我们"。

第三节 地方的空间：一方水土一方媒介

人文地理学家爱德华·瑞尔夫对"地方"的定义是："通过对一系列因素的感知而形成的总体印象，这些因素包括环境设施、自然景色、风俗礼仪、日常习惯、对其他人的了解、个人经历、对家庭的关注以及对其他地方的了解。"② 在不同地方形成的空间中，长江这种媒介也体现出了地方性，会因不同地方的特定条件而表现出不同的特性，发挥不同的作用。

宜宾以上的长江上游地区，以高原山地为主，地势较高，山多路险，自然条件比较艰苦，农业工业相对落后，导致人口外流，而长江就承载了人口的流动，把人才向长江中游和中下游输送。长江在上游地区表现出的地方性是以传播人口为主的交通功能。

宜宾—宜昌的长江中游段，两边以山地丘陵为主，地势起伏较大，长江水深河宽，是天然的航道，适合人口和物资的转运。这一段的长江由于水文特征的优势，利于发电，当今世界上最大的水力发电工程——三峡水电站就修建在这段。所以以此为中继，长江向上游和下游，甚至向其他地区传输电力。长江在中游地区表现出的地方性是以中继为主的复合功能。

宜昌以下的长江中下游地区，以平原为主，地势低平，河网、湖泊密布，自然条件优越，农业工业发达，又靠近海洋，因此不少物资的流动，都是从长江自东向西运输，而且由于经济发达，所以不少政策的试点也是在这一区域展开。长江在中下游地区表现出的地方性就是以传播物资和政策为主的经济和政治功能。

---

① 王立文：《长三角区域文化共同发展之思考》，《江南论坛》2004年第3期。
② 邵培仁、杨丽萍：《媒介地理学》，中国传媒大学出版社，2010，第144页。

结　语

　　从传播的角度来看，长江是一种偏向空间的媒介；从空间的角度来看，长江又在不同的空间层次发挥着不同的媒介作用。不管是开山劈岭的地理媒介、黄金航道的经济媒介、定安诸侯的政治媒介，还是以鬼道教的宗教媒介、江上行诗的情感媒介、长江儿女的认同媒介，只有全面地考察长江在不同空间中的媒介作用，我们才能对长江在传播中扮演的角色有清楚的认知。

　　在这个万物皆媒的时代，对媒介意涵的思考能让我们更好地理解当下瞬息万变的传播活动，而当意识到在何种意义上万物皆媒时，我们才能迅速适应多元的传播环境，作为传播主体也能更有底气地以我为主进行传播。

（罗雅蕊　谢清果）

第十一章
羽扇纶巾：华夏扇子的交往功能

扇子是源自华夏本土的一种沟通介质，具有举足轻重的社会学意义。在文化输出和输入过程中，扇子本身也在发生着变化。从礼仪扇、团扇到折扇，材质与形质不断改良，其被赋予了更加多元化的符号意义。当代社会，扇子作为传播介质，对传统文化的内涵既有传承也有延伸。其社会性功能包括象征权威身份、寄情、托志、附庸风雅、展示才华。它能够承载美学意义，也可以呈现政治道德。它是艺术表演的道具、社会角色的衬托、增进感情的桥梁，也是中西文化之间交流的使者。本书从沟通介质的符号建构、本土化符号意指实践功能、当代传播上的意义延续与变迁三个维度，对这一中国本土化的沟通介质进行传播学考察。

搜狐网在 2018 年 2 月 13 日有篇记者手记《21 世纪海上丝绸之路的非洲情缘》，讲述昔日中国海上丝绸之路的非洲终点之一拉穆群岛。中国驻肯尼亚大使会在每年春节期间来到拉穆古镇，带着中华文化中有代表性的扇子、福字等礼物，看望当地居民，以促进中非友谊。扇子在日常生活中十分常见，在现实生活以及影视作品之中，都能看到各式造型的扇子，它们用途各异。除了纳凉扇风这种实用价值之外，通过表征系统，扇子的多重文化内涵得以形成并传播。作为一种非语言符号的信息载体，扇子通过符号表征的方式，发挥着象征性意向信息传播的作用。"表征是在我们头脑中通过语言对各种概念的意义的生产。它就是诸概念与语言之间的联系，这种联系使我们既能指称'真实'的物、人、事的世界，又确实能想象虚构的物、人、事的世界。"① 从传播史的角度看，从古至今，人们不断赋予扇子以多元的文化象征。《红楼梦》中有40多处直接写扇子；《金瓶梅》《桃花扇》《儒林外史》《西游记》等文学作品中，对扇子也多有提及，扇子在其中发挥着不同的传播功能，推动各自剧情的发展。

事实上，扇子不仅仅见于私人的使用及沟通领域，在公共领域中的运用也是极为常见。譬如，扇子是权威身份和阶层的象征。"目前所见较早的扇子形象是东周、战国铜器上刻画的两件长柄大扇，以及江陵天星观楚墓出土的木柄羽扇残件。从使用方面看，由奴隶仆从执掌，为主人障风蔽日，象征权威的成分多于实际应用。"② 在欧洲，扇子在上流也有被推崇之态。在古埃及，一人高的棕榈扇，供奴隶主和贵族使用；在法国，伏尔泰甚至说："不拿扇子的女士犹如不佩剑的男子。"扇子成了身份的标配，礼仪的外化。

那么，如何从传播学角度去理解扇子这种沟通介质呢？扇子在传播信息时发挥的独特性在何处呢？扇子在当代的传播，又会呈现怎样的不同呢？尽管对于扇子的研究，在中国古代文学、外国文学、艺术学、训诂学、汉语言文学也所涉及，但是研究成果相对零散，并且缺乏从传播学视野去观照。从符号学以及社会学的角度去探究该问题，更是鲜见。本章试图从传播学的维度去考察作为我国本土化沟通介质的扇子，以弥补该领域研究之不足。

第一节　扇子作为一种沟通介质

从传播学的维度看，扇子作为一种本土化的沟通介质，具有鲜明的沟通行为学特征。这种沟通体现在两个层面：一是扇子在私人传播领域，可以附庸风雅、展示才华；二是作为公共领域的沟通介质，能够呈现政治及为官气象，甚至作为一种社会角色的道具。"任何表征系统，只要以此方式发挥功能，都可被看作是根据语言的表征原则来运

---

① 〔英〕斯图尔特·霍尔：《表征——文化表征与意指实践》，徐亮、陆兴华译，商务印书馆，2013，第22页。
② 沈从文：《古人的文化》，中华书局，2014，第1页。

作的。"① 扇子作为一种文化符号,其本质是一种以物质符号为中介的本土文化的互动,具有强化、象征的作用,像语言一样对文化信息进行表征。

一 扇子作为人神沟通的媒介

从传播学视角看,扇子其实是一种中国人所使用的独特介质。"就它是一种符号实践而言,它赋予隶属于一个民族的文化观念或一个人与当地社会的认同以意义与表现。它是民族认同语言的一部分,是一种关于民族归属感的话语。"②

魏晋南北朝时期流行的"比翼扇",其上端的鸟类的羽毛制式即有人神沟通的含义。"'比翼扇'又出于尘尾扇,上端改成鸟羽,为帝子天神、仙真玉女升天下凡翅膀的象征。"③ 再如广东陆丰金厢蕉园龟山天后宫妈祖扇开裂救民众的传说也是一例。"据说1942年农历十月初二晚,天后宫演戏,当晚6点多,宫前灯火辉煌,观众还未到齐,只有部分小孩先到。在金厢港停泊的日寇军舰,突然向天后宫连发了三颗炮弹,其中两发哑炮,另一发射入宫内后墙爆炸。在门框上的这个巴掌大、约2厘米深的缺口,便是被这枚炮弹擦过的痕迹。日军的炮弹使天后宫后殿受到严重的破坏,导致当晚演出中断,幸好群众没有伤亡。第二天,当人们在清理殿内的物品时,发现妈祖的神扇开裂,且有火药味。大家在声讨日寇的同时,纷纷说妈祖真神,保护了百姓。"④

此处,我们不妨将开裂的妈祖神扇,视为一种诉诸超自然力量的人神沟通介质。在这一沟通行为中,依照信众的理解,这种沟通并非是虚拟的,妈祖神灵通过中介物与信众沟通,而信众也通过解读这种符号,愈发倾向于相信妈祖娘娘神灵的真实存在。信众将所看到的现象阐释为可信的

---

① 〔英〕斯图尔特·霍尔:《表征——文化表征与意指实践》,徐亮、陆兴华译,商务印书馆,2013,第8页。
② 〔英〕斯图尔特·霍尔:《表征——文化表征与意指实践》,徐亮、陆兴华译,商务印书馆,2013,第7页。
③ 沈从文:《古人的文化》,中华书局,2014,第2页。
④ 《龟山天后宫"妈祖"救众生》,http://www.in0660.com/article.php?id=28,2018年6月19日。

沟通，实现了其传播功能。符指过程，即符号形成的过程，要由五个元素全程参与："符号；释意者；符解；指称；语境。"① 在这场本土化沟通过程中，扇子本身是符号，妈祖信众是释意者，人神沟通的神迹很多，在信众心中酝酿发酵，共同构成了所需要的文化语境，更加明确了对符号的判断与诠释。

二 扇子作为私人领域的传播媒介

历史上，以诸葛亮为代表的"羽扇纶巾"式文人的超俗形象深入人心。此处讲的"羽扇"，其材料并非是庸常的鹅毛，而是"麈尾"。在魏晋南北朝时期，文人崇尚清谈，常手执"麈尾"，也就是古书上所指鹿一类的动物的尾巴，其尾可做拂尘。"'麈'是领队的大鹿，魏晋以来尚清谈，手执麈尾有'领袖群伦'含义。'麈尾扇'传由梁简文帝萧纲创始，近于麈尾的简化，固定式样在纨扇上加鹿尾两小撮。"② 特别是在崇尚清谈的魏晋时期，文人喜欢以扇子这种物态符号的形式，烘托自己意见领袖的身份。于是，这种配饰受到当时名士们的青睐。扇子借名人提升身价，文人依托扇子缘饰风度，二者相得益彰，互为助益。会亲访友，出门应事之际，无论是冬寒秋凉，也必一扇在手，以示儒雅风流。

文人手中的扇子，其功用绝不限于驱蚊纳凉等，更在于传递诗意，标志风雅。舒展才华，昂藏意气。朱熹曾言："动摇便是用，放下便是体。"讲得也就是这样意思。时年六十岁的东晋诗人陶渊明，隐居在浔阳郡上京里，看到一把画有古代隐士的扇子，一时兴起，提笔作《扇上画赞》，赞荷蓧丈人、长沮、桀溺、於陵仲子、张长公、丙曼容、郑次都、薛孟尝、周阳珪这九位隐士，借机抒发对古代隐士生活的仰慕与艳羡，顺便批判了现实"三五道邈，淳风日尽；九流参差，互相推陨"的混乱情状。扇面给了文人题词、作画、展示书法的空间，自然也可以作为文人脱颖于高人雅士，乃至扬名于世的工具。清代阮元偶得一柄南宋团扇，扇面上有马和之

---

① 赵毅衡：《文学符号学》，中国文联出版社，1990，第46页。
② 沈从文：《古人的文化》，中华书局，2014，第1、2页。

所作的画，爱之甚笃，命人依式仿制。后以此为题，将诸文人雅士召集一处，以"团扇"命题试诸生，众人作诗附和。陈文述被拨置第一，其文采得到阮元赏识，因团扇诗而声名大噪，此后仕途诸事顺遂。扇子的传播功用延展至名声仕途。

《红楼梦》第六十四回，黛玉作诗五首，怕宝玉写在扇子上，带出去给一些儒士们看。书中云："宝玉忙道：'我多早晚给人看来呢？……昨日那把扇子，原始我爱那几首白海棠的诗，所以我自己用小楷写了，不过为的是拿在手中看着便易。'……宝钗道：'林妹妹这虑的也是。你既写在扇子上，偶然忘记了，拿在书房里去，被相公们看见了，岂有不问是谁作的呢？倘若传扬开去，反为不美。'"① 这说明，随身带扇子出门会晤儒士，彼此品读扇子上的诗画乃是一种社会风气，属于当时人际沟通的重要介质之一。"汉末三国，以迄六朝，凡高尚风雅之视，轻摇羽扇，助兴清谈，无间朝野，几人手一柄。"② 特别是到了隋唐之后，扇子更成为怀袖雅物，更加强调了其文艺性与精美度。

三　扇子作为公共领域的沟通介质

在公共领域，扇子能够呈现政治道德，可以明心志、扬仁风。晋代崔豹在《古今注·舆服》中谈过舜所制作的"五明扇"。"五"指的是方位，东、西、南、北、中。"明"倡导的是观风以求知政，纳贤以图自辅。"五明扇"的象征意义大于生活实际应用的意义。不是为了纳凉扇风，而是发挥仪仗扇功能，呈现了仁风起、宫扇兴的政治道德意蕴。《淮南子·人间训》中记载："武王荫暍人于樾下，左拥而右扇之，而天下怀其德。"③ 武王执扇为中暑的百姓驱暑，得到天下感怀。扇子在其中起到了政治形象宣传工具的作用。再如宋代朱弁《曲洧旧闻》卷二中曾讲过一个细节，宋哲宗自己独用纸扇，赐给群臣的却都是绢扇，遂被朝堂大臣们称赞其为君之俭。

《世说新语·轻诋》中"扇隔元规"的一笔，描述了扇子的另一层文

---

① （清）曹雪芹：《脂砚斋评石头记》，线装书局，2013，第897、898页。
② 白文贵：《蕉窗话扇·民国笔记小说大观》，山西古籍出版社，1996，第149页。
③ 陈广忠译注《淮南子》，中华书局，2012，第1103页。

化内涵。文中言："庾公权重，足倾王公。庾在石头，王在冶城坐。大风扬尘，王以扇拂尘，曰：'元规尘污人。'"① 元规，庾亮字。王导厌恶庾亮权势逼人，故发此语。显然，此处的挥扇障尘亦有不染俗鄙、抵抗权势的含义。《续晋阳秋》所载："谢安赏袁宏机对辩速，后宏出为东阳郡，时贤祖道冶亭。安起执宏手，顾左右，取一扇授云：'聊以赠行。'宏应声答曰：'辄当奉扬仁风，慰彼黎庶。'合座称其率而当。"② 清代，在改建北京颐和园时，将一处形似扇子的园子就取名为"扬仁风"，其典故就是出自袁宏回应谢安的这段话。

此外，清代的士大夫中有一股藏扇、玩扇的风气，更有甚者，为了收藏到好扇、名贵之扇，不择手段。于是，这不经意间呈现了当时的政治道德与为官气象。《红楼梦》第四十八回中，以扇子为依托，衬托贾赦的横征暴敛，奢靡腐败。贾赦喜欢收藏古旧扇子，命人到处搜求，在一个叫"石呆子"那里找到二十把古扇。书中有言："原是不能再有的，全是湘妃、棕竹、麋鹿、玉竹的，皆是古人写画真迹。"③ 偏偏对方是认死理的，无论贾赦怎么出高价购买，坚决不肯出售。文中借平儿口对宝钗道："他至少不卖，只说：'要扇子，先要我的命。'姑娘想想，这有什么法子。谁知雨村那没天理的听见了，便设了个法子，讹他拖欠了官银，拿他到衙门里去。说所欠官银，变卖家产赔补，把这扇子抄了，作了官价送了来。那石呆子如今不知是死是活。老爷拿着扇子问着二爷说：'人家怎么弄了来？'二爷只说了一句：'为这点子小事，弄得人坑家败业，也不算什么能为！'"④

又如《水浒传》中白胜唱道："赤日炎炎似火烧，田中禾苗半枯焦。农夫心里如汤煮，公子王孙把扇摇。"以扇子为介质，衬托了统治阶层对劳动人民的盘剥。孔尚任《桃花扇》中，李香君不肯低眉趋奉，血溅定情诗扇，以血染红扇面上的折枝桃花。借以对比南明的荒淫腐朽以及官僚朝臣们的丑恶凌霸之态。

---

① （南朝宋）刘义庆：《世说新语》，中国画报出版社，2012，第340页。
② 王庆云、李万鹏：《雅俗共赏话扇子》，山东教育出版社，2017，第58页。
③ （清）曹雪芹：《脂砚斋评石头记》，线装书局，2013，第674页。
④ （清）曹雪芹：《脂砚斋评石头记》，线装书局，2013，第675页。

第二节　扇子文化的本土化传播

扇子具有本土化传播的独特性以及传播社会学功能，从传播学角度看，扇子的主要传播功能在于符号意指的实践性。"扇子作为器物，一旦到了把玩者手中，成为主体的寄情对象，这时的对象就成了主体的外化存在，人化存在，也就是对象成了主体的存在。"① 人们对扇子会产生心灵体验，人们动用主体力量，自由自觉地对扇子在意态上进行超越与转化。"表征是一种实践，一种使用物质对象和效果的'运作'。但是意义所依赖的不是记号的物质性，而是其符号功能。正因为一种特定的声响或词代表、象征或表征一个概念，它才能在语言中作为一个符号去起作用并传递意义——或者，如构成主义者所说，去意指（符号化）。"② 扇子的传播独特性可大致归纳为六个方面：掩饰羞怯、表达敬畏、维系亲情、刻画并传递情爱、增进感情、表征使用者的身份地位。

一　扇子可以掩饰羞怯

这个传播特点从伏羲和女娲成婚时的结草为扇的传说中就可见一斑。唐人李冗《独异志》中对伏羲兄妹成婚有一段介绍，其中提到过以扇遮其面的情状。文中曰："昔宇宙初开之时，只有女娲兄妹二人，在昆仑山，而天下未有人民，议以为夫妇，又自羞耻。兄即与妹上昆仑山，咒曰：'天若遣我兄妹二人为夫妇，而烟悉合；若不，使烟散。'於烟即合。其妹即来就兄，乃结草为扇，以障其面。今时人取妇执扇，像其事也。"③

2015年，电视剧《芈月传》中，再现了楚国公主芈姝与秦王的盛大婚礼现场，婚礼全过程展示了8分钟，从新娘入殿开始，分别为：趋、止、揖、却扇、奉匜沃盥；洗手、共牢而食；一起吃一片乳猪、夫妇食粟、饮汤、啑酱、食礼毕，酳（以酒漱口）、合卺而饮；以葫芦瓢为酒器喝交杯

---

① 王向峰：《扇子文化的艺术张扬》，《华夏文化论坛》2010年第1期。
② 〔英〕斯图尔特·霍尔：《表征——文化表征与意指实践》，徐亮、陆兴华译，商务印书馆，2013，第36页。
③ 王庆云、李万鹏：《雅俗共赏话扇子》，山东教育出版社，2017，第2页。

酒、礼毕。在整个婚礼过程中，扇子有其独特的作用和地位，不可或缺。芈姝手持短柄孔雀翎制成的羽扇，半遮其面，也是延续了上古伏羲女娲成婚时以扇遮面的传统。《世说新语·假谲》中也有提及，晋人温峤的堂姑母委托温峤为其女儿物色夫婿。几天后，温峤说已经物色好嘉婿，言称名声、官位、门第都不比自己差。书中曰："既婚交礼，女以手披纱扇抚掌大笑曰：'我固疑是老奴，果如所卜。'"① 婚礼时，新娘用手拨开纱扇，发现新郎就是温峤。此处的纱扇，就是作为婚礼时的工具，有掩饰羞怯的文化含义。晋代桃叶的《团扇歌》和梁代何逊的《与虞记室诸人咏扇》中都对扇子障怯遮羞的功能有所言及。南北朝萧衍的"手中白团扇，净如秋团月。清风任动生，娇香承意发。"写的也是女子羞涩娇美的一面。

二 扇子能够传达对他人的敬畏

《世说新语·品藻》中说："王大将军在西朝时，见周侯，辄扇障面不得住。后渡江左，不能复尔。王叹曰：'不知我进伯仁退？'"② 武城侯周伯仁每每见到王敦大将军时以扇遮面，此处不能当害羞去理解，而是向镇东大将军展示自己对其敬畏崇敬之心。魏朝郎中鱼豢所撰写的《魏略》中也曾谈到韩宣在任丞相军谋掾时，碰到了当时的临淄侯的曹植，因倾慕其才华，尊敬其地位，故而在路边持扇遮面，对曹植以示尊重与敬畏。

三 扇子可传递和维系亲情

清代何维朴曾送爱女一把竹制团扇，扇面为绢，上面是何维朴亲自创作的山水画。落款写有："丁酉六月鏡叟写寄吾女嘉媛拂暑。"扇子制作雅致清新，可爱精巧，足见爱女心切，用情之深。③ 明末清初时期，苏北地区嫁妆中就有扇子。当时有一种"黑漆洋扇"的仿沼扇，从古代"沼扇"演变而来，在市面上颇受欢迎。扇面用猪血乌煤打底，后为美观起见，改为贴金纸剪花，又称"贴金纸扇"或者叫"黛黑扇"。作为随嫁用品，寄托爱女之情。扇形也比较多样，除了圆形之外，还有鸡心、苹果、绣球等

---

① （南朝宋）刘义庆：《世说新语》，中国画报出版社，2012，第352页。
② （南朝宋）刘义庆：《世说新语》，中国画报出版社，2012，第194页。
③ 包铭新：《纨扇美人》，东华大学出版社，2006，第57页。

形状，兼有各种吉祥的寓意。

四　扇子可传递爱情

扇子对于爱情的传播功能更是不可或缺，其多用来刻画人物的愁思与情态。西汉班婕妤托意于素白色的合欢扇，作赋自伤，感怀失宠后心中的苦闷。诗中云："常恐秋节至，凉飚夺炎热。弃捐箧笥中，恩情中道绝。"略举从晋代至清代有代表性的几例，以观其貌（见表11-1）。

表11-1　晋代至清代扇面诗举例

作者	诗名	相关节选诗句
（晋）陶渊明	《闲情赋》	愿在竹而为扇，含凄飙于柔握；悲白露之晨零，顾襟袖以缅邈！
（晋）陆机	《班婕妤》	寄情在玉阶，托意唯团扇。
（晋）桃叶	《团扇歌》	与郎却耽暑，相忆莫相忘。
（南朝）江淹	《拟班婕妤咏扇》	窃愁凉风至，吹我至玉阶。君子恩未毕，零落在中路。
（梁）梁元帝	《班婕妤》	谁知同辇爱，遂作裂纨诗。
（梁）王僧孺	《为姬人怨诗》	还君与妾扇，归妾与君裘。
（梁）刘孝绰	《班婕妤》	妾身似秋扇，君恩绝。
（梁）阴铿	《班婕妤》	可惜逢秋扇，何用合欢名。
（梁）何逊	《与虞记室诸人咏扇诗》	摇风入素手，占曲掩朱唇。
（唐）皇甫冉	《班婕妤》	由来咏团扇，今已值秋风。
（唐）王建	《调笑令·宫中调笑》	团扇，团扇，美人并来遮面。
（唐）张祜	《婕妤怨》	贱妾裁纨扇，初摇明月姿。
（唐）翁绶	《班婕妤》	繁华事逐东流水，团扇悲歌万古愁。
（唐）王昌龄	《长信怨》	奉帚平明金殿开，暂将团扇共徘徊。
（唐）杜牧	《秋夕》	银烛秋光冷画屏，轻罗小扇扑流萤。
（唐）李峤	《扇》	御热含风细，临秋带月明。同心如可赠，持表合欢情。
（唐）司空图	《扇》	珍重逢秋莫弃捐，依依只仰故人怜。
（唐）韦应物	《悲纨扇》	非关秋节至，讵是恩情改。掩颦人已无，委箧凉空在。

续表

作者	诗名	相关节选诗句
(唐) 项斯	《古扇》	似月旧临红粉面，有风休动麝香衣。千年萧瑟关人事，莫语当时掩泪归。
(唐) 徐夤	《咏扇》	曾伴一樽临小槛，几遮残日过回廊。汉宫如有秋风起，谁信班姬泪数行。
(唐) 杨凌	《咏破扇》	先来无一半，情断不胜愁。
(唐) 刘禹锡	《团扇歌》	团扇复团扇，奉君清暑殿。秋风入庭树，从此不相见。
(宋) 吕渭老	《豆叶黄·忆王孙》	轻罗团扇掩微羞，酒满玻璃花满头。
(金) 金章宗完颜璟	《蝶恋花·聚骨扇》	金殿日长承宴久，招来暂喜清风透。忽听传宣须急奏，轻轻褪入香罗袖。
(元) 钱惟善	《班姬题扇图》诗	无复承恩柘馆春，偶题纨扇泪盈巾。
(明) 唐寅	《秋风纨扇图》题诗	秋来纨扇合收藏，何事佳人重感伤。请把世情详细看，大都谁不逐炎凉。
(清) 王淑	《夏夜偶成》	明月入怀摇绮扇，露华如雨湿桃笙。曲阑倚遍浑无语，照见幽情只短檠。
(清) 纳兰性德	《班婕妤怨歌》	扇弃何足道，感妾伤怀抱。

在情歌领域，扇子也寄托着情爱相思的功能。清代王廷绍《霓裳续谱·杂曲》中就有情人送扇传情的情歌，扇面一面是山，一面画水。华广生《白雪遗音·马头调》中，也有类似情歌，场景基本一样，都是情人送女子红纱做的团扇。以扇面中的山水寄情两厢倾悦。"咱二人相交，如山水相连。要离别，除非山倒水流断；要离别，除非山倒水流断。"①

五 扇子作为增进感情的桥梁

扇子还可以作为增进感情的桥梁。《翁同龢日记》中写道："归写团扇三，折扇二。一团送惇邸，二团送伦、侗二公，一折送谟贝子。并写应酬字，挥汗如雨（光绪十三年二月十八）。"②《郑孝胥日记》中载："早，书团扇一柄，即录'三台洞'旧作，赠赓伯表兄（光绪八年三月初六）。"③

---

① 梁国辅等编校《中国艳歌大观》，吉林文史出版社，1934，第398页。
② 包铭新：《纨扇美人》，东华大学出版社，2006，第151页。
③ 包铭新：《纨扇美人》，东华大学出版社，2006，第152页。

《西京杂记》中对汉代帝王使用的长柄大扇子就曾有过描述，所谓夏用羽扇，冬设缯扇。到了明代，"扇面有加金箔者，特别精美的由皇帝赏给嫔妃或亲信大臣，较次的按节令分赐其他臣僚。"①

即便是扇子的配饰，也能起到表情达意，增益感情的作用。《红楼梦》第二十八回，宝玉听闻蒋玉菡就是驰名天下的琪官，一时间欣然跌足。文中道："想了一想，向袖中取出扇子，将一根玉玦扇坠解下来，递与琪官道：'微物不堪，略表今日之谊。'琪官接了，笑道：'无功受禄何以克当！'"② 扇坠是扇子上比较贵重与精美的配饰，作为世家公子的宝玉将扇坠取下赠予身份寒微的戏子，在等级尊卑观念较强的封建社会，这是不寻常的行为。

六 扇子表征使用者的身份地位

扇子还有象征权威身份的功能，可以发挥社会角色衬托的作用，表征使用者的身份地位。从唐代阎立本的《步辇图》中，可见长柄扇主要用于显示威仪，使用有严格的规定，用长柄扇（或叫作"翣"）的多少，取决于主人地位身份的高低。这在山西太原开化寺的宋代壁画上也能看出端倪。扇子积极地构成了身份和社会角色的外在形式。蒲扇取寻常之材，满足民众日常所需；羽扇构成了中国文人及隐士表征高洁人生，追求隐逸世界的象征；团扇主要用于抒发深闺寂寞，展示女性的妩媚。

第三节 扇子文化的当代传播

扇子作为极具东方气韵的器物，在当代，材质与形质不断得到改良，文化输出和输入丰富了作为传播介质的扇子更多元化的符号学意义。恰如斯图尔特·霍尔在谈及符号时所言："它引导人注意形象（物品）在一个较宽泛的、较多联想性的意义水平上被理解的方式。因而它涉及各种更可

---

① 沈从文：《古人的文化》，中华书局，2014，第3页。
② （清）曹雪芹：《脂砚斋评石头记》，线装书局，2013，第430页。

变的和短暂的结构，诸如社会生活的各种规则，历史的、社会实践的、意识形态和各种习俗的规则。"①

应当认识到，日本、埃及、印度、希腊等国都有各自优秀的扇子文化。台湾1990年版《大美百科全书》中，就记载由日本人从蝙蝠翅膀产生灵感，进而发明了折扇。明代陈霆在《两山墨谈》中有言："宋元以前中国未有折扇之制，元初东南夷使者持聚头扇，当时讥笑之。我朝永乐初始有持者，然特仆隶下人用，以便事人焉耳。至倭国以充贡，朝廷以遍赐群臣，内府又仿其制以供赐予，于是天下遂遍用，而古团扇则惟江南之妇人犹有其制，今持者亦鲜矣。"② 可见，折扇是7世纪在日本发明的，北宋时期传至中国。从这个意义而言，扇子堪称中外文化交流的使者，承载了文化沟通的史实。

在当代，扇子的实际功用受到了科技发展的挤压，空调、电风扇的普及使扇子纳凉驱蚊等功用减弱，其文化传承的意义得到提升。"各物品常常被描述为来自过去时代的文献和证据，而且被看作文化本质的原始物质化身，可以超越时间、地点的变迁和克服历史偶然性。它们的物质性提供了对稳定性和客观性的一种允诺；它暗示了一个稳定的不模糊的世界。"③ 就社会沟通而言，即便是在当代社会，扇子仍然是一种重要的传播介质，继续延续以往的文化气韵。

在公共领域，扇子依然发挥着政治传播功能。2017年8月，辽阳市弓长岭区汤河镇纪委和当地老年书法协会联合举办了名为"小小廉洁扇"的廉政教育活动，扇子上写有"风正一帆顺，清廉得民心。腐败一块冰，寒透百姓心。永走百步远，不留一念贪"，主要送给当地机关干部和党员，借此契机，督促党员们自省自立自警。

扇子继续作为个人形象以及人际交往中的视觉信码，结合使用者的性情、行为方式等相关联的因素，创制着不同的文化意义。恰如斯图尔特·

---

① 〔英〕斯图尔特·霍尔：《表征——文化表征与意指实践》，徐亮、陆兴华译，商务印书馆，2013，第239页。
② 杨琳：《中国古代的扇子》，《文化学刊》2007年第1期。
③ 〔英〕斯图尔特·霍尔：《表征——文化表征与意指实践》，徐亮、陆兴华译，商务印书馆，2013，第235页。

霍尔在《表征——文化表征与意指实践》中所提及的那样，人们提起保守的英国男士范儿，就会不自觉地想到皮箱、手杖、钢笔、活页记事本；想到美国时尚杂志上出现的牛仔裤，就会感受到男性身体的色情化；大型海报上戴在男士身上的手镯和厚短的戒指，显示出粗粝和男人味。扇子可以强化人们各自所属的文化意识，所谓文人扇胸武人扇肚，僧侣道人扇衣领，媒婆扇肩膀。在昆曲艺术中，总结有折扇口诀：文胸武肚轿裤裆，书臀农背秃光郎，瞎目媒肩二半扇，道袖画领奶扇傍。

　　应该看到，扇子对传统文化的内涵既有传承也有延伸，它可以与艺术相结合，提升其审美性，丰富传播的新形式与内容。发端于宋元时期的山西左权小花戏，就是以扇子作为标志性道具，由扇子带动观众的情绪。2001年，武警文工团青年魔术师赵育莹推出了力作《扇舞新韵》；2005年3月初，在法国巴黎"国际魔术师展演会"上，赵育莹"高控腿170度足尖开扇"的第一组特技，便迎来了观众的叫好。在飘然若仙的丽姿舞韵中，四十把色彩艳丽的折扇随身变出，信手拈来，恰似蝴蝶般地飘飞而逝，只见她忽而口衔折扇，陡然变出三四张色彩各异的俊脸，忽而将手中之扇遁变无踪，被外国媒体誉为"东方魔女"。2009年12月14日，央视十频道首播《扇舞新韵》专题片。京剧中也专门有"扇子行"，生、旦、净、末、丑，不同的角色用不同的折扇。在舞台上，龙凤扇用于宫廷戏，芭蕉扇常见于神话戏。通过对扇子翻、合、扬、展、遮等手法，推展剧情，表现戏剧人物情感。

　　团扇作为本土化的扇子制式，擅于塑造一种文化表情，体现古典女性之美：淑雅娴静、含蓄朦胧、轻移莲步、似水柔情。当然，团扇并非仅仅是女性专属。"1964年，在一次新疆吐鲁番阿斯塔纳（Astana）晋墓的发掘中，出土一件纸本水墨画。画面上有一戴高帽男子手执一短柄团扇坐于华盖之下。"①"《旧中国掠影》一书中收录了八百余幅反映旧中国历史风貌的照片……就这些照片作一数据统计，其中女性执团扇者3人，执折扇者8人，男性执团扇者16人，执折扇者13人。"② 折扇在明代永乐以后于

---

① 包铭新：《纨扇美人》，东华大学出版社，2006，第15页。
② 包铭新：《纨扇美人》，东华大学出版社，2006，第161页。

中国开始普及，最初因便携、不碍做事，为下层人士所钟爱。17、18世纪，中国文化韵味的折扇远销欧洲，遂成为西方上层社会权贵的标配；"高级官僚流行雕翎扇，贵重的有值纹银百两的，到辛亥革命后才随同封建王朝覆没而退出历史舞台"。①

幅不盈尺的扇面，结合中国绘画书法的艺术，融合题材各异的画作，引入正、草、隶、篆等书法技艺，雅趣生辉。基于此，中国本土的扇子文化承载了美学意义，自然具有文化创意产业的价值。早在宋代，苏轼以草书和竹石枯木绘于二十柄扇面之上，使扇子一扇千钱。时至今日，发挥扇子的市场价值也是亟待思考的问题。1875年王星斋在杭城清河坊创建王星记扇庄，与丝绸、龙井茶齐名被誉为"杭产三绝"而名扬。该厂出品的一把微雕小楷《唐诗三百首》真金全棕黑纸扇曾轰动1982年的世博会。"老字号"要依托文化创意树立其在市场上的品牌地位。目前看来，市场份额不大，但是其潜力仍是有的。

笔者于2018年7月12日，登录天猫手机客户端，王星记9寸全棕黑竹纸扇最高售价人民币6180元，在2018年7月的销量为0，无评价。这种扇子选材与制作成本都很高，采用临安于潜桑皮纸，诸暨柿漆，福建建煤，经过大小86道工序精制而成。要把它放在烈日下晒，冷水中泡，沸水中煮，各经10多个小时，取出晾干，不折不裂，平整如初。2018年7月最高销量的一款售价为295元的全棕黑竹纸扇月销44笔。压缩的利润，困扰着传统制扇业。反观"谭木匠"等老字号企业，都在挖掘传统文化在现代工业文明社会的文创价值。譬如一双紫檀木镶嵌银丝的筷子，附上精美的使用卡片，卡片上写有文化内涵、用筷礼仪、保养技巧。这不失为一种具有文化卖点的营销策略。

结　语

在中国语境下，扇子传播独特性的六个方面中，掩饰羞怯、表达敬畏、象征权威身份的功能已然消失。然而，扇子的文化表征意义绝非僵固

---

① 沈从文：《古人的文化》，中华书局，2014，第4页。

不变，而是会结合时代具体环境，不断赋予自身新的文化内涵。扇子维系亲情、刻画并传递情爱、增进感情等功能还在延续。它继续承载着美学意义，仍旧可以寄情、托志、附庸风雅、展示才华，延续着人神沟通的媒介、社会角色的衬托等功能。

如何能通过扇子，使传统文化和华夏独特的思维方式在今天得以充分传承和发展？如何延展其在艺术表演上的独特作用，挖掘其文创品的市场价值？如何发挥其中西文化之间交流使者的作用？如何让这种华夏本土的沟通介质，作为中华优秀传统文化的一部分，继续发挥更多的社会沟通功能？这些是需要我们做进一步研究的问题。

（吉峰）

第十二章
冰瓷莹玉：华夏瓷器的传播功能

万物皆可为媒，瓷器亦不例外。瓷器最早产生于中国，富有中国特色，是中国文化的一张名片。它除了显而易见的实用功能外，还有不易觉察的作为媒介的传播功能。经过梳理近两千年的瓷器发展史，探究其制作与使用之场景，分析事后之效用，笔者发现瓷器具有"五位一体"的传播功能。在政治传播上，宣扬国威，塑造形象，教化臣民；在经济传播上，传递商情，交换价值，象征财富；在文化传播上，传载文化，表达情趣，美美与共；在社会传播上，沟通神灵，体征信念，共享文化；在生态传播上，体现匠心，再现自然，对话自然，天人合一。

陶器起源多元化，瓷器则最早产生于中国，是中国人民的一项伟大创造。瓷器从陶器演变而来，在商代就有了原始瓷器，在东汉发展成熟，至今已有3000多年的悠久历史。最迟在唐朝，中国瓷器就远销海外，一直是丝绸之路上的大宗货物；宋朝，名瓷名窑遍布大半个中国，"五大名窑"产品加龙泉、建窑产品，更是享誉海内外。明清时期，瓷器发展到鼎盛时代，青花瓷、颜色釉瓷、粉彩瓷等精美绝伦。悠久的历史，精美的产品，深厚的文化气息，使瓷器深受国内外人民的青睐，让中国享有"瓷国"之称，在英文中"瓷器"（china）与"中国"（China）同为一词。美籍华裔科学家李政道曾言："一部中国陶瓷史几乎就是一部中华民族的文明史，也是科学技术与文化艺术互融、互动的发展史。"[①] 近现代学者郭沫若也有类似的表述："中国古陶瓷发展的历史，就是中华民族发展的历史。"[②] 瓷

---

① 黄庆桥：《科艺相通：李政道论科学与艺术》，《学习时报》2017年11月8日，第A7版。
② 河南省陶瓷文化研究会编《古陶瓷集萃》，中州古籍出版社，2010年，《序言》第1页。

器把工艺文化、民俗文化、历史文化、宗教文化、政治文明、科学技术等融为一体，成为中国文化的象征。

万物皆可为媒，媒介皆承载信息。瓷器作为一种器物，除了显而易见的实用功能外，还有不易觉察的作为媒介的传播功能。有句古话：百代消亡，唯瓷永存。瓷器可以跨越时空，蕴藏社会历史信息，发出"无声的语言"，它也是古代社会的一种重要媒介。媒介是一种介于两个事物之间的传达工具。[①] 就瓷器制作而言，是融合匠心的火与土的艺术，是审美情趣的一种表征。就瓷器自身而言，不管是形式各异的器型，还是丰富多彩的纹饰，抑或是精致唯美的釉色纹理，无不透露着各种信息。就其使用而言，可作为礼物、礼器、商品，进行无声的沟通，传达人们的情感意图。诸如此类的瓷器媒介功能还有很多，有待系统挖掘研究。

学者王政挺曾指出："一个人的生活方式，也就是他的传播方式，也可以说，一个人的传播方式，也就是一个人的生活方式。"[②] 可见，生活与传播密切相关。作为生活中常用的器具，瓷器自然也与传播具有密切关系。若与其他具有中国特色的器物相比较，它比青铜金银器取材容易、工艺简单、造价较低，它比陶器更为耐用、清洁、光亮。它具有玉质般的温润，性价比高，使用面广，可谓是走进千家万户的大众传播媒介。华夏传播研究的是中国传统社会的传播活动和传播观念，而瓷器作为器物文化的一大典型代表，内含诸多传播观念，涉及诸多传播活动，因此研究瓷器的媒介功能，进一步丰富、完善华夏传播观，不仅可行，而且必要。

海内外有关文献涉及中国瓷器媒介论的并不多。学术论文方面，《宋代瓷器文化的传播及其审美取向》[③] 一文，着重勾勒的是宋代瓷器文化的传播途径、审美选择与审美取向。《明清景德镇瓷绘纹饰的媒介性研究》[④] 一文，主要论述明清瓷绘纹饰是传统纸绢绘画借以走向民间的一种全新媒

[①] 王岳川主编《媒介哲学》，河南大学出版社，2004，第4页。
[②] 王政挺：《传播：文化与理解》，人民出版社，1998，第1页。
[③] 李龙生、费利君：《宋代瓷器文化的传播及其审美取向》，《设计艺术研究》2011年第1期。
[④] 秦树景：《明清景德镇瓷绘纹饰的媒介性研究》，《中国民族博览》2015年第8期。

介。《我国文化海外传播的新路径——从中国瓷器的海外传播谈起》一文，从比较宽泛的角度探讨了瓷器的文化功能，即反映中国文化和融汇中西文化的载体。《论陶瓷作为媒介在艺术品中的运用》一文，把陶瓷当作艺术的表现材料，强调的是艺术创作者对于陶瓷的运用创意。《中国陶瓷故事域外阐述与中国陶瓷文化传播研究》一文，只简单介绍了瓷器反映各个时期思想文化特征的媒介性功能。图书方面，《中国陶瓷文化史》展示的是中国陶瓷发生发展历程，侧重于介绍陶瓷的工艺文化。《中国陶瓷文化史》虽从陶瓷文化结构方面逐一探讨陶瓷文化，但尚未专门列出瓷器的媒介论述。《瓷话中国——走向世界的中国外销瓷》重点讲述中国瓷器进入其他国家后出现的趣事和文化碰撞以及瓷器革命，从中谈及瓷器传播中国文化的媒介功能，还处在素材层面。美国学者罗伯特·芬雷的《青花瓷的故事：中国瓷的时代》围绕瓷探讨中外文化交流，侧重文化传播功能，缺乏政治、社会等层面的探讨。总之，诸如这些文献虽然或多或少涉及瓷器作为媒介的传播功能，但论述偏向工艺文化，研究方法相对单一，观点缺乏系统性，而且并未从华夏传播研究的角度出发总结瓷器的传播功能观。

第一节 瓷器的政治传播功能

所谓政治传播，即政治信息在政治体系内外的流通过程。作为可移动、可赏赐、可使用的一种工艺器物，瓷器不管其本身，还是使用场合，皆可传达政治信息。当瓷器被纳入政府监管体系之后，瓷器造之有令，用之有序，输出有规，更是蕴含丰富的政治信息。

一 宣扬国威

自瓷器生产成熟以来，历代统治者经常使用瓷器赏赐藩属国，赠予友邦，以示当朝富有，皇恩浩荡。宋建隆三年（962年），东南亚的三佛齐国（Samboja Kingdom）来贡，回赐白瓷器等。[①] 洪武十六年（1383年），朱元

---

① （元）脱脱等：《宋史·卷二百四十八》，http://www.gushiwen.com/dianjiv/81587.html，2018年7月18日。

璋赠予占城、暹罗和真腊瓷器各一万九千件。① 郑和七次下西洋，所带礼物包括丝绸、黄金和瓷器等，除了为了寻找建文帝之外，就是"耀兵异域，示中国富强"。② 1984年在西藏萨迦寺发现的宣德青花五彩莲池鸳鸯纹碗，是明代皇帝赠给西藏上层贵族的礼物。清乾隆四十五年（1780年），御赐班禅"磁"等珍宝。道光二十四年（1844年），御赐达赖"瓷器十"等，"以光我国家亿万年无疆之休命"。③ 像清宫珍品珐琅彩瓷器，乾隆三年（1738年）始陆续配制楠木匣，每年陆续赏给蒙古王公、达赖、班禅以及藩属国国王。④ 楠木匣装珐琅彩，好比好马配好鞍，显得"高大上"。

用于赏赐或贡赐贸易的瓷器，皆数官窑产品。官窑瓷器主要是指官办窑厂制品和其他窑厂专为皇室烧制的产品，精美绝伦，富有特色。瓷器虽非国之重器，但为中国特产，且精美瓷器来之不易，需要付出大量的人力、物力和财力。作为政治传播者，朝廷对待瓷器还是比较慎重。其利用这些瓷器建构主客二分的传播关系，宣传中国造物能力高、富有强大的国威，表达中国以德感人、善待友邦的外交政策，进而说服异域番邦心向朝廷，朝觐天子，天下太平。

二 教化臣民

众所周知，瓷器有官窑与民窑之分。官窑最早可追溯至唐五代时期，明清两朝更是盛况空前。从唐朝开始，官方就已介入，设有"将作监"、"少府监"和产瓷区"司务"，对陶瓷、金工等进行操控，为统治者服务。官民瓷器，在烧造、使用上皆有明显差异，生动传达了森严的封建等级信息。例如，南宋学者周辉在《清波杂志》中记载："汝窑宫中禁烧，内有玛瑙为釉。唯供御拣退，方许出卖，近尤难得。"⑤ 宋高宗宠爱刘贤妃，赏赐汝

---

① 《明太祖实录·卷一五六》，http://ex.cssn.cn/sjxz/xsjdk/zgjd/sb/jsbml/mtzsl/201311/t20131120_843539.shtml，2018年7月18日。
② （清）张廷玉：《明史·卷三百四》，http://ex.cssn.cn/sjxz/xsjdk/zgjd/sb/zsl/ms/201311/t20131119_841617.shtml，2018年7月18日。
③ 熊寥、熊微编注《中国陶瓷古籍集成》，上海文化出版社，2006，第28～29页。
④ 朱家溍：《故宫藏美（插图典藏本）》，中华书局，2014，第118页。
⑤ 廖桂英：《汝窑瓷器在台湾》，《紫禁城》2015年第11期。

瓷于她，瓷器刻上"奉华"二字，以示与它瓷的区别，进而显示刘贵妃的尊荣。明宣德时期烧造的一种较大的碗，多为皇宫使用，故名"宫碗"。晚清官窑中的精品"大雅斋"款瓷器，是为慈禧太后专用瓷，用于寿庆和赏赐。

封建社会不断加强皇权，明清时期到达顶峰，对于颜色釉瓷器尤其是对于红釉、黄釉等瓷器的生产与使用，具有严格的规定。因此，谁能生产，谁能使用，瓷器背后蕴含着政治权力，透露着政治身份。朱元璋"尚红"，指定红釉器为宫中器用。《明英宗实录·卷一六一》记载，正统十一年（1446年）时下令："禁江西饶州府私造黄、紫、红、绿、青、蓝、白地青花瓷器……首犯凌迟处死，藉其家赀，丁男充军边卫，知而不以告者，连坐。"① 明清两代颜色釉瓷器，只许官窑生产，不许民窑生产，若犯此令，严重者杀头。在皇宫中，颜色釉瓷器的使用，也有严格的等级之分。例如，清《国朝公史·卷十七》记载，皇太后、太后用里外黄釉器，皇贵妃用黄釉白里器，贵妃用黄地绿龙器，妃嫔用蓝底黄龙器，贵人用绿地紫龙器，常在用绿地红龙器。这些瓷器好比是外在标签，异贵贱别尊卑，警示不得僭越身份。后宫佳丽众多，争风吃醋乃常事，皇帝利用瓷器作为媒介进行政治操作，以稳后院和外戚。

若论造型，诸如象腿瓶、爵杯等也富有政治意味。象腿瓶身如直筒，粗壮如象腿，因"筒"与"统"谐音在清初又叫"一统瓶"，意为"大清天下一统"。若论装饰，瓷器常用绘画来装饰，其中不少富有教化色彩。例如赏瓶，器型来源于玉壶春瓶，颈部绘青花蕉叶纹，腹部绘缠枝莲纹，"青"代表"清"，"莲"代表"廉"，意为"清廉"之意。清雍正皇帝开始，把赏瓶赐予臣子，不仅是奖状，也是一种警示，暗示为官要清廉。唐代画家、绘画理论家张彦远在《历代名画记》中开篇就言："夫画者，成教化，助人伦，穷神变，测幽微，与六籍同功，四时并运。"② 绘画还常用"渔樵耕读""一路连科""鱼跃龙门""马上封侯""太师少师""一品清廉""三纲五常""四海升平""太平有象"等图案宣扬崇尚科考为官、遵守伦理道德、打造太平局面的教化意识。随着瓷器走进千家万户成为大众

---

① 吕成龙主讲《明清官窑瓷器》，中央编译出版社，2008，第232页。
② （唐）张彦远著，田村解读《解读〈历代名画记〉》，黄山书社，2011，第2页。

媒介，官方意识形态得到传播，政治社会化日渐凸显。苏联学者穆尔扎说："物品携带者对日常意识产生重大影响的'信息'……成为具有决定意义的力量。"① 瓷器在生产与使用过程中，赋予了政治信息，成为统治者用来监视社会秩序、协调关系和实现价值导向的一种途径。

第二节　瓷器的经济传播功能

虽然经济传播的概念在学术界暂无广泛论述，没有普遍认可的定义，但可以从传播的本质入手，确定内涵与外延。传播学者周鸿铎认为，经济信息传播有三大功能：一是刺激满足，二是指导服务，三是协调控制。② 不妨这样理解，经济传播是指经济信息在经济体系内外流通的过程。瓷器并非新闻产品，但同样可以传递商情，甚至作为一种富有价值的器物，还可充当货币，衡量价值，象征财富。

一　传递商情

瓷器不仅可以传达政治信息，还可以传递商业信息，提供"关于资源以及买和卖的机会的信息"。③ 就其自身而言，瓷器即信息，如外销瓷的造型、装饰具有异域风格，说明了当时当地人有相应的市场偏好。非外销瓷器极少见到船纹，使用的是寥寥几笔的舟纹。外销瓷器经常出现船纹，多为海船，个体很大，描绘的是英国、美国、葡萄牙、荷兰贸易船只与中国贸易满载而归的场景，是中国瓷器外销的真实情况的反映。如今在土耳其伊斯坦布尔的托普卡皮皇宫（Topkapi Palace）珍藏着一批中国青花瓷，"透过这些青花瓷可以窥见 500 多年前中国与中东地区的瓷器贸易盛况"。④ 就其销售而言，瓷器是否外销，销量多少，深受国际贸易政策影响，也能反映商情。在外销瓷方面，1522 年葡萄牙国

---

① 〔俄〕谢·卡拉-穆尔扎：《论意识操纵（上）》，徐昌翰等译，社会科学文献出版社，2004，第 4 页。
② 周鸿铎主编《经济传播学总论》，中国纺织出版社，2005，第 46～51 页。
③ 郭庆光：《传播学教程》，中国人民大学出版社，2011，第 102 页。
④ 曾玲玲：《瓷话中国：走向世界的中国外销瓷》，商务印书馆，2014，第 19 页。

王下令所有从东印度回来的商船所装载的货物的三分之一必须是瓷器。①如此明文规定，源于欧洲巨大的市场利润，反映了中国瓷器的奇货可居。近现代经济学家冯和法在《中国瓷业之现状及其状况》（1932年）一文中写道：宋末荷兰人由福建贩瓷往欧洲，价值每以黄金重量相等，且有供不应求之势。②约在17世纪中叶，具有中国风的日本伊万里瓷器，开始大批出口欧洲，传递了清初的海禁政策。后来景德镇仿制具有市场一席之地的伊万里瓷，推陈出新，成为中国的伊万里，重新夺回了欧洲市场。中国瓷器恢复外销，从中体现了清政府开放海禁的政策。与现代媒介相比，瓷器传递商情侧重于非语言符号，尽管它们的时效性不可同日而语，但在交通不畅、通信落后的古代，瓷器传递商情不失为一种较为可行的传播。若历史地研究古代经贸关系，瓷器更具媒介功能。无论是地上遗址出土的瓷器（包括碎片），还是海里沉船打捞的瓷器，皆是探究经济往来的重要媒介。

二 交换价值

众所周知，货币是一种媒介，具有表征、储存和交换的功能。瓷器具有普遍的使用价值，凝结了无差别的劳动，在诸多场合被视为一种价值交换的媒介，具有实物货币的功能。从历史上看，瓷器的前身是陶器，曾有陶贝被商周人所使用，成为重要的原始货币之一。中世纪的阿拉伯学者查希兹（Al-Jahizi，约779~869年）提到一份换货协议，其中一款约定用瓷器交换货物。③南宋政府为防止铜钱外流，曾在1219年下令，用瓷器等货物交换外国货物。④明朝郑和下西洋，利用瓷器作为朝贡贸易的结算手段。纵观古代丝绸之路的贸易，瓷器是三大外销品之一，经常直接用来物物交换。时至今日，在收藏界、金融界，利用瓷器交换物品，抵押或冲抵债务的情况，时常发生。可见，瓷器本身具有价值，又有较强的流通性，受到社会的广泛认可，具有货币符号的作用，充当交换媒介。

---

① 梅彬主编《海上陶瓷之路》，江西人民出版社，2016，第162页。
② 周冉：《德化外销瓷，迷倒欧洲人的"中国白"》，《国家人文历史》2013年第6期。
③ 沈福伟：《中西文化交流史》（第2版），上海人民出版社，2006，第186~187页。
④ 王小甫、范恩实、宁永娟：《古代中外文化交流史》，高等教育出版社，2006，第234页。

三 象征财富

由于制作成本高、烧造难度大以及不易运输、保存等特点，精美瓷器富含价值，不仅可以用来衡量它物价值，本身也是财富的象征。历朝历代对瓷器收藏，乃至赝品的出现，正是说明了瓷器的经济价值。上层社会把精美瓷器陈设在宫殿、厅堂橱窗等，以显示高贵富有。瓷器是古今典当行常见的典当物，也是女子出嫁的常见嫁妆。宋代五大名窑产品，受人追捧。有着"青瓷之首，汝窑为魁"美誉的汝瓷，人们常言"家有万贯，不抵汝瓷一件"。有着"入窑一色，出窑万彩"之称的钧瓷，受到人们的推崇，形成了"黄金有价钧无价""纵有家财万贯，不如钧瓷一片"的说法。建窑中精品建盏也甚为值钱，日本《君台观左右帐记》里记载：曜变斑建盏乃无上神品，值万匹绢；油滴斑建盏是第二重宝，值五千匹绢；兔毫盏值三千匹绢。① 明朝"斗彩"鸡缸杯是难得的精品，在明朝本朝就极为珍贵，万历《神宗实录》曾记载："神宗时尚食，御前有成化彩鸡缸杯一双，值钱十万。"仿古瓷器的精品也具有价值，像明朝制瓷名家周丹泉的"周窑"，以仿古见长，"每一名品出，四方竞重购之"。② 清代仿明代，清晚期、民国仿清早期的瓷器，在今日的瓷器市场亦有交易空间。

受到中国文化影响的菲律宾，当地人珍视中国瓷器，平时将瓷器埋在地下，节日才取出一用，用后又再深埋地下。③ 瓷器具有经济价值，尤其是在器物制造能力有限的传统社会，瓷器受到人们追捧，自然可以象征财富。

第三节 瓷器的文化传播功能

生活中有许多文化传播现象。文化传播也被称为文化扩散，指一种文化跨越时空，在不同群体、个体之间传播。瓷器具有一定的表面，不管是平面还是曲面，皆可充当符号的载体。所载信息是一次生成，不可擦除，具有时

---

① 林蔚文：《"唐物天目"茶盏在日本的传播》，《农业考古》1996年第2期。
② 史为乐主编《中国历史地名大辞典·下》，中国社会科学出版社，2005，第1625页。
③ 沈福伟：《中西文化交流史》（第2版），上海人民出版社，2006，第239页。

间偏向。而且，瓷器本身就是文化与技术的结合体，即使面上无语言符号，也能传达信息。同时其还可位移，具有一定的空间偏向。瓷器成为兼具时空偏向的一种较为平衡的媒介，文化传播功能不可小觑。

一 作为诗画的载体

瓷器装饰最明显最常用的是纹饰，它反映着人们的思想、意志和情趣，是传播文化最主要的子载体。整体观照中国瓷器纹饰，它有三大主题：一是希望长寿而健康的生命；二是获得较高的社会地位或官职；三是祈求多子多福。瓷器上题写诗词大致有三次高潮：一是唐五代的长沙窑题诗；二是金元时期的磁州窑题诗；三是清代青花器皿上的诗文。铭文题记开始出现在唐代长沙窑的瓷器中，以诗歌铭文居多。诗句通俗易懂，很少引用典故，大部分源于民间流传的古诗与谚语。随着瓷器走进寻常百姓家，除了诗词内容，汉字本身以及书法形式也随着瓷器使用从文化精英走向平民百姓。除了汉字，瓷器上装饰文字还有少数民族文字以及宗教文字，如八思巴文、阿拉伯文、梵文等。瓷器作为诗词的载体，伴随着批量拷贝，传播了中国诗词文化，同时也促进了诗词的发展。

汉字书画同源，除了诗词，人们还将绘画展现于瓷器上，主要体现为动物纹、植物纹、人物纹、吉祥纹等。动物纹反映的经常是瑞兽如龙凤、麒麟等，也包括具有美好寓意的鱼、猫、蝴蝶等。在植物纹中最常用的是莲纹，主要以莲花、莲瓣和莲枝出现，一方面传达莲花的高洁清廉，另一方面作为佛教圣物，体现佛教思想。在人物纹中的高士图，著名的有"四爱图""竹林七贤图""十八学士图""五老图"等[1]，体现了文人雅士的情趣生活。吉祥纹中的八仙纹、八卦纹等体现道教思想，八宝纹、璎珞纹、卍字纹等体现佛教思想。清代创烧的珐琅彩，严格挑选白瓷器，精描细绘纹饰，将图画与精美的书法题诗相匹配，成为制瓷工艺和诗书画完美结合的艺术珍品。[2] 绘画纹饰承载的文化随着瓷器的物化，更为直观可感，传播范围更大，效果更好。

---

[1] 伯季编《瓷器图谱》，湖南美术出版社，2011，第143页。
[2] 赵力等编《中国美术史及作品鉴赏新编》，高等教育出版社，2014，第195页。

二 作为美学的镜子

若比较陶器与瓷器,"陶器适用于生活实用,而瓷器则偏重于审美"。① 作为融合了人的审美观的工艺品,瓷器造型、装饰等随时代变迁而变化,可谓是美学的一面镜子。唐代瓷器器型丰满圆润,反映了唐代以胖为美的审美情趣。宋代瓷器精致典雅,崇尚釉色之美,体现了宋代人追求古朴深沉、宁静淡雅、素雅简洁之美;造型纤细高挑,反映了宋代人追求内敛的艺术风格。元朝器型以大件瓷器为主,表达了草原民族粗犷豪放的性格特点;青花瓷的盛行,体现了尚白的国俗。明朝瓷器的纹饰出现了八卦图、八仙过海、十八罗汉、群仙庆寿等图案,反映了明朝道家盛行的社会状态。清朝,彩瓷占据主流,瓷器五颜六色,表达了时人追求色彩的美学时尚。可见,瓷器的发展和传播过程是与中国社会的物质文明和精神文明相适应的,不仅能体现出瓷器工艺水平的进步,还能反映出当时人们的生活状态、思想观念、审美特点、精神追求。简而言之,瓷器是各朝各代美学的代言人。

明末科学家宋应星曾言:陶成雅器,有素肌玉骨之象焉。掩映几筵,文明可掬。② 瓷器一经创造后,便受国人青睐,不仅因其质量更佳,而且也有文化上"尚玉"的传统。瓷器色泽远比陶器更为温润,声音更为清扬。瓷釉是否具有玉质感成为判断瓷器优劣的主要标准。玉质感越强,价值越高,宋代汝窑、钧窑、哥窑、龙泉窑以及烧青白瓷的景德镇等都是在这种审美观的制约下烧制瓷器的,人们甚至将釉面开片的缺陷与文人士大夫"宁为玉碎,不为瓦全"的审美观联系起来。瓷器可谓美学的一面镜子,反射出人们的审美观,照引人们的言行举止。

三 美人之美,美美与共

瓷器产生之后,"器成天下走",四方流传。我们在自美其美的同时,并未故步自封,而是美人之美,取长补短,美美与共。瓷器自身的工艺文

---

① 潘嘉来主编《中国传统瓷器》,人民美术出版社,2006,第3页。
② (明)宋应星:《天工开物》,钟广言注释,广东人民出版社,1976,第180页。

化以及承载的制度文化、精神文化随着瓷器"走出去"与"引进来",造就中外文化交融。

(一) 由中而外的跨文化传播

中国瓷器充满中国文化元素,是中国的一张亮丽名片。随着瓷器的外销,其生产技术、艺术风格、行为文化等也随之传播海外,不仅影响周边国家东北亚朝韩日,东南亚诸国,而且影响南亚、西亚,远至欧美诸国。具体而言,朝鲜与中国依山带水,其陶瓷是在中国陶瓷影响下诞生的。中国瓷器的传入,对朝鲜青瓷、白瓷产生了重大的影响。朝鲜半岛的古代都城遗址中,有许多中国古代青瓷和白瓷出土。日本进入中世纪后,其社会上流阶层仰慕中国宋代的瓷器,以今之名古屋一带的濑户窑仿制中国宋瓷。在中国瓷的影响,日本创烧了日本风格的日瓷。日本前首相田中角荣1972年访华时,曾对周恩来说,就瓷器而言,日本是中国的"孙子",因为日本的瓷器是从朝鲜传来的,朝鲜瓷又是向中国学习的。[1]

从9世纪开始,中国陶瓷体系与伊斯兰体系相互影响。[2] 唐代邢窑、定窑和巩县窑白瓷远销中东,促使中东的陶工模仿中国白瓷而生产白色陶器。埃及从法特米王朝(Fatimid Dynasty)开始仿制中国瓷器。在波斯13世纪仿制的瓷器中可以清晰看到中国凤凰的图案。

阿拉伯人得到中国造瓷技法以后,于1470年传播到意大利。意大利在欧洲最早烧造瓷器,1627年比萨(Pisa)工人烧造出了软瓷青花碗。经意大利,中国制瓷技术又传到了其他国家。荷兰仿制中国青花瓷器,烧制了白釉蓝彩陶器。欧洲人称这种白釉蓝彩陶器为德尔费特(Delft)[3],并一直沿用至今。其功绩在于把中国青花与欧洲陶器、珐琅工艺有机地结合,创造了独特的风格,给欧洲爱好艺术的人们以新的艺术欣赏。德国迈森(Meissen)[4] 瓷厂模仿中国清代康熙、雍正和乾隆时期的瓷器,试制成功釉下蓝彩,而后有描金、彩瓷。奥地利是继德国之后第二个生产真正硬质

---

[1] 霍华:《陶瓷述古》,上海文化出版社,1999,第13页。
[2] 霍华:《陶瓷述古》,上海文化出版社,1999,第236页。
[3] 也有人称之为"代尔夫特蓝陶"。
[4] 也有人翻译为"梅森"。

瓷的国家。在维也纳成立的皇家瓷器工厂，所烧瓷器与迈森工厂瓷器一样，装饰具有东方花纹图案特征。法国中部纳维尔（Nevers）的陶器生产受荷兰、英国等商船运来的大量中国瓷器的影响，开始模仿中国瓷器。17世纪在巴黎附近的凡尔赛建立陶器工厂，并奉国王路易十四之命生产大小花盆及仿中国青花瓷器，以供凡尔赛宫使用。德化白瓷，色泽明亮光润，法国人对其特别偏爱，称其为"中国白"（Blanc de Chine）。英国同样受到中国瓷器的影响。18世纪伦敦著名的"弓"（Bow）瓷器工厂从美国进口瓷土，制造坚硬的瓷器，生产雕塑及仿青花碗、瓶等。瓷器纹饰表现亭台楼阁、小桥流水、柳树、菊花等。另外还有切尔西（Chelsea）瓷器工厂、伍尔西斯特尔（Worcester）瓷器工厂，生产有中国风景图案的茶具等瓷器。1890年，中国制瓷技术在美国落地发芽，美国瓷器造型装饰兼具两国元素。

除了在工艺文化方面的影响外，中国瓷器还对精神层面的文化造成了影响。中国瓷器所表现出的精巧、细腻、华丽的风格对西方文化产生了一种刺激作用，法国的"洛可可风格"产生和中国瓷器有密不可分的联系，甚至有西方学者认为"洛可可艺术风格和古代中国文化的契合，其全部秘密就在于瓷器所体现出来的纤细入微的情调中"。[1] 18世纪，中国瓷器在英国被视为室内装饰和审美的标准，作家丹尼尔·笛福（Daniel Defoe）甚至断言："住宅里若没有中国花瓶，不能算第一流的高档住宅。"[2] 在绘画艺术中，中国青花瓷器经常作为一种元素出现在西方绘画中。如在意大利画家乔凡尼·贝利尼（Giovanni Bellini）的名作《诸神的宴会》中，青花瓷钵成为诸神喜爱的"神器"。在法国画家雅姆·蒂索（James Jacques Joseph Tissot）绘制的《贵妇》一画中，人们可以清楚看到一套青花瓷茶具，茶具洁白幽兰、细腻明亮。瓷器是一种实物，由于"被赋予了文化价值，所以它具有符号意义"[3]，成为传递中国文化信息的媒介。

---

[1] 梅彬主编《海上陶瓷之路》，江西人民出版社，2016，第160页。
[2] 张国刚：《海上丝路的一抹晚霞：明清时期的外销瓷》，《文汇报》2016年8月5日，第W12版。
[3] 陈华文：《文化学概论》，上海文艺出版社，2004，第141页。

（二）从外到中的跨文化传播

中国瓷器在畅销域外的同时，也受到了域外文化的影响。北宋初期，瓷器沿袭唐、五代的风格，器型庞大，纹样也多采自中西亚诸国的装饰题材。明朝永宣时期，中外交流频繁，官窑瓷器出现很多阿拉伯文装饰题材。品种方面，如青花瓷、粉彩、珐琅彩、锑黄釉瓷、胭脂红釉瓷等都是中西文化共同作用下的产品。造型方面，如军持、花浇、天球瓶、卧壶、观音瓶、鼻烟壶等都是在外来文化影响下，烧制而成的新器具。大小方面，如元代和明初的青花大盘、大钵、大罐等，因受中东地区的使用习惯而生产，显示出中东伊斯兰文化在华传播的一种反馈。

青花瓷是汉文化、蒙古文化和波斯文化的结晶。它的青料有多种，有苏麻离青、平等青、石子青、回青、浙料、明珠料和化学青料等。其中苏麻离青来自波斯，低锰高铁，呈色浓重青翠，有"铁锈斑痕"，俗称"锡光"，是难得的上好青料。元青花的一部分和明永宣官窑所用青料就是这种，之后无货可用，至今无法仿制，不仅使其身价倍增，也成为鉴定的重要标志。

明末清初以来，随着"西学东渐"，中国绘画受到了西方绘画艺术的影响。中国瓷器绘画也不例外，融入了西方绘画的表现方式，如对光影的追求和对阴影的注意，使画面富有立体感。创烧于清代康熙的粉彩，就是典型品种，在乾隆时期还被称为"洋彩"。它吸收外来技术，以含砷的玻璃白打底，表面凹凸不平，立体感较强，融中西之美为一体，成为珍贵品种。

金红釉彩瓷，创烧于康熙末期，因其技术从西方国家引入，又被称为"洋红金""西洋红"。雍正、乾隆时期，金红釉成为珍贵品种，列为贡品。雍正十三年（1735年）督陶官唐英在《陶成纪事》中记载当时岁例贡御的57种彩、釉瓷中即有"西洋红色器皿"[①]一条。

另外，德国迈森瓷器厂烧造的瓷器，起初在造型风格及纹饰方面尽量接近中国瓷器，以便挤进市场。之后，迈森瓷器开始从原料到制作工序严格把

[①] 毛晓沪：《雍正瓷胎画珐琅嫔妃对弈图盘考》，《收藏家》2005年第10期。

关，绘画也极尽精美工细之能事，并努力吸收中国瓷器的一切长处，把瓷器做到尽善尽美。于是欧洲人把目光从中国瓷器转向了迈森，以至于中国瓷工也掉过头来借鉴迈森甚至制作仿冒迈森的瓷器。瓷器及其承载的文化在中西方之间旅行，这是一场跨文化交流，既有差异与碰撞，亦有理解与融通，既遇见陌生风景，亦重新发现自我，从而进化自己，展现新的魅力。

第四节　瓷器的社会传播功能

社会传播有广义与狭义之分，在不同框架内有不同的定义。广义上，相对于物理信息、生物信息而言，一切社会信息的传播都属于社会传播。这里所说的并不是人类社会广义层面的传播，而是指狭义上人与他人——包括死人、超人（神灵）——之间的传播。

一　祭天礼地，沟通神灵

中国礼器继玉器、青铜之后，就是陶瓷。古人十分看重祭祀，"国之大事，在祀与戎"。① "礼有五经，莫重于祭，是以事神致福。"② 早期中国皇室祭祀天地多用金属器，自宋以后，祭祀天地开始"器用陶匏"体现古礼"尚质贵诚"的精神。明太祖朱元璋在洪武二年（1369 年）降旨"祭器皆用瓷"。有些颜色釉瓷器也与祭祀有关，如"霁红""霁蓝""霁青"等，其本意就是"祭红""祭蓝""祭青"，在文献中互为称用。犹如青铜器，陶瓷成为中国庙宇、祠堂里的祭祀重器，主要品种有琮式瓶、瓷鼎炉、瓷双牺耳尊等。平民在祭祀中则更早使用陶瓷。丧葬方面，"夫礼，始于冠，本于昏，重于丧、祭"。③ 丧葬礼仪作为人生的最后礼仪，在中国传统文化中具有重要地位。早期的瓷器从商周到唐代，很多是作为明器，用于陪葬。古人事死如事生，随葬品离不开日用瓷器或仿日用瓷器。例如，东吴、西晋时期，随葬品最典型的器物是堆塑的谷仓罐④，被称为"魂瓶"或"神亭"；

---

① （春秋）左丘明：《左传》，岳麓书社，2015，第137页。
② 衢州市柯城区档案局：《"立春祭"》，《浙江档案》2012年第8期。
③ 杨天宇：《礼记译注（下）》，上海古籍出版社，2016，第994页。
④ 马利清主编《考古学概论》（第2版），中国人民大学出版社，2015，第352页。

北魏宣武帝景陵出土的青瓷盘口龙柄壶、唾盂等，陕西法门寺唐塔地宫出土的秘色瓷，就是当时的御用青瓷。宋元时期，常见明器蟠龙瓷瓶，亦称"扳依瓶"或"招魂瓶"。明清时期，除了王侯将相之陵墓，一般平民墓随葬品也常见陶瓷器。这些瓷器埋在地下，用作沟通所谓"天、地、神"思想的物质载体之一，以求保佑国家长治久安或子孙享福。

民间烧窑在不少地区形成了"祀神酬愿"的习俗，人们认为瓷器是否精美离不开上天的保佑。清代督陶官唐英曾在《陶冶图说》写道："工匠人夫不下数十余万，靡不藉瓷资生。窑火得失，皆尚祷祀。"[1] 祀神酬愿成为景德镇制瓷的一道必备工序。瓷器从产生就被赋予天人沟通的媒介功能。在生活中瓷器用于祭祀、丧葬，沟通鬼神就变得自然而然。

无独有偶，精美的瓷器也在中国周边国家或地区当作祭器。当地人认为瓷器有着漂亮的外衣可以媚神，轻叩之可以发出清脆的响声，能够通神。[2] 缅甸常将中国瓷器埋在地下或送往佛庙供奉。在泰国、菲律宾等地，青花瓷是最重要的陪葬品。[3] 马来西亚的沙捞越，在墓前柱子上镶有中国青花瓷。非洲肯尼亚的马林迪，在城北一处墓地的圆柱形墓碑上竟也镶嵌中国青花瓷盘。瓷器成为祭祀、丧葬的重要法器，被视为人与神灵之间沟通的媒介。

二 体征信念，共享文化

瓷器源于人的制作，蕴含了匠人的精神信念。在民窑瓷器上，我们经常可以看到吉祥纹装饰，这些纹饰喻意"福禄寿"。在官窑瓷器上，人物故事图案"劝课农桑""渔樵耕读""忠君报国"等体现的意识形态引领社会风尚，塑造主流价值观。在各种题材中，更凸显信念的便是充满宗教元素的瓷器。南北朝时期，瓷器常采用塑贴飞天、凸刻莲花等装饰技术，人们借以表达对佛教的信仰，如1972年南京市东郊梁朝墓出土的青瓷仰覆莲花尊。元朝，青花瓷使用阿拉伯经文做装饰，表现的是伊斯兰教的信仰。明朝，青花瓷使用的八仙纹表现的是道教信仰。德化瓷雕中的一类就是宗教瓷雕，直接以观音、达摩、吕洞宾等人物展现佛教与道教的追求。

---

[1] （清）唐英：《陶冶图说》，中国书店出版社，1993，第16页。
[2] 吕成龙主讲《明清官窑瓷器》，中央编译出版社，2008，第279页。
[3] 沈福伟：《中西文化交流史》（第2版），上海人民出版社，2006，第281页。

当人们使用这些瓷器时，便会接触、感知这些社会价值观或规范，实现跨越时空的交流，因此瓷器具有传递社会遗产的功能。

制瓷本是一种社会底层职业，书画是上层文人所为，然而瓷器却把它们有机融合起来。自从唐朝开始，书画作为一种纹饰用来装饰瓷器，使人人皆可欣赏阳春白雪，也可感受下里巴人。瓷器用来装饰家居，最早流行于上层社会，但随着瓷器的普及，这一审美也走入寻常百姓家。宋代有首诗言道：道旁三两户，共营一店家；干净且明亮，无粥亦无茶。劳者农户耳，不是鉴赏家；却见一瓷瓶，绽放一枝花。[①] 从唐朝开始，全国盛行喝茶。源自唐朝贵族的饮茶仪式，即中国的"茶道"，随着茶具的普及逐渐下传民间，甚至外传日本、朝鲜。宋朝的斗茶之风也因建盏的量产相互影响，上至皇帝下至百姓，莫不喜好。文人骚客陆游、苏东坡等人写下不少诗篇，赞誉茶盏。瓷器好比是一张网，把诗画与泥土、把高雅与低俗、把文人与工匠连接起来。

第五节 瓷器的生态传播功能

何为生态传播？德国社会学家尼克拉斯·卢曼（Luhmann）认为，生态传播是"旨在改变社会传播结构与话语系统的任何一种有关环境议题表达的交流实践与方式"。[②] 生态传播与环境传播近似，指的是生态信息在生态体系内外的流通过程，展现的是人与自然之间的关系。瓷器是水的韵律、土的语言和火的艺术，从设计到烧造再到使用直至销毁，无不直接体现了人与自然的关系，凝结了国人的生态传播观。

一 体现匠心，再现自然

瓷器从自然界索取不多，其精美更多来自匠人，巧师造化。他们内求于己，重视匠心独运。创意设计源于自然，成形于人工，再现为自然，可

[①] 〔美〕罗伯特·芬雷:《青花瓷的故事：中国瓷的时代》，郑明萱译，海南出版社，2015，第132页。
[②] 刘涛:《"传播环境"还是"环境传播"？——环境传播的学术起源与意义框架》，《新闻与传播研究》2016年第7期。

谓从自然界中来,再到自然界中去。瓷器中不乏利用自然界动植物做造型、做装饰,如葫芦瓶、瓜棱瓶、马蹄尊、苹果尊、凤头壶、天青叶式水洗、莲瓣纹碗、三秋杯等。最为突出的要数清代的仿象牙、仿玉器、仿木釉以及仿生瓷。所谓仿生瓷,即模仿禽、兽、虫、鱼、植物等外体表征,展现材质或肤理所烧造的瓷器。乾隆时期仿生瓷仿制的范围更加广泛,不仅仿制生活用品,还仿制宗教用品,所仿制的成品栩栩如生,惟妙惟肖。福建德化瓷雕,颇具匠心,名扬海内外。除了整体仿生,更为常见的是局部仿生,如一些碗盘的口沿呈莲花瓣、荷叶形等。邛窑瓷器中的柳斗式杯,仿柳条编织纹。1991年四川遂宁出土的青釉荷叶形盖罐,罐身圆润,胎质洁白细腻,外施梅子青釉,釉色柔和淡雅,碧绿如翡翠,温润如春水。作为一级文物,精美绝伦,是四川宋瓷博物馆的镇馆之宝,也被称为三大国宝之一。[①] 江西吉州窑创造"木叶贴花""剪纸贴花"等技法,贴饰纹样与器皿浑然天成,形成新奇美妙的艺术效果。

青瓷是中国瓷器最常见的品种,历史最为悠久。其大自然的颜色深受世人喜爱,尤其是文人,更是欣赏青瓷的自然美。自宋代以来,人们青睐汝窑产品,在中国陶瓷史上素有"汝窑为魁"之称。其造型古朴大方,色调清淡,并且多以天青为正品,显示出对自然天趣的追求。观其釉色,随光而动,呈现大自然之美。在明媚的光照下,颜色会青中泛黄,恰似雨过天晴后,云开雾散时,澄清的蓝空上泛起的金色阳光。而在光线暗淡的地方,颜色又是青中偏蓝,犹如清澈的湖水。可惜,汝窑生命力不长,始于唐,盛于北宋,衰于南宋,产量并不多。因此,仿制汝窑被提上议事日程。从现有传世品来看,景德镇御窑厂从明代宣德年间就开始生产仿汝窑瓷器。雍正、乾隆年间的宫廷记事档中,多处记载当时仿汝釉情况,足见皇室对此釉色的钟爱。

二 对话自然,天人合一

很多瓷器时间久了,会布满不规则的裂纹,在瓷器学上被称为"开片"。本是一种釉面缺陷,却被人因势利导,化腐朽为神奇,塑造成自然

[①] 程裕祯:《中国文化要略》,外语教学与研究出版社,2011,第348页。

美的象征，从北宋至今为世人所追求。汝窑的"蝉翼纹，晨星稀"、哥窑的"金丝铁线"、钧窑的"蚯蚓走泥纹"，等等，犹如风行水上，自然成纹，美不胜收。在建盏中最为出名的三大品种是"曜变""兔毫""油滴"，都是以纹理著称。这些纹理本是偶然出现，自然生成，非窑工人力可为。然而，匠人们敢于与自然对话，问道于天，不断研究瓷艺，复制自然纹理，再现自然之美。

北魏孝文帝迁都洛阳后，"尚白"的习俗推动了白瓷的发展。元朝统治者出身于游牧民族，热爱蓝天草原，形成"尚蓝尚白"的传统。他们从中受到启发，发展了青花瓷（亦称白地蓝花瓷）烧造。自从元代起，青花瓷开始成为主流产品，到了明清时期青花达到鼎盛，在瓷坛独占鳌头。清代督陶官唐英在《陶冶图说》中记载："青花绘于圆器，一号动累百千。"① 可见，青花生产一方面分工细致，另一方面从业者众。其尽管只是单一的蓝色，但颜色有深有浅，有浓有淡，有疏有密，如同中国水墨画，与汉人的艺术审美一致，深受全国人民的喜爱。

瓷器取水土于自然，物尽其用，人尽其才，探索自然之道。"虽有人工，宛如天作"，不管是造型，还是颜色，抑或是纹理都要像天然生成一样，传达的正是对自然的崇尚，对天然趣成的追求，也体现着天人合一、人与自然和谐相处的思想。瓷器源于自然，环保生产，最终也降解于自然。

结　语

瓷器的日常实用功能，促使其满足人的第一层次的生理需要；正所谓"民以食为天"，瓷器在人们生活中举足轻重。随着生产力的发展，人们生活水平的提高，"仓廪实而知礼仪"，瓷器的功用也得到不断开发。作为物质的瓷器，不断发展演变，也决定相应文化的发展演变，而文化也会反作用于瓷器的再生产。在数千年螺旋式的互动之中，其中的意义不断增加，瓷器不再是单纯的瓷器。

---

① （清）唐英：《陶冶图说》，中国书店出版社，1993，第10页。

瓷器静默，但非无言。瓷器集工艺文化、制度文化与精神文化为一体，在生产和使用过程中具有了媒介传播功能。作为媒介的瓷器，其通过造型、装饰和使用场合等实现各种信息流通，反映、传达和协调人与自己、他人、社会乃至大自然的关系。总之，瓷器在中国语境下，具有中国特色的政治、经济、文化、社会和生态的"五位一体"的传播功能，成为华夏传播观的重要组成部分。

（李海文）

第十三章
冰心玉壶：华夏茶文化传播的媒介功能

茶发源于中国，中国是茶叶的故乡。茶作为中国文化必不可少的元素，具有悠久的历史。早在春秋时期的《晏子春秋》和《洛阳伽蓝记》中就有关于饮茶的记载；唐朝"茶圣"陆羽所著的《茶经》更是一本被称为关于茶叶的百科全书[①]；鲁迅、胡适、老舍等文学大家笔下也有诸多与茶相关的文化元素。茶叶经过了数千年的发展，早已成为中国人生活中不可或缺的一个重要部分。在悠长的历史发展变迁与文化的输出和输入过程中，茶本身所具有的意义也在发生着变化。从饮茶活动到贡茶制度、从茶叶税到茶叶战争、从茶马互市到茶马古道……茶叶也被赋予了更加多元化的符号意义。

在中国知网以"茶"为主题、以"媒介"为关键词进行搜索，所出现的文章仅42篇，而以"茶的媒介功能"为关键词进行搜索，文章数为0。在以往的研究当中，研究者的方向主要集中在研究"茶文化""茶文化传播""茶马古道"等领域，而对于将茶作为一种传播媒介去探讨它的传播功能的研究较少。

在悠久的历史中，中国人将茶与中国传统文化交融共生，为之注入了十分深厚的文化内涵，形成了别具一格的中国茶文化。随后又在儒家、道教、佛教等思想流派的影响之下，将茶文化上升到了一种哲学的高度。茶作为一种文化符号，其本质是一种以物质符号为中介的本土文化的互

---

① 胡学坤：《从〈茶经〉看中国茶文化的有效译介和传播》，《福建茶叶》2017年第3期。

动,具有强化、象征的作用,像语言一样对文化信息进行表征。同时,茶作为一种非语言符号的信息载体,通过符号表征的方式,发挥着象征性意向信息传播的作用。从古至今,茶作为一种媒介,发挥着至关重要的作用。

在大航海时代之后,随着海上丝绸之路的开辟,我国与西方各国的政治、经济和文化来往日益密切,而茶作为一种重要的商品,不仅在中西经济贸易中起到了不可或缺的作用,更是用其深厚的文化内涵,促进了中西之间的文化交流和碰撞。从华夏传播的视野去看茶在中西交流中的作用,不仅有助于我们了解中国茶文化和西方茶文化的异同及发展脉络,更有助于我们更好地认识和了解中西文化交流的发展历史。而古时候不同时期的茶马贸易产生了不同的茶马政策,都对民族融合产生重要影响。

麦克卢汉的"媒介即讯息"理论就指出,真正有意义的讯息并不是各个时代的媒介所提示给人们的内容,而是媒介本身。换句话说,人类只有在拥有了某种媒介之后才有可能从事与之相适应的传播和其他社会活动。茶叶的出现,带来了茶文化的传播,带来了中西方的文化交流,也带来了一系列的经贸活动;茶承载着一个民族的历史,在某种程度上也是中华民族的精神图腾。因此研究华夏茶文化传播的媒介功能是有意义的。

第一节 作为媒介的茶

万物皆媒,媒介皆承载信息,传递意义。茶叶作为一种饮品,除了显而易见的实用功能外,还有不易觉察的作为媒介的传播功能。媒介学所关注的是聚焦于各种象征符号、社会集体组织和信息技术系统的互动关系,研究这些关系在一个社会或跨文化当中的传播功能和意义效果。而媒介是在文学交流过程中,起着传递作用的人和事物,它把一个民族的文学介绍和传播到另一个民族,使文学的流传和影响得以实现。而茶叶本身就有悠久的历史,其背后蕴含着丰富的历史信息,传递着人们的情感意图。茶叶伴随着历史的发展和社会环境的变化,中国茶文化的精神思想更多被现代人所接受的不再只是"精行俭德",而是"茶和天下"。在所融合的儒释道文化思想中,"和"文化已成为中国茶文化向外输出的重要符号。中国茶文化中所蕴含的"茶礼""茶德"被重新挖掘,使之更适合现代国际传播。这就是茶叶作为媒介的力量所在。

符号学是研究符号表意的一门科学,索绪尔指出符号由"能指"和"意指"组成。国内的符号学学者赵毅衡提出,符号是被认为携带意义的感知,没有意义可以不用符号表达,也没有不表达意义的符号,没有意义可以不用符号来解释,也没有不解释意义的符号,符号学即意义学。① 罗兰·巴尔特也提出:"符号是一个包括能指和所指的复合词。"② 皮尔斯提出了著名的"符号三元论",将符号分为"再现体"、"对象"和"解释项",其中"再现体"就相当于索绪尔"二分法"中的"能指",他将索绪尔"二分法"中的"所指"分为了"对象"和"解释项"两个部分,强调了符号接受者对于符号意义的影响。③ 叶尔姆斯列夫又提出"外延"与"内涵"。外延是"所指物在文化上得到承认的潜在属性",而内涵"未必对应所指物在文化上得到承认的潜在属性"。④ 人类学家克利福德·格尔茨指出,符号学"提供一种语言,是符号行动所必不可少的自我表达——即文化在人类生活中的角色——得到实现"。⑤ 综上,符号是传播学一个基础却又重要的理论,符号是传播的介质,人类通过符号交流信息。

德国著名哲学家恩斯特·卡西尔(Ernst Cassirer)曾在他生前最后一部著作中写道:人是"符号的动物",人所创造的"文化形式都是符号形式"。意思是人即能利用符号去创造文化的动物。人和动物的根本区别:动物只能对"信号"做出条件反射,而只有人才能够把这些"信号"改造成为有意义的"符号"。人们借助符号来认知世界和解释世界,符号也在这解释与被解释的过程中逐步渗透到人们生活的每一个领域,进而指称

---

① 赵毅衡:《符号学原理与推演》,南京大学出版社,2016,第1~3页。
② 罗兰·巴尔特:《符号学原理:结构主义文学理论文选》,李幼蒸译,生活·读书·新知三联书店,1988,第5页。
③ 程馨媛:《符号学视阈下中国文化对外传播的策略研究》,《新闻传播》2018年第23期。
④ 赵毅衡:《符号学原理与推演》,南京大学出版社,2016,第99页。
⑤ 克利福德·格尔茨:《文化的解释》,纳日碧力戈等译,上海人民出版社,1999,第5页。

人们可接触到或可感知到的客观和主观世界里所有客体。法国符号学家罗兰·巴尔特的符号学理论认为，符号含有两个层次的表意系统：第一层次是费尔迪南·德·索绪尔的"能指和所指"；第二层次则是第一层次产生的符号作为第二层表意系统的能指时，所产生的一个新的所指，即隐喻。

如此，我们置身其中的这个世界并不仅仅是一个由纯粹客观与主观事实所组成的"经验世界"。从信息传播和转递的层面上理解，我们生活的这个世界更多的是一个由种种符号所形成的"意义世界"。这个意义世界则处处渗透着从一个符号系统到另一个符号系统不停地对这些符号进行编码和译码的行为。这种行为实际上是一个不断抽象的阐释过程，即"符号化过程"。"经验世界"与"意义世界"正是通过由众多"符号化过程"纵横交错所架构形成的"符号化空间"而相互映射。茶叶集大自然之灵气，载天地之精华，品性温润平和，味道幽香苦涩，这些特性天然契合了传统文化内涵，比如儒家的中庸平和、道家的清静无为、佛教的寂静淡泊。因此在漫长的茶文化发展历程中，中国人对茶的认识从物质升华到哲理层面，将佛儒道文化精髓融入其中，提炼出中国特有的茶道精神，堪称东方古典文化的典范。茶作为一件艺术品，一种诉诸视觉和听觉的情感表现，作为媒介来传达关于感情和情绪活动的本质和结构，传达情感与思想的某种信息。而饮茶之人也正是在这个媒介物的引导、暗示之下，调动自己的文化心理积累来领悟媒介背后所隐含的意蕴。可以说茶作为媒介物渗透到人们生活中每一个领域的种种符号——情感、政治、经济等，在不同的场域不同的情况下具有不同的媒介功能。①

第二节　私人领域茶作为媒介的情感表达

茶文化本质上是一种与茶相关的文化符号体系，其有效传播的关键环节是茶文化符号的编码和解码。中国在华夏5000多年的文明史中，历代文人墨客为我们留下的精美茶诗、茶词和茶曲不胜枚举，可以说是咏之不尽

---

① 张畅：《茶圣陆羽与唐代茶文化》，《华夏文化》2019年第1期。

赋之不绝。古人喜欢在诗词中用茶去表述自己的情感，如白居易在《山泉煎茶有怀》中的"无由持一碗，寄与爱茶人"，《食后》中的"食罢一觉睡，起来两碗茶"；陆游在《听雪为客置茶果》中的"青灯耿窗户，设茗听雪落"。在这些诗词中，我们都可以看到作者对于茶的喜爱之情。本书略举部分有代表性的诗词，以观其貌（见表13-1）。

表13-1 关于茶的诗与意

表达的情感	诗人、诗名	诗句
旷达乐观、淡泊宁静的人生态度	苏轼《试院煎茶》	蟹眼已过鱼眼生，飕飕欲作松风鸣。蒙茸出磨细珠落，眩转绕瓯飞雪轻。银瓶泻汤夸第二，未识古人煎水意。
	陆游《新辟小园》	眼明身健残年足，饭软茶甘万事忘。
	陆游《啜茶示儿辈》	围坐团栾且勿哗，饭余共举此瓯茶。
	陆游《夏初湖村杂题》	寒泉自换菖蒲水，活水闲煎橄榄茶。
	陆游《八十三吟》	桑苎家风君勿笑，他年犹得作茶神。
	陆游《述闲》	披衣按摩罢，据榻欠伸余。香暖翻心字，茶凝出草书。
	陆游《自法云归》	归来何事添幽致，小灶灯前自煎茶。
	陆游《春雨·药炉茶灶淡生涯》	药炉茶灶淡生涯，听雨犹能惜物华。
	陆游《登北榭》	香浮鼻孔煎茶熟，喜动眉间炼句成。莫笑衰翁淡生活，他年犹得配玄英。
	白居易《琴茶》	琴里知闻唯渌水，茶中故旧是蒙山。
伤世感怀的人生苦闷	陆游《临安春雨初霁》	矮纸斜行闲作草，晴窗细乳戏分茶。
	陆游《效蜀人煎茶戏作长句》	饭囊酒瓮纷纷是，谁赏蒙山紫笋茶。
	陆游《夜汲井水煮茶》	山童亦睡熟，汲水自煎茗。
	陆游《秋晚杂兴》	聊将横浦红丝沩，自作蒙山紫笋茶。
	陆游《闲游》	毕生长物扫除尽，犹带笔床茶灶来。

续表

表达的情感	诗人、诗名	诗句
友情	宋太宗《缘识》	景致融怡露添寒，薄茶佳客随情斟。
	王之道《和陈勉仲二首》	霁日有情茶乳合，春风无力柳丝闲。
	留元崇《茶园》	何物堪留客，烹茶成雪芽。
	韩元吉《雨中伯恭至湖上》	莫嫌鞭马踏春泥，茶鼎诗篇偶共携。
	杜耒《寒夜》	寒夜客来茶当酒，竹炉汤沸火初红。
	白居易《山泉煎茶有怀》	无由持一碗，寄与爱茶人。
	楼钥《陪沈虞卿使君游钱园》	静憩方开宴，徐行更试茶。

从传播学的视角看，茶自古就是中国人用来表达各种情感的独特的介质。除了诗词的情感表达以外，茶与民间习俗也存在密切的关联。

一 茶与习俗

有一句老话叫作"无茶不在丧"，我们从茶叶中可以对中国的祭祀习俗窥探一二。以茶叶祭祀的习俗，早在南北朝时梁朝萧子显撰写的《南齐书》中就有记载：齐武帝萧颐永明十一年在遗诏中称："我灵上慎勿以牲为祭，唯设饼果、茶饮、干饭、酒脯而已。"以茶作为祭祀用品，可祭天、祭地、祭神、祭佛，也可祭鬼魂，茶作为祭祀的媒介，就和丧葬习俗发生了密切的联系。《周礼》中也记述道："掌茶以供丧事，取其苦也。"在《红楼梦》的第78回，贾宝玉读完《芙蓉女儿诔》之后，便焚香酌茗，以茶供来祝祭亡灵，寄托自己的情思。这其实也是曹雪芹当年对"以茶祭祀"风俗的描写。[①] 在民间流传的话语中，茶叶可谓是遥祭祖先、实现人神沟通最好的媒介，祭祀之茶被接纳之后则会给现世这些供奉茶叶的人带来平安与福泽。除此之外，我国民间一直有以"三茶六酒"（即三杯茶和六杯酒）和"清茶四果"作为丧葬祭品的习俗，究其根本都是平民百姓为了得到神灵的保护与庇佑。在古代上至官宦下至庶民，他们在祭祀活动中都离不开以茶叶为媒。在祭祀面前，茶叶不是达官显宦的专属祭祀物品，

---

① 屠幼英、乔德京主编《茶学入门》，浙江大学出版社，2014，第121页。

平民百姓也在大加使用。①

除祭祀之外，与茶叶有关的习俗也丰富多彩，比如在婚礼习俗当中，茶叶就发挥着至关重要的作用。在旧时男女成亲，举行发亲、迎亲、拜堂等礼仪或仪式，就被称为"定茶"。② 在《红楼梦》第 25 回，凤姐打发丫头送了两瓶暹罗进贡来的茶叶给黛玉。两天后凤姐又见到黛玉，问她茶叶怎么样？黛玉说："吃着很好。"凤姐就趁机笑着说："你既吃了我们家的茶，怎么还不给我们家作媳妇？"众人听了一齐都笑起来。林黛玉红了脸，一声儿不言语，便回过头去了。众人听了凤姐的话，之所以"都笑起来"，就是因为这是当地的一种吃茶民俗。男方请媒人到姑娘家说亲时，如果姑娘的父母吃了媒人带来的茶，就意味着认可了这桩亲事。"定茶"这一习俗在现在依然存在。在闽南地区有"拜茶"之说，男方婚宴后，新郎、新娘在媒婆或家人的陪伴下，捧上放有蜜饯、甜冬瓜条等"茶配"的茶盘，敬请来客，此礼叫"吃新娘茶"。来客吃完"新娘茶"要包红包置于茶杯为回礼。结婚成亲的第二天，新婚夫妇合捧"金枣茶"（一小杯茶加两粒蜜金枣）跪献长辈，这就是闽南民间的"拜茶"，茶礼在闽南人的婚事中是具有象征意义的存在。不论是长辈还是平辈，喝完茶后，必须说祝福吉语。伴随吉语还有红包回礼，这叫作"压茶礼"。

二　"泡茶""送茶"文化

在闽南地区，一般都有"泡茶"饮茶的习惯。泡茶文化深入闽南人的生活。比如当客人到闽南人的家或是与闽南人谈事，闽南人会热情地邀请你一起泡茶，其实这也是闽南人好客的表现。在需要交流的时候，茶除了作为一种解渴的饮料，更体现出一种社交礼仪的媒介功能，体现了主人的敬意。

如今饮茶已成为商务洽谈、会客过程中不可缺少的一个环节，养成在正式商务社交场合饮茶的习惯，不仅能表达对合作伙伴的重视，也体现了自身高雅的素质。"以茶会客"是一种礼仪。主人在接洽客户时应处处以

---

① 谷昆：《茶与祭祀》，《中国茶叶》1990 年第 5 期。
② 屠幼英、乔德京主编《茶学入门》，浙江大学出版社，2014，第 119 页。

礼待人,作为接受款待的一方,在饮茶之时也应对主人投桃报李,勿失谦恭与敬意。在沟通的过程中,双方端起小茶碗,你一言我一语地交谈,事情就这么慢慢谈下来了。而茶叶在中国本来就是馈赠亲朋邻里的好礼,中国人送礼讲究礼轻情意重,送茶不仅仅是送茶叶,更是送文化和寓意。①由于茶文化深入人心,融入中国平民百姓的日常生活,而且茶的种类丰富多样,口感和价格也各不相同,所以人们常将茶礼品作为有文化内涵的伴手礼。七夕鹊桥以茶为媒、中秋月圆以茶怀乡、重阳尊老以茶益寿、春节欢庆以茶待客等,茶饮不仅是亲朋团聚、传递祝福、表达感情的媒介,更演变为中国节日文化的特定符号。因此佳节送茶,送的更是文化与品位。除此之外,茶本身具有保健的功效,代表了一种健康,这也促进了送茶文化的盛行。

我国茶文化在发展的过程中是以物质为基础,辅以我国特有的精神力量和内涵,形成我们的茶文化体系。在认知茶文化的时候,就需要将整个文化的包容性融入茶文化的发展当中,这样才可以保证我国文化的整体传承。除此之外,茶文化的发展与成熟,也反映了中华文化的发展和成熟。在这个百花齐放的年代,茶文化的发展为我国其他文化的发展提供了重要的基础支撑。文化是符号的母体,符号是文化表现的手段———人类所创造的一切文化都是通过不同的符号呈现的。人们通过符号来识别文化,文化也通过符号形成和发展,因此符号也成为不同文化之间沟通交流的工具。② 中国茶文化的产生依赖于符号——中国茶文化是一个与中国茶相关的符号体系。从符号学的角度来看,人们在社会生产中先产生了茶文化的"语意",将茶媒介与文化符号结合,并将要传达的茶文化"语意"通过符号组建符号系统,从而为茶文化的"语意"找到表达中介,也为茶文化的沟通与传承找到了载体。

第三节 公共领域茶的政治经济功能呈现

从传播学的维度看,茶作为媒介除了能够表达各种情感以外,还能够

---

① 雷洋:《媒介融合视阈下论传媒的变革与茶文化的传播》,《福建茶叶》2017年第6期。
② 徐江华、张敏:《论中国传统文化符号在产品设中的重构》,《包装工程》2007年第1期。

作为公共领域的沟通介质，能够呈现政治及经济现象，甚至作为一种社会角色的道具。通过政治、经贸、宗教与文化交流，这片中华民族的"图腾"，承载起中华文明的历史进程。

一 茶的政治作用呈现

邵培仁先生曾经从辩证唯物主义的角度指出政治传播是政治的喉舌。政治传播是一定阶级或利益集团为了实现自己的政治目的而实施的一种活动或者手段。政治传播是国家的喉舌，代表统治阶级的利益、意志，是国家进行社会管理的一种工具。国家政权是统治阶级实行阶级统治的工具，政治传播通过各种为管理社会系统和个体的行为规定的命令、限制、规则等，维持整个社会的秩序和治安。因此强化国家政权、加强政治统治，是政治传播的基本职能之一。[1]

自唐朝之后，茶马贸易成为王朝贵族与边界庶民进行交易的一种重要形式，成为连接汉族与各民族关系的一条纽带。官营茶马贸易，兴起于唐朝、兴盛于宋明、衰落于清，它历经多个朝代，成就了一段悠久的历史。[2] 官营茶马贸易，并不是一项简单的交易活动，而是一项以交易为辅、以政治统治为主的活动。清乾隆年间历史学家赵翼在《籍曝杂记》中有一段著名的"以茶制夷"的论述："中国随地产茶，无足异也。而西北游牧诸部，则恃以为命。其所食膻酪甚肥腻，非此无以清荣卫也。自前明已设茶马御史，以茶易马，外番多款塞。我朝尤以是为抚驭之资，喀尔喀及蒙古、回部无不仰给焉。"[3]

官营茶马贸易的贸易对象是西北、西南边疆从事游牧业的少数民族。因为游牧经济的单调和地区环境气候的影响，这些游牧民族对中原的农业经济具有较大程度的依赖，他们要通过交易从中原得到生活所必需的粮食、布帛、茶叶和其他生活用品。"游牧经济最本质的需求是交换贸易，而不是战争……游牧经济与农耕和工业地区的相互关系，本质上不是对立

---

[1] 周鸿铎主编《政治传播学概论》，中国纺织出版社，2005，第6~11页。
[2] 赵宏欣：《官营茶马贸易的历史若干问题研究》，《福建茶叶》2016年第8期。
[3] 吕思勉：《民国大师文库第10辑·白话本国史（下）》，北京联合出版公司，2015，第912页。

关系，而是以互补为基础的睦邻关系。"① 少数民族对于茶叶的依赖度远远高于中原民族。中原王朝的统治者对茶叶又具有完全的定价权，所以，茶叶变成了一种政治性商品和战略物资，也成为中原王朝用来化解或控制北方游牧民族的武器。在这种情况下，中原王朝如何对待周边少数民族的这种需求，是关系到双方是否能够和平共处的重大问题。"一般而言，只要这些需求得到满足，他们都会亲附中原，与之和平共处，这样边疆就处于安定的稳定状态。相反，当少数民族通过和平的方式无法满足其基本的生活乃至生存需要时，往往采取特殊的手段，即对中原农业区发动以掠夺生活资料为目的的战争和武力入侵"。② 从这个意义上说，中原王朝的茶叶就变成了促进和平共处和交往的途径，其不仅满足了游牧民族的生活需要，而且避免了少数民族南下"盗边"之祸的发生，保障了边疆的安宁，更是巩固了中原王朝的统治地位，突显了政府的权威性与阶级性。

茶叶除了具有维护社会稳定和政治统治的权威性之外，还带来了少数民族与中原人的频繁接触。在宋代，通过茶马贸易活动，中原汉族与西北少数民族有了更为广泛的接触，相互信任度增加。此密切交往的发展趋势必然是民族融合。据《宋史·太宗纪》记载：至道元年（995 年），"禁西北缘边诸州民与内属戎人婚娶"。③

战争毫无疑问是政治的一个范畴，两次世界大战时期所做的各项关于战时宣传的研究也都是属于政治传播学的研究内容。战时的宣传研究对战争以及以后的政治生活和社会生活都起到了重要的指导作用，也为战后的政治传播提供了指导。毛泽东军事思想曾揭示"战争是政治的继续。战争就是政治，战争本身就是政治性质的行动，从古以来没有不带政治性的战争"。④ 根据这一论述，我们可以发现政治和战争的关系密不可分，政治贯穿于战争的过程。因此，可以说战争就是一种特殊的政治。在历史上，茶

---

① 吕思勉：《民国大师文库第 10 辑·白话本国史（下）》，北京联合出版公司，2015，第 913 页。
② 吕思勉：《民国大师文库第 10 辑·白话本国史（下）》，北京联合出版公司，2015，第 914~915 页。
③ 王晓燕：《官营茶马贸易研究》，民族出版社，2004，第 269 页。
④ 四川大学毛泽东哲学思想研究室编《毛泽东辩证法思想研究》，四川大学出版社，1984，第 238 页。

叶曾作为战争的导火索,影响着国家的兴衰。

明朝万历皇帝刚刚登基之时,首辅张居正以万历皇帝的名义发出了一份诏书,下令关闭边境贸易。当时的茶叶贸易为官方垄断,官方所制定的交易价格太高,于是民间私茶、黑茶兴起。张居正上任首辅后决意打击民间走私,因此出台了暂停茶叶边贸的诏书。明王朝的本意是希望在关闭边贸茶市的同时严查贩茶私商和惩办违法官员,然而这些严厉的措施导致了边贸茶叶供给完全断绝。北方的蒙古及女真各部陷入一片混乱,他们纷纷上书要求明王朝马上重开边境茶叶贸易。建州女真首领王兀堂甚至向明朝辽东巡抚张学颜提出:只要能开放清河茶马互市,他情愿"请得纳为质子"。也就是说,把自己当作开放茶市的人质。一场因茶叶引发的清河堡战争终于爆发,三年的血战让茶叶贸易回到了原点。随着明王朝宣布重开茶市,蒙古和女真各部的斗志被彻底瓦解。由此可见茶叶对于少数民族的重要性以及茶叶在政治生活中的重要性。

而在清乾隆时期,清朝也曾经利用茶叶控制俄罗斯。在 1728 年,中俄签订了《恰克图条约》,自此恰克图就成为中俄贸易的市场。后因为俄罗斯窝藏中方罪犯和有俄罗斯人在边境抢劫,乾隆就在 1762~1768 年、1778~1780 年、1785~1792 年三次下令关闭恰克图市场,时间总和长达 15 年。在这 15 年里清政府对俄罗斯展开了贸易制裁,外禁皮毛入,内禁茶叶出。而这 15 年的时间让俄罗斯至少损失了 500 万卢布。"俄罗斯地虽富庶,而茶布等物,必须仰给内地,且其每年贸易,获利甚厚,不能不求我通市,中国因得就所欲以控制之。"① 赵翼如是说:"俄罗斯则又以中国之大黄为上药,病者非此不治。旧尝通贡使,许其市易,其入口处曰恰克图。后有数事渝约,上命绝其互市,禁大黄,勿出口,俄罗斯遂惧而不敢生事。今又许其贸易焉。天若生此二物为我朝控驭外夷之具也。"所以清朝正是利用茶叶作为控制俄罗斯的媒介。这一场战争恰好体现了政治传播重要的控制功能,政治传播的控制装置是对优良表现的表扬和对越轨行为的制裁。凡是有利于巩固政治系统地位和符合其根本利益的行为都有可能得到支持和保护,反之就会遭到批评警告甚至严惩。茶叶在政治传播上的控制功

---

① 王丽娜:《中华民俗通鉴》(第 7 卷),内蒙古人民出版社,2006,第 20 页。

能，有利于对政治信息的控制和调节，也有利于形成良好的社会传播环境，建立统一的社会规范和模式。

此外，在《茶叶战争》一书认为是茶叶引起了鸦片战争。鸦片战争是一场茶叶战争，最初茶叶输入英国产生了贸易逆差，而为了扭转这种逆差，英国才向中国输出鸦片。茶是因，鸦片是果，鸦片的输入又导致中国白银的大量外流，为了银子，中国才有了禁烟运动。

二 茶的经济作用呈现

所谓茶叶经济，就是依托茶叶产生的各种商业行为。茶叶经济主要分为茶叶种植经济、茶叶加工经济、茶叶营销经济、茶叶品牌经济等类型。当然，所有茶叶经济的最直接目标是获取商业利润，只不过上述不同类型的茶叶经济由于所处产业链不同，经济运行模式有所差异。我国茶叶经济早在唐宋时期就已经形成一定的产业规模。随着现代经济全球化市场的发展，茶叶已经成为全球三大饮品之一。茶叶经济已经不再专属于中国，日、韩、美、欧等国家和地区茶叶经济在近几十年也呈现蓬勃发展趋势。除了在政治方面的媒介功能呈现，以茶为媒在经济生活方面的作用也不容小觑。

早在唐代中叶，就出现了空前的饮茶盛况，唐朝就已经把茶叶纳入国家经济发展中。"安史之乱"后唐朝皇帝的威信衰落，各地藩镇割据。为了筹措粮饷进行消灭割据势力的战争，唐德宗在大臣们的议论之中发现茶、盐、铁都已经是百姓生活中的必需品，认为有利可图，于是决定对茶叶征税。[①] 之后，每当朝廷财政困难的时候，都会征茶叶税以解燃眉之急。为管理好茶税，唐代相继设立"盐茶道""盐铁使"等官职，茶税在财政收入中的比例不断增加。到唐宣宗时（公元 846~859 年），"天下税茶，增倍贞元"，茶税年收入达 80 万贯，已成与盐、铁等税并列的主要税种，这距茶税的开征还不到百年。[②]

而到了清朝，广州十三行成为是中国茶叶对外贸易的中心，可以说茶叶的对外贸易见证了十三行的发展与繁荣，茶叶的媒介功能十分重要。

[①] 曹金洪：《大唐二十帝》，三秦出版社，2014，第 112 页。
[②] 谷静敏、高雁南主编《茶文化与茶艺》，国家行政学院出版社，2013，第 75 页。

"广州十三行"是清代设立于广州的经营对外贸易的专业商行,又称洋货行、洋行、外洋行、洋货十三行。康熙二十四年(1685)开放海禁后,清政府分别在广东、福建、浙江和江南四省设立海关。粤海关设立通商的当年,广州商人经营华洋贸易,二者不分,没有专营外贸商行。次年四月间,两广总督吴兴祚、广东巡抚李士祯和粤海关监督宜尔格图共同商议,将国内商税和海关贸易货税分为住税和行税两类。住税征收对象是本省内陆交易一切落地货物,由税课司征收;行税征收对象是外洋贩来货物及出海贸易货物,由粤海关征收。为此建立相应的两类商行,以分别经理贸易税饷。前者称金丝行,后者称洋货行即十三行。从此,洋货十三行便成为经营外贸的专业商行。① 而清政府采取的"闭关锁国"政策也使广州成为为数不多的商港之一,广州十三行则逐渐成为中国对外贸易的独一窗口。茶叶、瓷器和丝织品是当时广州输出的主要货物。其实,从西汉时期广州已有少量茶叶外销,广州是中国最古老的出口茶埠,唐代商人从广州由海路大量运出茶叶。外国商馆也设在十三行,当时的广州十三行街是中国茶叶对外贸易的中心,呈现一派繁荣兴旺景象,茶叶外销日渐发达。广州出口茶叶约占中国九成以上。

茶叶在某种程度上已经成为传递经济信息、实现经济交流的传播媒介和传播符号。茶叶的税收征收和其在广州十三行作为生产流通贸易的重要产品,都对国家经济的繁荣具有极大的促进作用。而且茶叶在推动经济发展的同时,还推动国人各种饮茶方式、茶具设计方式、茶品选择方式等的出现和发展。我国古代文人很早就把茶与文化进行对接,茶叶经济的发展更是让茶文化成为国人传统文化的重要内容。

结 语

在中国语境下,茶叶具有私人领域情感表达、公共领域政治经济功能呈现等传播功能,随着时代的变化发展,茶文化的表征意义也会不断发生变化,不断赋予自身新的文化内涵和媒介功能。茶叶能够通过人际、经贸

---

① 柯继铭:《图说中国历史》(第4册),吉林出版集团有限责任公司,2013,第13页。

与组织交流及大众传播等不同传播方式体现自身的媒介属性。①

如何能通过茶，使传统文化和华夏独特的思维方式获得充分的传承和发展？如何挖掘它作为媒介的更大的功能与价值？如何发挥它独特的作用？如何让它在这个时代以新的面貌再次作为中国的名片走向世界、继续发挥更多的社会沟通功能？这些都是值得我们探讨的问题。

（陈婉杰　谢清果）

---

① 吉峰：《论中国茶文化传播的方式与渠道》，《莆田学院学报》2013 年第 3 期。

第十四章
以礼为媒：华夏婚俗礼物的媒介意义

　　礼物依附于人类社会而存在，它创造于社会中个体对人际沟通的需求。作为联结个体与社会的桥梁，礼物在本质上是一种物质媒介，承载着人类丰富的思想和情感。礼物的交换是一种社会文化现象，不同社会在时间和空间上的差异赋予了礼物在本质和流动形式上的特殊性。中华文化具有很强的包容性和复杂性，它融汇了多个民族、多种社会的文化风俗，呈现多元丰富的文化体系。婚姻是人类生命历程中一个重要环节，而经过几千年发展和传承的我国婚礼习俗，也已扎根在中华文化中。礼物交换是我国婚礼流程中必不可少的重要环节，在我国文化背景下，婚姻礼物品类多样，承载着复杂的意涵，发展出了多元的传递模式。本章以传播学的视角，将婚俗礼物视为一种传播媒介，围绕聘礼和嫁妆两类最具中国本土文化特性的婚礼礼物，探讨我国婚俗中的礼物功能及其传播。通过研究聘礼和嫁妆媒介功能的演变，了解我国文化下的婚俗礼物作为传播媒介而存在的价值，进而领会礼物在中华文化背景下作为一种文化载体所传达出的精神内涵。

　　关于礼物的历史难以追溯其源头。自有人类社会以来，物质交换就开始存在。礼物交换的前身可以认为是一种基础的物品交换，但最初物品交换仅是以满足人类日常的生理需求为目的，传递方式相对单一，还不足以"礼物"定性。随着人类社会的发展、社会体系的完善，物品交换已在人们生活中频繁发生，人们对物品的定义不再只是基于其表象功能，物品的交换愈发场景化。伴随人类生活的多元化发展，根据特定的交换场景，物品开始被赋予表征形态功能之下的深层象征意涵，物品作为沟通媒介的价值逐渐深化。当物品的"交换"性逐渐被"馈赠"性取代，礼物就开始产生了。

人类学家莫斯对礼物的研究在学术史上有着代表性的贡献。在其著作《礼物：古老社会中减缓的形式与理由》中，莫斯从社会运作的视角，阐释了礼物与社会的关系，分析了礼物的功能性。礼物交换是一种伴随着人类社会而普遍存在的社会文化现象，在不同历史时期、不同地域、不同民族中，其表现形式和承载的意义各有其特殊性。

文化背景和社会结构共同造就了礼物的复杂性特征。礼物的交换往往在一个具有特定意义的社会场景中进行，场景包含的人物、时间、地点等元素共同决定了礼物的媒介功能、流动过程以及人们试图通过礼物达到的沟通效果。"由于礼物交换更多的是一种沟通和社会互动的过程，是人际关系的一种纽带，礼物承载着仪式和符号等象征意义，因此在不同的社会文化中，对礼物的理解以及送礼的动机、礼品的选择等礼物馈赠行为的表现方式会有所不同。"①

我国自古讲究礼尚往来，"礼"在中华文化中具有重要地位。婚姻是人生大事，长久以来，婚姻在我国文化背景中总与维持家庭和谐、延续家族血脉以及安定社会秩序等问题紧密相关，因而受到历代人们的重视。婚礼中的"礼"是婚姻情境下的仪式，它包含了该场景中的礼仪和礼制，反映了人们的婚姻价值观和文化观。"礼"文化的融入，促使了婚姻情境下人们所遵循的婚姻礼制的产生，婚姻流程中的礼仪制度作为我国民族文化的一个重要组成部分，折射出我国传统婚俗深层的文化价值。

传统婚礼是我国最早的古代礼仪之一，其源头可追溯到周朝时期婚礼制度"六礼"的确立。古时历代的传统婚礼几乎都沿袭了周朝时期所创建的婚姻"六礼"，直到清代以后，才开始因加入较多现代化元素而有了较大变化。关于六礼的记载最早源于《仪礼·昏礼》和《礼记·昏义》，后与父权制、家长制、宗法制和等级制及聘财婚相结合，成为中国传统婚姻的基本形式。② 根据《仪礼·士昏礼》提到的"昏礼，礼之本也"可以知

---

① 陈艺妮、金晓彤、赵亮：《中国文化价值观对礼物馈赠行为的影响研究》，《科学决策》2014年第4期。
② 王伊韩：《中国传统婚俗文化中"六礼"的传承与应用研究》，硕士学位论文，内蒙古师范大学，2014。

道，在当时婚俗礼节就已是我国古代文化中最重要的礼仪之一，这说明婚礼自古在我国社会中有着重要地位。纵然伴随经济条件和精神文化的进步，婚俗礼仪在不断演变，但在今天我国的婚姻礼俗依然是以六礼为基准，这是民族精神传承的一种体现。礼物是中国婚礼中一大重要元素，其承载着人们对婚姻的美好祝愿。随着婚俗礼制几千年的演变，婚俗礼物发展出了丰富多样的形态，送礼的流程也愈发烦琐、严谨，礼物承载的意涵及其媒介功能也顺应不同的时代及社会情境持续变化。不同类型的婚俗礼物，辅助着婚礼中各个角色的交流，在婚礼情境下形成一个强大而又复杂的人际网。

不论在何时，不论在何种社会结构下，婚礼仪式自创立以来一直是我国礼文化下最受重视的礼制之一。婚礼中的礼物馈赠，展现了中国婚俗文化的独特性；反过来，我国婚礼习俗对礼物传递的重视，也是礼物作为传播媒介在中华文化中的价值体现。礼物的馈赠作为一种礼仪文化贯穿于我国传统婚礼流程中。聘礼和嫁妆是我国婚俗情境下最具代表性的两种礼物形式，它们最直接地传递于婚礼的新人间，所包含的品类最为多样、传递过程也最为讲究。可以说，聘礼和嫁妆是联结婚姻中的两个主要角色的桥梁，是婚礼中最为关键的传播媒介。下文将围绕聘礼和嫁妆两种婚俗礼物展开讨论。了解聘礼及嫁妆在我国历史上的呈现，不仅有助于体会婚俗礼物作为媒介而存在的价值，更能为进一步深入理解中华文化背景下礼物的媒介意义提供路径。

第一节　婚俗礼制下中华"礼"文化传播

不同文化中对"礼物"的定义存在差异。在中国汉字的表达下，"礼物"一词由两个字组成，其中"物"是指其具体呈现的表征形态，也是最直观的本质，即一件具体的、可触及的物品；"礼"则是包含了此物所承载的含义及其流动中所讲究的礼制和文化。由此看，礼物是由礼仪和物质组合而成。

礼制无所不在，它既是有形的，也是无形的。礼物是一种媒介，它既以有形的方式呈现，又可承载无形的情感和精神内涵。礼物传递于送礼者与收礼者之间，构成一个传播过程——礼物馈赠。这种传播形式产生于人们在人际交往中对表达礼仪的需求，作为礼文化中重要的表达元素之一，礼物发挥着传承文化的重要作用。随着社会体系的壮大和复杂化，遵循"礼尚往来"的交往方式，成为人们建立并维系社会关系的重要手段。中国社会对"礼"文化的重视，使礼物成为一种内向性的约束，礼物馈赠中的礼节也逐渐趋向制度化。

风俗礼节能够反映一个社会的文化形态。从我国的大多数节日、庆典等习俗中我们都能察觉到"礼"对人们行为的约束。例如春节是我国最重要的风俗节庆，春节期间长辈赠予孩童的压岁钱也是一种礼物，它以金钱为载体，承载着长辈对孩子们的关怀及对美好新年的祝愿。压岁钱的馈赠不具备强制性，但人们所赋予它的特殊含义，使压岁钱成为一种既定的习俗，融合于文化之中。

婚姻是人类生命历程的一个环节，在人类文明中备受重视，每个文化都拥有独具特色的婚礼模式。在我国的婚礼中，礼物是展现礼仪的重要元素，婚礼礼物种类繁多，人们对礼物的传递形式也十分讲究。周代所创的婚仪"六礼"，包含了婚礼流程应有的六个程序，即纳采、问名、纳吉、纳征、请期和亲迎，每个环节都有既定的礼数，其中就包括了礼物馈赠规则。以六礼作为婚礼流程的基本模式，大体被我国古代社会各个朝代沿用，并且随着物质条件的提升、社会体系的完善而获得发展。尤其在封建社会背景下，婚礼流程的制度化强化了礼物馈赠的烦琐度和复杂度。封建的社会体制自鸦片战争后开始受到冲击，国门打开，西方文化开始流入。在中西文化的交流与碰撞中，人们的视野得到开拓，思想被逐步解放，我国的婚礼习俗也受到了西方婚礼文化的影响。改革开放以来，经济、文化体系都有了高度的提升，促使婚俗礼制迎来颠覆性转变。今天，在我国的婚礼场景中依然能寻到"六礼"的踪迹，但人们的婚姻观念及对婚礼的定义已与以往有着巨大的差异。现在人们普遍关注的只是结婚当日的流程，而结婚前后繁复的流程已不再是人们所追求的，婚礼流程没有了强制性的制度规则，"六礼"在现代社会被淡化。我国的婚俗礼制受到历史、政治、经济和社会等方面因素的影响，呈现由简到繁、再由繁化简的变迁路径。

相比于西方国家，礼物在我国婚俗中的重要地位更加明显。不论流程如何繁化或简化，婚礼中的礼物始终作为重要的元素存在，这也许意味着，礼物的交换已根植于中华文化之中。

一 聘礼：定亲之礼

六礼中的"纳征"就是如今"下聘礼"的前身，在古代又称作"纳币"。随各时期制度的演变，衍生出了"过大礼""大聘""完聘"等叫法。在这个环节中，由男方家将聘礼送给女方家。与六礼中的第一个环节"纳采"① 不同，"纳采"的礼物属于一种求婚信物，而"纳征"环节中的聘礼是以女方接受求婚为前提而送出的。最初，纳征的礼物以布帛为主，又被称为"币帛""缁帛"。如《周礼·地官·媒氏》中记载："凡嫁子娶妻，入币纯帛，无过五商。"再如较为人们所熟悉的"氓之蚩蚩，抱布贸丝。匪来贸丝，来即我谋"②，描述的就是男方以布帛作为礼物下聘的场景。此外，鸟兽也是古代纳征时常用之物。聘礼的馈赠流程通常在正式迎娶的两个月前，时间多为上午。通常，聘礼会被装于箱笼内，并附上男方统计的礼单，由媒人、押礼人和挑抬人组成的队伍将聘礼送往女家。值得一提的是，女方在收到聘礼后会有一个立即回礼的环节。"女方则以聘礼中的食品退回男方，称回礼，或女将赠男方衣帽鞋袜作为回礼。"③ 这体现了礼尚往来的文化，构成了聘礼传播的完整流程。随时代推进，聘礼的品类持续多元化，传递过程也更加形式化。周朝时期多用玉帛俪皮，如今最为普遍的以现金做聘礼的形式其实早在战国就已被使用；到了汉朝，黄金成为主要的聘礼之一；兽皮是魏晋南北朝时期人们最为常用的聘礼种类；隋唐盛世，经济繁荣，民生稳定，聘礼的质量和数量有大幅的提升，其品类也得到拓展；美酒及绢缎是宋代聘礼的主要内容，此外，聘礼中开始出现专门为女方打造的金银饰品，这是手工艺业发展的表现，而专门化的制作也象征着聘礼情感化的升级；明清时期，首饰成为最为普及的聘礼之一。

---

① 纳采：即议婚，指男家托媒人向女家提亲。其中，提亲用的礼物因身份等级不同而有区别。
② 《诗经》，浙江教育出版社，2011，第45页。
③ 庄华峰：《中国社会生活史》，中国科学技术大学出版社，2014，第146页。

时代变迁同样促使聘礼馈赠的流程持续变化。在形式上，人们对聘礼的包装开始有了讲究，要求能够精美华丽以迎合婚礼的喜庆氛围；前往女方家送礼开始出现仪仗队伍，以此制造风光、喜庆的场面。女方家开始参与聘礼内容商议，也就是说，聘礼的品类是由双方家庭商榷后，再由男方按照事先约定好的种类准备并送出。纳征的礼仪在我国历史上的发展趋向繁复化，几乎成为六礼中最为烦琐的环节。

二　嫁妆：陪嫁之礼

收到聘礼后，女方家便开始着手置办嫁妆。嫁妆礼的传递对应于"六礼"中的最后一个环节——"亲迎"。在这个环节里，嫁妆礼由女方家在婚礼前的一至两日送递。嫁妆礼本质上是女方家赠予女儿的礼物，传递的是长辈对女儿婚后生活的关照，因此，嫁妆在最初多为生活中常用之物，包括妆奁、被褥、衣服、金银首饰等。对嫁妆品类的要求不像聘礼那样严苛，具体根据女方家庭的财力和地位而定，财力雄厚、地位高的人家所置办的嫁妆必然更加丰厚。此外，地域和文化也会影响嫁妆的品类和数量。例如，"南方人家生了女儿后，便会在门口种一棵樟树，等樟树长到一定程度，便会有媒婆上门提亲，女儿在嫁人时娘家便会砍了这棵樟树为女儿打制家具，这也是取了樟树坚固耐用防潮防霉的特性。"①

送嫁妆礼的方式同聘礼一样，也随社会发展的进程发生着变迁。为我们所知的，那种伴有乐队和举着吉祥语牌匾的仪仗队伍，一般是家境显赫的人家所有。

随时代推进，新娘作为嫁妆收礼者的角色不再绝对，嫁妆开始变成由女方家赠予新人家庭的礼物，是对新家庭的物资供应。但嫁妆的掌管者依然是女方，并且也因女方有着共有物资的掌管权，女性在家庭中的地位得到了提升。

长久以来，受社会结构转变的影响以及经济发展的推动，聘礼和嫁妆的品种不断丰富，礼品的价值也不断升高，礼品的馈赠过程也由于更加受到人们的期待与重视而变得愈发繁复。

---

① 周丹迪、岳书法：《浅析近代以来中国婚嫁民俗的演变》，《文化学刊》2012年第1期。

第二节 婚俗礼的媒介功能

社会人类学将婚姻看成一种制度性文化，而婚姻关系和婚姻缔结过程中双方群体的物质资源（或称礼物）交换，被认为是一种适应性策略。①

一 关系的确立

"所谓文化就是这样一些由人自己编织的意义之网。"② 以能够传递文化内涵的礼物来解释这张"意义之网"，其中的"意义"指的是礼物被赋予的价值，它决定于礼物在流动中对人的满足程度，这种满足度主要来源于受礼者，包括了物质层面和心理层面获得的满足；而"网"指的是人们通过收送礼物而建立并维护的社会关系网络。"社会关系和礼物流动的作用是相互的，即礼物促成了社会关系，抑或是社会关系创造了礼物。"③

群居是人类赖以生存的模式，而人际交往是联结人与人形成群体并创造出一个社会的前提条件，身处于社会群体中的个人对人际交往有着必然的需求。对人际交往的追求，是所有社会和文化下的个体共同追求的。

在婚礼情境中，婚礼的流程和仪式象征着一段关系的确立。不过，婚礼仪式始终受到时间的局限，至多留存于人们的记忆之中。相比之下，婚礼流程中礼物则不受时间的限制，它们大多以能够长久留存的、直观的物质形态呈现，是对这段婚姻关系最直接、最有效的证明。聘礼和嫁妆传递于婚姻关系中最主要的两个主体间，在众多婚礼礼物中最具代表性。聘礼确立了二人的婚约关系，起到订婚作用。男方通过赠送聘礼，首先向女方及其家庭表明成亲的决心；其次向邻里、亲戚、好友等宣告这段关系的成立。在聘礼之后的嫁妆递送中，女方从礼物的接收者转为送礼者。同样，

---

① 常世伟：《当代锡尼河布里亚特蒙古族婚礼中的礼物流动》，硕士学位论文，内蒙古师范大学，2013。
② 克利福德·格尔茨：《文化的解释》，韩莉译，译林出版社，2014。
③ 薛青超：《从表达性礼物到工具性礼物：乡土社会人情交往秩序的变迁》，硕士学位论文，安徽大学，2017。

嫁妆表示女方对这段关系的应许。在我国古代传统婚姻中，女方出嫁即是嫁入男方家庭，因此嫁妆是从女方家流动至男方家。由此看来，嫁妆是在形式上做出的对聘礼的回应。聘礼和嫁妆构成了一场婚礼仪式"礼尚往来"的体系，是一种礼物交换的模式。

二 物质保障与经济补贴

婚俗礼物在近现代开始成为一种对新家庭的物质和经济资助。婚礼当天，受邀的宾客均携带赠予新人的贺品赴宴，俗称"看喜""讨喜酒""贺喜"等，贺品演变至今已被具体数额的金钱替代，也就是我们所说的"份子钱"。这些由宾客赠予新人的礼物，在古代以各类具体且实用的物质为主，如布料、被罩、棉被等。在这些礼物包装上送礼者会写上送礼人、收礼人、祝贺词等信息。最初，宾客们的"喜礼"承载着对新人的美好祝愿，是表达对此段姻缘的认可。到了后来，这类礼物成了新人婚后生活中的重要物资来源之一。尤其是在金钱逐步取代具体实物后，"喜礼"在很大程度用于弥补新人筹办婚礼的经济支出。

当然，婚俗礼物的经济资助功能更多体现在聘礼和嫁妆上，因为这两种礼物均由双方长辈备置，表面上是以新婚的二人的名义进行交换，但实质上这些物品是由双方家庭群体备置，属于原生家庭对新人们的物质供给。尤其在近现代，婚后的新人们通常脱离原生家庭在外自立门户，这使得他们对经济财物有着紧迫的需求。聘礼和嫁妆由此成为新人开展新生活的物质及经济上的重要补贴。

三 地位的象征

婚俗礼物的质量和数量以及礼物流动的过程所伴随的仪式，都在一定程度上反映了送礼者的社会地位和经济能力。例如前一节提到的"喜礼"，历史上对这类礼物没有严苛的要求，但往往社会阶层越高的宾客送出的"喜礼"越具备更高的现实价值。同时，从宾客的角度分析，送出的"喜礼"也是展示其身份地位的重要载体，因此出于对面子的维护，人们对"喜礼"的置备十分重视。

在该功能上，聘礼和嫁妆直接体现的是两个原生家庭的社会地位和经济水平，并同时通过礼物本身及其传递形式两个方面被充分反映。前面提到，这两种礼物的流动程序随社会发展而繁化，礼品的送递队伍中加入了乐队、举牌先导等元素，礼物馈赠的场面不断壮大。不论是何种缘由引起了这样的变化，不可否认的是，只有地位高、财力强的家庭才能负担得起置办宏达送礼场面的开销。

四 情感联结

与前述的几种偏向工具性的功能不同，婚俗礼物作为婚礼流程中的传播媒介，隐喻其中的是礼物在流动中承载的心理层面的意涵，是礼物的内在价值。

聘礼和嫁妆与其他婚俗礼物不同，从置备到传递再到接收，在流动过程中的每个环节涉及的主体人物更多，因此这两种礼物作为媒介所传递的情感更为丰富多样。在置办的过程中，聘礼和嫁妆的收送主体分别是家中长辈与其儿女，礼物所承载的是长辈对儿女们的爱护、关怀以及对其未来的祝愿。当聘礼与嫁妆开始在两个家庭间流动时，它们连接的主体不再单一。从小的层面看，礼物联结的是新人两个人，他们透过礼物来表达对彼此的倾慕之情以及对未来的许诺和美好期许。例如，在我国古代"雁"是最为常见的聘礼之一。一方面，大雁年复一年遵循着特定的时节规律而迁徙，它被视作守时的象征；另一方面，雁群总呈"一"字形的队伍在空中排开，飞行井然有序，这又使它被赋予守节的含义。因此以"雁"作为聘礼，象征着男方对女方就他们婚后生活做出的"守信守诺"的誓言。从大的方面看，聘礼和嫁妆又同时联结男女双方两个家庭，在这样的情况下，它们承载的是双方家庭对这段姻缘的祝愿和期许，双方通过礼物传递就这门亲事达成意识和心理上的一致。

五 文化的传承

婚姻习俗本身即中华礼仪文化的一个载体，在我国婚俗礼仪中扮演着重要角色，礼物馈赠是一种"礼"的象征。回顾历代的婚俗礼制，婚俗礼物纵然在本质上和流动形式上有着持续的变化，但从未缺席。参与礼物馈赠的主体处于同一时空中，但礼物却能冲破时间的限制，在纵向上进行历史的传承。我国的婚俗礼仪礼制得以通过婚俗礼物，在历史长河中留下足迹并且流传至今。基于这样的视角，礼物作为传播媒介，除了能传递在特定情境、场域下所要表达的意涵外，还能承载一种更为宏大的、精神层面的文化内涵，使中华礼仪得到传承和延续，推助着一个文明的发展。

第三节　当代婚俗礼物性质的嬗变与回归

婚礼是宣告一段姻缘结成、夫妻关系成立的象征性仪式。阎云翔在《礼物的流动》中说道："礼物馈赠的仪式化场景要么被创新，要么在传统艺术的基础上发展。"礼物形态及其传播方式的转变与创新受到社会结构、文化背景、经济发展等因素的共同影响，这印证于不同文明、不同地域中。我国的传统婚俗历经数千年变迁，其原始的形态因难以适应当今快节奏的发展进程和复杂的社会结构而被淡化，婚俗中的礼仪大多已被简化甚至废除。与古时不同，如今人们关注的是婚礼当日的流程，而对婚礼前后的仪式不再讲究。

婚俗"礼"文化的模糊，促使婚俗礼物本质上的改变。在当代社会，人们对全球化、现代化社会的向往，反映在对利益、面子等功利的、表面的元素的追求中。工具性正在成为主导婚俗礼物发展的特质。

一　利益主导下的礼物变现

全球化经济的背景下，人们追求经济利益是必然的社会现象。当经济利益主导了人们的生活方式，文化便开始遭到破坏。

如今的婚礼流程被简化，礼物的形式随之从简。在形式上，婚俗礼物几乎完全以现金呈现。"喜礼"完全被"份子钱"替代，以往寄予礼物上的祝贺词无地留存。这种礼物模式呈现的只有具体的礼金数额，促使收礼者凭借收到的礼金数额大小来定义与送礼者的关系，这在无形之中创造出了一种礼金封礼的规则。

聘礼和嫁妆礼的变现，虽然不是近代才有的现象，但在现代社会演变过度，使"六礼"中"礼"的文化价值逐渐缺失。大幅度变现后的聘礼及嫁妆，已难以体现长辈们对儿女的关怀和祝愿，礼物的意义停滞于对新婚家庭的资源补助的物质层面。

二　脸面推助"礼物"价值攀升

随着礼物形态发生转变的还有其价值，这里所说的价值仅仅指最为表象的、能用金钱衡量的价值。

脸面，即所谓"面子"，一直以来是与"人情"一同被用于解释中国人际交往的重要元素。人情、面子等较具体的规范直接制约中国人的礼物馈赠行为。现今，我国社会中存在聘礼和嫁妆的价值攀升的现象。人们在潜意识中将聘礼和嫁妆作为展现自身财力的媒介，礼物价值的"不到位"将使送礼者有失脸面、伤及尊严。礼物的价值受到人们对脸面过度重视的不良影响，呈现恶性增长的趋势，这进一步加深了婚俗礼物的功利性。

结　语

我国自古是一个礼仪之邦，"礼"是中国文化的标志之一，它融于中华文化之中，存在于人们生活中的方方面面，与人们的生活紧密相连。随着历史变迁，朝代更替牵动着社会结构的变化，礼制也在不断发生转变，中华"礼"文化呈现多样且复杂的特性。

婚俗礼物形式的变现和价值的攀升是当代中国婚俗中存在的问题，并且这种现象还有可能顺应市场经济全球化发展的态势愈演愈烈。这将导致我国的婚俗礼仪走向消亡，我国婚俗将有可能从根本上失去"礼"文化的本性。但古时"六礼"强调的婚礼制度已不能适应当下全球化、现代化的社会进程，因此若要让婚俗礼制全然回归以往形态也未必是最佳策略。我国传统的婚俗礼仪该如何适应当下社会结构，在适应现代社会中经济飞速发展的情势和传承中华礼仪文化之间取得平衡？这是值得我们思考的问题。

尽管婚俗中的礼仪必然受到时代变迁、社会转型的影响而不断改变，但在这万变的情势下，扎根于中华文明中的"礼"文化应该为我们始终坚守和追求。

（夏瑀　谢清果）

附 录
媒介学视野下的老子之门探析

"门"作为生活世界中的一种独特的媒介，它分享与联系着世界上的人与物，开启了哲学之门；它是人类栖息的家园，给人温馨的家的想象；但它又让人不得安宁，让它的身份象征阻隔人们的相亲相爱，呈现为社会交往之门。《道德经》作为中华文化元典，也承载着对"门"这种生活媒介的思考。它既阐释了作为万物本源的道为"众妙之门""玄牝之门"，又剖析了人类如何复归生活世界的操作方式——"塞其兑，闭其门"。也就是说，人类不仅要管束自己身体的感官之门，而且要约束自己心灵的欲望之门。只有深刻地理解与把握好"门"的媒介意义，人才能处理好与道、与人、与万物的一切关系，从而畅快地游走于门内门外。

在中国社会科学院新闻与传播研究所所进行的新闻学与传播学传播名词审定成果中，学者们是这样界定媒介的：

> "媒介"在一般使用中，是使双方（人或事物）发生关系的各种中介，在传播领域中，一般与英文的 medium 相对应，指传播内容，或者说信息（广义上的）的物质载体。包括体语、服饰等实物媒介，击鼓、语言、军号、广播等声波媒介，烽火、信号灯、电影电视等光波媒介，包括书信、电话机、传真机、喇叭筒、情况简报等人际、群体、组织传播媒介，书、报、刊、收音机、电视机等大众传播媒介。①

"门"可以说是我们生活的"媒介"，它沟通着内外、你我。门内是我

---

① 谢金文、邹霞：《媒介、媒体、传媒及其关联概念》，《新闻与传播研究》2017 年第 3 期。

的、私人的,而门外是社会的、公共的。所以说,门无疑是一种人们日用而不知的媒介,甚至"门"因为经久作用,已然成为人们生活的隐喻。我们常说"有没有门",就是有没有路径或方法。达到某种目的,甚至上升到"门道"的理论高度来概括,意味着处理事情总有一些显在或潜在的规则与方法。还有一个现象,"门"在传统生活实践中也逐渐地符号化、抽象化,即一些门并不依托于房子,甚至也无门板,只有一个可供出入的门框。我们说它们是门,是因为这些建筑物上写着"龙门""棂星门""贞节门""孝子门""功名门""功德门""人瑞门"等,它们成为公共建筑,寄托着世人的社会价值追求与良好生活愿望。更有甚者,东汉至魏晋南北朝出现的九品中正制,亦称"门阀制度",因为当时的社会官吏选任制是"上品无寒门,下品无世族",豪门贵族把控了上流社会,此时"门"成为阻隔社会阶级流动的社会制度。[①] 门以其开放与包容的姿态,被人们延伸为一种心门,乃至于国门,更有上升到哲学层面,表现为变化之门。如《易传·系辞上》曰:"阖户谓之坤,辟户谓之乾,一阖一辟谓之变,往来不穷谓之通。"把乾坤引领的易道变化以求通畅,以门户的开合为喻。因此,笔者尝试从媒介学的角度来管窥作为生活意义媒介的"门"。正如黄旦先生发挥克莱默尔思想所做的分析那样:"'我们与世界的关系以及我们所有的能动性和经验',就是由媒介所开启、给予,也是由媒介所限定的。因此,媒介并非只是简单地传递信息,它还发展出一种作用力,'这种作用力决定了我们思维、感知、经验、记忆和交往的模式'。"[②] "门"这种再平常不过的媒介,他既开阔了我们的思维,建构着我们的生活之网,又拘禁了我们的思想与胸怀,让我们被这张自己建设的意义之网禁锢而无法超越。

一 媒介学意义上的"门"

媒介为何?媒介何为?媒介与人的关系是什么?人能用媒介做什么?其实,媒介一旦产生往往就具有了不能完全为人所掌握的方面,一种媒介

[①] 沈旧娅:《中国门文化特性的系统研究》,博士学位论文,江南大学,2008,第70~72页。
[②] 黄旦:《作为媒介的史料》,《安徽大学学报》2019年第1期。

自然就规定了运用它的（可能）方式，这在一定程度上是不以人的意志为转移的。媒介的存在，正是人存在的确证。因为人的本质是能够创造和使用工具，媒介正是人的工具，或者说所有的工具都可以在一定条件下成为媒介。"媒者，通合二姓之者也，犹结构、沟通、合会之意；介者，有居间、分隔、辨析、介绍、联系、辅助等意思。'媒''介'合一之'媒介'一词，基本意义是使两者发生联系、作用的因素，既包含有传递信息之手段的意思，又内蕴表现思想的方法或工具之意。若从哲学思辨的意义上去厘析其义，则媒介本身是一种矛盾的统一体。它既使两者分隔又使两者联通"。① 德布雷却从哲学层面上解释了"中介"（mediation），认为它是"处于中间介入两者之间的、使两者发生关系的第三者，如果没有这个中介，这种关系就不会存在。"② 进而言之，"任何一种媒介，都有其特定的意图、体制制度、运作方式和性质功能，它们互为纠结又互为区分""不同的媒介由于特性（物质、制度、操作和呈现）不一，开拓出区别不同'现实'的可能性，创造出各自的'传媒性'感知"③。"门"也是这样的一种媒介，它可与桥等不同的媒介区别开来。因为门与桥造就了各自的感知方式，"在分离与统一的关系中桥梁倾向于后者，桥墩两头间距可见可测，同时间距已被桥梁逾越；与此相反，门以其较为明显的方式表明，分离和统一只是同一行为的两个方面"④。我们对"媒介"的含义以及具体的媒介的认知其实也是一个时代或一个人、一个团体感觉世界方式和能力的体现，同一媒介对于不同的人或在不同的时代却有着十分不一样的意义与价值。我们如何看待媒介，媒介就向我们展示什么样的世界。对此，克莱默尔的理解很独特，在他看来，任何一种媒介都存在"作为器具的媒介"与"作为装置的媒介"这两个侧面，而世人可能更多看到了作为手段或工具意义上的媒介，却忽略了媒介其实也是一种生产机制，它的出现与其他

---

① 胡潇：《媒介认识论》，人民出版社，2012，《前言》第 5 页。
② 〔法〕雷吉斯·德布雷：《媒介学引论》，刘文玲译，中国传媒大学出版社，2014，第 122 页。
③ 黄旦：《作为媒介的史料》，《安徽大学学报》2019 年第 1 期。
④ 〔德〕齐美尔：《桥与门——齐美尔随笔》，涯鸿、宇声等译，上海三联书店，1991，第 3 页。

媒介或者说与人都重构了关系，共同进入意义生产的场域。① 因此，在当下，我们关注的重点不是我们用媒介做什么，而是媒介使我们做什么。我们在研究媒介时，应当关心生活世界中的媒介，以及媒介是如何呈现的，即如何嵌入我们的生活的。正如孙玮所说，"我们还要解释它在何时何地何以成为媒介，这个媒介通过连接，创造了怎样的前所未有的传播形态及社会关系"②。

（一）从穴居到宫室：人类以"门"树立交往主体性

甲骨文中"门"作"𩫖"，也作"𨳇"。从这个门的形象看，它主要有两块应该能活动的门板组成，这两个看似普通的门板其意义不亚于夏娃与亚当用树叶来遮羞而标志着人类走出蒙昧时代。门的确立意义似乎还超越于此，因为门不仅有遮蔽的功能，更有防卫的功能，从而极大地提升了生活的质量。《周易·系辞下》有言："上古穴居而野处，后世圣人易之以宫室，上栋下宇，以待风雨。"《说文解字》："穴，土室也。"穴大体上是没门的，而有了门，人类就走出了与动物争夺居所的时代，而走入了宫室时代，体现了人对自然力量的一种抗拒，是人类生存能力的一种飞跃。《韩非子·五蠹》："上古之世，人民少而禽兽众，人民不胜禽兽虫蛇，有圣人作，构木为巢，以避群害，而民悦之，使王天下，号曰有巢氏。"早期的人类懂得向自然学习，利用木头来于高处构筑鸟巢般的居所，而当能够有门的时候，如巢般的居处就改变为宫室，进一步提升了抗拒野兽的能力。"有了房舍，有了门，人类就有了区别于自然界的文化空间，有了可以栖身的家园。"③

门与户合用，乃是因为户是半门，合户为门。《说文解字》："户，护也。半门曰户。象形。"《释名》："户，护也，所以谨护闭塞也。"可见，门之构件用意在于护，即保护功能。同时，门还有交通的功能。《说文解

---

① 〔德〕西皮尔·克莱默尔：《作为轨迹和作为装置的传媒》，选自〔德〕西皮尔·克莱默尔编著《传媒、计算机、实在性——真实性表象和新传媒》，孙和平译，中国社会科学出版社，2008。
② 孙玮：《城市传播的研究进路与理论创新》，《现代传播》2018年第12期。
③ 傅道彬：《晚唐钟声——中国文化的精神原型》，东方出版社，1996，第179页。

字》曰:"门,闻也。从二户。象形。凡门之属皆从门。"段玉裁注曰:"闻者,谓外可闻于内。内可闻于外也。"既然门之内外可闻,显然门的存在不是为了阻碍沟通,而是在门具有保护自我这个基本功能的基础上,不能因此而失去了沟通的功能,这就如同甲骨文中的"门"的形象,即门并不是完全封闭的,而是还留有出入的空间。

门的出现,标志着人从自然界中超脱出来的力量,能够用自己的创造物来体现自己保卫自己的意志,从而也表明人对世界有了自己的态度——开论是开还是关。"门"是人的创造物,是人与世界沟通的媒介,本来人直接生活在世界上,但是人的创造性使人与世界的天然开放的联系中寻找到一个自我的空间,从而使本来公共的空间区隔了开来,成为私人的空间。使本来的天然联系,可以实现一定时间的分离,或许正是在这合与分之间人类找到了自我的意义和人之为人的尊严。面对自然的逼迫与威压,人类通过了门这种媒介,确立了自己对自然的合作与拒斥,从而彰显了人类的灵能。

正因为"门"在人类生活世界中巍然屹立,逐渐生成为人类的一种共同记忆,且已成为一种隐喻,作为物质实体的门,转变为作为精神世界运作的矛盾对立统一的界线意义上的"门"。人们对自己不喜欢或不愿意面对的东西,一方面可以从形式上关门来表现自己的态度,另一方面,可以从意识和精神上,将一些自己讨厌的观念和意念等弃之不顾,即进行隔离。而能否隔离以及隔离的程度往往成为自我控制能力以及自我境界的标度。齐美尔曾经撰文生动地表达了这一点:"世上的人无时无刻不站在门的里边和外边,通过门,人生的自我走向外界,又从外界走向自我。"①

(二)联系与隔离:作为自我与他者关系确立意义的"门"

"门"亦成为哲学之门,即媒介哲学意义上的门。门作为一种媒介,发挥着沟通有与无的功能、有形世界与无形世界的功能。齐美尔深刻地洞察到门的媒介属性——联系与分离,而分离也是另一种联系。他说:"物

---

① 〔德〕齐美尔:《桥与门——齐美尔随笔》,涯鸿、宇声等译,上海三联书店,1991,第7页。

体在空间中处于无情的排斥之中，没有一个物体部分与另一物体部分能够共存于一个空间。在空间一个真正的统一体并不存在。"① 诚然，物体的存在占据一定的空间，但不能与他者分享空间，除非它占据了超越自我体积的空间，不过它能与他者共享时间。特定的空间是有限的，但在一定的场域中，空间往往具有兼容性。一个位置有物体占用了，别的物体确实无法共享这个空间，除非取而代之。但是统一体或者共同体的概念可以是对物体各自空间的尊重，既尊重现有的权力也尊重历史权力，还可以在新时代开展协商权力，以共生为原则，以共荣为目标，从而在更大的空间中合理满足彼此的关切。齐美尔注意到人与自然的不同，物体没有意识去"关心"空间问题，但人类天然需要关心。因为"与自然相反，人类以其特有的方式进行联系与分离。换言之，联系与分离总是相辅相成，互为前提。……无论是直接的或象征的，无论肉体上或精神上的，人类无时无刻不处于分者必合、合者必分之中"②。

"门以其较为明显的方式表明，分离和统一只是同一行为的两个方面。"③ 门依赖于屋的建造，屋所占的空间与一定的空间被联合起来成为特定意义的空间，然而一旦屋子形成，联合的空间却与别的空间是分离的。作为屋子一部分的墙以"毅然决然"的方式阻隔了与外在的联系，然而作为屋子主人的人类是自然的一部分，更是社会的一分子，人类天然需要联系，于是门便被造出来。换言之，门天然就意味着集联系与分离两大功能于一身，而且彰显了主体的灵活性与自主性，当主体需要联系的时候，门便被打开；相反，就被关闭。关闭时就成了一堵墙。虽然墙以拒斥的方式表达了关系的姿态，门却以一个更为灵活的方式，将关系处理得更为自如，既给自己留以空间，也给他人留以空间。门本身意味着随时有开的可能，因为"有门"。门成为人们之间关系的一种生动隐喻。因此，门就被塑造成一个日常且温馨的媒介。

---

① 〔德〕齐美尔：《桥与门——齐美尔随笔》，涯鸿、宇声等译，上海三联书店，1991，第1页。
② 〔德〕齐美尔：《桥与门——齐美尔随笔》，涯鸿、宇声等译，上海三联书店，1991，第2页。
③ 〔德〕齐美尔：《桥与门——齐美尔随笔》，涯鸿、宇声等译，上海三联书店，1991，第3页。

(三) 界线与跨界：作为信念转换装置的门

齐美尔富有哲理地说："我们所追求的有限总是局限于任意一点有形的或先验存在的无限之中。因此，门就成为人们本应或可以长久站立的交界点……门将有限单元和无限空间联系起来，通过门，有界的和无界的相互交界……而门却向着那无界的条条大道流露出一种离奇的自我局限式的生活。"① 门作为实体的存在，通常没有发生位移，然而，门又不是孤立的存在，门连着路，无路的门是死门，只有修饰作用而没有交往功能。门以自身作为界限将无限的空间有限化，从而为人自身本来无限的行程确立了一个起点或者终点，也就给行动本身赋予了阶段性意义与价值。因此齐美尔说，"门却显示出，人类又是如何将长久统一的天然存在单元分隔开来。""因为人类的本能是合，所以必须分，无分也就无合……通过门，人类将自己关在家里，这虽意味着，人类从自然界的无限单元中分离出一个小单元，但正如无形的界限可以成形一样，门的活动性和人们可以随时走出而进入自由天地的可能性，正体现了界限的意义与价值所在。"② 门的出现体现人类是的创造性，也体现了人类沟通的本能，而且是将本能造性地展现为动能，即推动人与人的交往在公与私、自我与他者、家庭与社会间设立一个界限，这正是文明发展程度的标志之一。历史与考古学界通常将城池的设立当成文明形成的关键标志之一，而有城池便有城门。城门意味着城内一群人的利益共同体、责任共同体与权利共同体，当然也是沟通共同体的形成。

值得注意的是，除了门的普遍性意义和功能之外，门在社会中发展，且发展出许多新的意义与功能。比如凯旋门成为法国的象征；而开门关门的钥匙成为门的主人的象征，因此，赠送友好市民钥匙，便象征给对象进门的权利。而且现实中演变出形形色色的门，门的形状有时也被赋予特殊的意味，门的规制可以成为身份的象征，门的形状也可以发挥视觉修辞功

---

① 〔德〕齐美尔：《桥与门——齐美尔随笔》，涯鸿、宇声等译，上海三联书店，1991，第5页。
② 〔德〕齐美尔：《桥与门——齐美尔随笔》，涯鸿、宇声等译，上海三联书店，1991，第7~8页。

能,深刻地影响着进入此门的人。齐美尔就曾提到,虽然平常门的进出方向并没有偏向,但有时候,门对进的吸引比对出的吸引来得强烈,比如半圆形的门便是如此。教堂的门大多如此,便富有深意,"象征着进进出出均被一视同仁的人间活动在教堂门前得以终止,迫使人进入唯一能脱离苦海的方向"①。伊利亚德以教堂作为例子也阐述了自己的这一观点:教堂与它所处的城市分别属于不同性质的空间,而通往教堂内部的门就成为一种代表着空间连续性的中断,门槛就是世俗和宗教的两种存在方式的界线,区分出了两个相对应的世界。与此同时,两个世界得以沟通,这个门槛也正是世俗世界走向神圣世界的通道。② 其实,这种"显圣物"本身就是一种媒介,一种转换器,用以区分世俗与神圣。诚然如斯,老子正是通过"门"这一普通媒介,将"道"的神圣性彰显,如此,"门"就成了显圣物。而且从一定意义上讲,道与门成为互文诠释:道是有门的道,即道可以如同母亲的生殖器一般生育出万物,没有母亲的子宫之门,就没有孩子的出生之道;同样,所有的门都是有道的,无道的门是死门、绝路。在中国文化里,"道"和"路"象征希望的意义是非常明显的,无路的地方总是绝望与失败,如"死路""绝路",而获救和有希望的地方人经常被称为"生路""活路""门路",有了路,也就有了希望。③

此外,由于门是进出的界线,越过这个界线,就有门,否则就没门,因此,门的界线意义逐渐在实践层面引申为"方法""途径""关键"等含义,如《商君书·君臣》言:"臣闻道民之门,在上所先。"这里的"门"便是"关键"的意思。④

(四) 因门成家:门的温馨表征

有了"门",就有了家的感觉。或者从一定意义上讲,"门"是家的象征物,"门是家园,所以门外是无奈的漫游者"⑤。陶渊明在《归去来兮

---

① 〔德〕齐美尔:《桥与门——齐美尔随笔》,涯鸿、宇声等译,上海三联书店,1991,第6~7页。
② 〔罗〕米尔恰·伊利亚德:《神圣与世俗》,华夏出版社,2003,第4页。
③ 傅道彬:《晚唐钟声——中国文化的精神原型》,东方出版社,1996,第178~179页。
④ 焦利源:《汉字中的"门"文化》,《海外英语》2017年第17期。
⑤ 傅道彬:《晚唐钟声——中国文化的精神原型》,东方出版社,1996,第189页。

辞》中就以描写了"门",表达作者归家的温馨心情跃然纸上:"乃瞻衡宇,载欣载奔。僮仆欢迎,稚子候门。三径就荒,松菊犹存。携幼入室,有酒盈樽。引壶觞以自酌,眄庭柯以怡颜。倚南窗以寄傲,审容膝之易安。园日涉以成趣,门虽设而常关。"先是远观到家的门楣——"衡宇",已然让他满心欢喜;接着,又有孩子在门外候着,不禁暖意涌上心上,于是携孩入屋;进而边小酌边欣赏门庭内外的景色,感叹有了"门"就可以保有快乐的心情。而陶潜用门的关来表示安宁,其实门的"开"也可以表达家的宁静与家外的纷扰。贯休的《过湘江唐弘书斋》中说:"四处无俗迹,终日大开门。"①

"门"是家内家外沟通的媒介,而"家"本身亦是一种媒介,只不过,如同报纸成为电视的内容一样,一种媒介形式可能成为另一种媒介的内容。"家"是个更大、更丰富的媒介,是个融媒介或者媒介场域。在家的许多物件都可能成为媒介:一把笛子,一扇窗户,一套茶几……都在一定条件下会成为人与人沟通的媒介。从一定意义上讲,家里的一切都可以勾起家人对家的想象与向往,因此华侨离家会带着一包家乡的土,此"土"作为媒介,"牵"起了新家与旧家的关联。在中国乡村,当小孩去姥姥家的时候,往往母亲会用灶里的黑灰涂在孩子的鼻子或额头,说是把家里的灶火引到姥姥家,从而希望孩子也习惯陌生的姥姥家,也就不怕生了。这时的"灶灰"就成了"家"的另一种表征。换言之,一种普通的生活物件一旦被赋予意义,便成为能充分交往的媒介,至少在人们的心灵层面发生着潜意识的作用。

(五)因门生情:门的交往意义衍生

一般意义上的"门"具有交往意义,而生活中具体的门往往更能撩动人们的情感。比如"长门"本是汉武帝陈皇后所居之地的宫名。后因司马相如的《长门赋》所传达的失宠忧伤之情,转变为古乐府的题材——《长门怨》。刘皂的《长门怨》中有言:"雨滴长门秋夜长,愁心和雨到昭阳。"王建在《长门》中用长门之闭来表达爱情之死:"长门闭定不求生,

---

① (唐)李群玉:《唐代湘人诗文集》,岳麓书社,2013,第393页。

烧却头花卸却筝。"在此情况下，长门便转化为表达爱情状态的一个象征符，也就充当了媒介。

门有时可以充当思想的媒介，在道家为道门，在佛家为真门，这些都是表示了却究竟的悟境。甚至，佛教常用"法门"以示种种法皆为门，皆是一扇扇通向佛的门径。但并不是所有的法门都可直接通达涅槃，"一切如来皆方便，亦同今日释迦尊。随机说法皆蒙益，各得悟解入真门"。有些法门可能是幻相，唯有解悦彻悟方是真门。此外，同样是空门，教内教外有着不同的意义。在教外看来，入佛教是看破红尘，是与世隔绝，是逃避人生苦难的庇护所。或无奈，或欣慰。王维不如意时便说："一生几许伤心事，不向空门何处销。"而当他喜悦时，却胜赞空门："空门寂寂淡吾身，溪雨微微洗客尘。卧向白云情未尽，任他黄鸟醉芳春。"对教内人士而言，空门是一种信仰，一种境界。而基于境界之无形，佛家常以具有唤起操作意象的门来形容。如"四门说"：第一为有门；第二为空门；第三为亦有亦空门；第四为非有非空门。当然也有"三门说"："涅槃城有三门，所谓空、无相、无作。"此时"门"其实就是阐发佛理的媒介。

（六）光耀门楣：社会交往身份象征的门

门从"家门"的器具层面，到"门道"的精神层面，再到"名门"的制度层面，在一定程度上成为制度化的大众传播媒介，一种虽无音却有形、有效的媒介。

门望：一种社会身份的建构

"门"随着社会的发展，越来越成为身份和地位的标识，以至于出现了综合词汇，如"门第""门望"，提高了也抽象了门的"所指"，延伸至"意指"层面，即门的气派与否一望便知，因此世人可以通过"门面"便能知道此家主人的社会地位。有情感性和地位差异性的如豪门、朱门与寒门、贫门、柴门的对立表述，可见门的装饰与构件也成为主人生存状况的反映。甚至，门在等级森严的传统社会成为社会制度区隔身份的符号表征，从而纳入制度化设计之中。郑玄对《礼记月令》中"九门"作注："天子九门者，路门也，应门也，雉门也，库门也，皋门也，城门也，近郊门也,远郊门也,关门也。"诸侯七门,大夫五门,门数的多寡,已成为身份权力的表征。甚至,对门的装饰也加以规定。《白虎通》:"门必有阙者何?阙者所以饰门,别尊卑也。"在等级鲜明的时代,这一切或许都是自然而然,进而也成为社会的价值追求,许多士人为此寒窗苦读,为的正是成为"人上人"。在此背景下,门的守护功能与家园情怀逐渐隐去,即门的开关的自然媒介功能逐渐淡去,而作为社会交往媒介的功能开始突显。傅道彬先生分析说:"可以关闭的,但关闭是随时可以敞开的,它以敞开的形式接纳世界走向世界,敞开正是证明了它本质上是与世界沟通的。而'门'这一语词的衍申意义却主要朝着与世界隔绝的方向发展。人与人的界限,人与自然的界限成为门的文化衍申义的重要内容。"① 这正是门的功能的异化,这不是门有什么变化,变化的是人,是制度,是对社会关系做出的规范,从此门就不只是门,而是一种关系媒介。

闭门:一种社会身份的退场姿态

《诗经·陈风·衡门》:"衡门之下,可以栖迟。"朱熹注曰:"衡门,横木为门,言其简陋也。"可见,衡门是一种极其简陋之门,以一条横木来标识屋室的存在,也对外宣称是有人居住之所在,哪怕这个屋子如何不堪,它依然是有主人的。当然,这同时也可能在一定程度上传达了人的生活姿态,那就是对富足生活的逃避,乃至不屑。许多高人隐士正是如此。中国古代的许多美丽的诗篇往往通过对门的简单呈现,而体现门内主人的高洁。例如:"终南有茅屋,前对终南山,终年无客长闭关。"(王维《答张五弟》)诗人以闭门的茅屋传达了作者在与世隔绝的山中悠居的情景,一个"无"字,一个"长"字,一个"关"字,让人联想到宁静、自适以及出世的道家式的情怀。清高的文人雅士往往用"柴门"这个意象来建构自我不同流合污的姿态。王铎的《掩柴门》一诗中说:"柴门开亦静,无事平常关。"柴门这一雅士居所的象征符,在开关动静中彰显了主人安闲自适的生活状态,更是无事心境所流露的恬淡之乐。饶节《偶成》中说"松下柴门闭绿苔,只有蝴蝶双飞来。"以景写情的方式说明此家主人少有

---

① 傅道彬:《晚唐钟声——中国文化的精神原型》,东方出版社,1996,第 182 页。

出门,以至台阶长满青苔,且蝴蝶亦不受惊扰地自由自在飞舞。而此时的主人或许正通过门缝或窗口欣赏这如此静谧的光景。当然,我们深知"柴门"一词之所以为诗人之类的知识分子所经常咏唱,乃是因为他们心里有对自由快乐生活的渴望,有对权力保持一定距离的渴求。身居高位的宋濂也以此抒发胸襟:"因君动高兴,予以梦柴扉。"(《送许时用学剡》)此时的宋濂心中显然向往无案牍之劳形的田野生活,可惜不可得,而只能在梦中自我安慰,或保持一份知识分子的精神庇护所。

门前有路,然而诗人为了表达与世俗的不合作,不同流合污,常常倾向于用"闭门"来抒怀。贯休《桐江闲居作十二首》中有言:"还如山里日,门更绝人敲。"齐己的《闭门》:"外事休关念,灰心独闭门。无人来向我,白日又黄昏。"当然,同样的闭门,也可能是另一种形式的敞开,以闭门来展开心扉。比如擅长写"闭门"诗的刘长卿便是如此。"寒灯映虚牖,暮雪掩闲扉。"(《岁夜喜魏万成郭夏雪中相寻》)"闭门湖水畔,自与白鸥亲。"(《题大理黄主簿湖上高斋》)"浔阳数亩宅,归卧掩柴关。谷口人何在,门前秋草闲。"(《送郑十二归庐山》)傅道彬称赞得好:"闭门就成为摆脱异化走向朴素的象征。闭门正是与门外皆有营求的世界相对,构成了诗意的澄明静适。"①

二 塞其兑,闭其门:老子之"门"从实至虚的操作意象

老子《道德经》中对"门"的论述可以大体分两个层面。一是抽象的层面。如第 1 章与第 6 章,"众妙之门"与"玄牝之门"都形象地阐明道作为宇宙万物的本体具有创生能力,这一能力体现为"有无相生""无中生有"。以门来隐喻道与万物的关系,道的本体是虚无实有的实在性,而万物是源于道而实有的现实性。换言之,出于道为物,入于道为物之亡(即无)。二是具象的层面。如第 10、52、56 章。此节先谈出现相同句子的两章:

天下有始,以为天下母。既得其母,以知其子;既知其子,复守

---

① 傅道彬:《晚唐钟声——中国文化的精神原型》,东方出版社,1996,第 215 页。

其母，没身不殆。塞其兑，闭其门，终身不勤。开其兑，济其事，终身不救。见小曰明，守柔曰强。用其光，复归其明，无遗身殃，是为习常。（第52章）

知者不言，言者不知。塞其兑，闭其门，挫其锐；解其分，和其光，同其尘，是谓玄同。故不可得而亲，不可得而疏；不可得而利，不可得而害；不可得而贵，不可得而贱，故为天下贵。（第56章）

（一）作为身体感官媒体的"门"

河上公注第52章"塞其兑，闭其门"："兑，目也。（使）目不妄视。门，口也。使口不妄言。"① 河上公直接以"门"喻"口"，来点明两个方面。其一，直接层面：祸从口出。《金人铭》早有"勿多言，多言多败"之训。因此，人要"希言守中""行不言之教"，以防止"虚言"，努力做到"善言无瑕谪"。其二，口往往是欲望的门径。老子指出"知者不言，言者不知"，河上公注曰："知者贵行不贵言也。驷不及舌，多言多患。"② 智慧的人不轻易说，随意说的人是不明智的。这是因为在老子看来，"道之出口（言），淡兮其无味"，言的境界当以道为依归，即"无味"，因为道是"无名""无味""无形"。因此，有道之言则如流水一般了无痕迹。"闭门"之教，旨在教导世人，口不轻开。一方面是"病从口入"，吃如不加以节制，也会带来疾病乃至杀身之祸。另一方面则是"祸从口出"，口是是非之源，不可不慎。河上公注第56章的"塞其兑，闭其门"时说："塞闭之者，欲绝其源。"③ 老子的塞闭之教，正是看到了人与外在的交往，一切孔窍似乎都如同生活中的门户一样，虽然是生命之所需，但是如果控制不好，门户没有关闭，可能招贼，带来损害。王弼则从哲学层面分析了门兑的意涵："兑，事欲之所由生。门，事欲之所由从也。"④ 相较于河上公，王弼的解释则更进一步，从发生论与认识论的角度深刻地洞察了人类

---

① 《老子道德经河上公章句》，王卡点校，中华书局，1993，第199页。
② 《老子道德经河上公章句》，王卡点校，中华书局，1993，第216页。
③ 《老子道德经河上公章句》，王卡点校，中华书局，1993，第216页。
④ （魏）王弼：《王弼集校释》，楼宇烈校释，中华书局，1980，第139页。

社会交往的两个层面：一个是感觉知觉层面，另一个是理性洞察层面。前者是"门"，可以视为眼耳鼻舌身等人体一切与外界可以相交的路径。比如目，老子说："五色令人目盲。"就生理而言，纷乱的色彩让人产生认识障碍。耳与嘴也是如此，"乐与饵，过客止"，音乐与美食也会让英雄志短。而且"五音令人耳聋，五味令人口爽"。身体更是如此，"驰骋田猎"之举，则"令人心发狂"。不过，老子不仅看到了人的感官对身心的危害，而且更注意到感官所以发挥功能，乃在于人自身的欲望，即心。当代学者王中江则直接将"兑"理解为耳目等感官，而将"门"理解为"心，心思"。虽然这样的解释未必是老子的本义，却是最方便的传播老子精神的法门。①

（二）兑：欣悦的心门

"兑"在《易经》中为"悦"之意，《周易正义》："兑，说（悦）也。"《象传》解释说："兑，说也。刚中而柔外，说以利贞，是以顺乎天而应乎人。说以先民，民忘其劳；说以犯难，民忘其死；说之大，民劝矣哉！"②《周易》显然从整体阐释了"悦"对于建功立业的重要意义。因为兑卦本是两个兑相叠加而成的，因此《象传》曰："丽泽，兑；君子以朋友讲习。"意思是说，两泽并连交相浸润，象征欣悦；映到人身上，如同君子因此悦于良朋益友讲解道理研习学业。可见，"兑"意象上注重交往，彼此相悦是人际交流的佳境。从初九"和兑，吉"，用平和的心态与人交往是吉祥的，良好的动机成功了一半；紧接着九二"孚兑，吉，悔亡"，用诚信来欣悦待人，是吉祥的，而且也是断绝悔恨滋生的根本方法。而六三则说"来兑，凶"，就是在彼此交往的过程中，如果只是为喜悦而来，则可能失望而去，因为"君子之交淡如水，小人之交甘若饴"，要注意避免人心的异化。为了良好的交往双方应当有"商兑"之举，如九四"商兑未宁，介疾有喜"，要对彼此的欣悦保有商度的心态，不能忘乎所以，以免乐极生悲，如此就可以隔绝一些他者的谄媚而带来的对关系的破坏。九

---

① 王中江解读《老子》，国家图书馆出版社，2017，第 204 页。
② 黄寿祺、张善文：《周易译注》，上海古籍出版社，2018，第 627 页。

五说:"孚于剥,有厉。"如果在人际交往中被他者所惑,一方欣悦于他者(小人),那就有危险。可见《易经》确实时时有忧患意识,提醒人们即便在欣悦的时候也要保持高度警惕。胡炳文解曰:"说之感人,最为可惧,感之以剥之也。况为君者,易狃于所说?故虽圣人,且畏巧言令色,况凡为君子者乎?"① 这时候直接点明后果,就是被小人引诱,当然也可以使自己坏了心性,去引诱他人从而走上不当的道路。所以《象传》评价说"未光",就是欣悦之道不能发扬光大,反而走向反面。因此,总的来说,"兑"指的是"心",而"心"是"事欲"萌生的地方。心与物之间如果没有好的配合,心就会为外物所拘。因此,老子者指出"虚其心,实其腹;弱其志,强其骨",腹与骨都是内在的,而心与志则是外向的,虽然心在人之中,却是有着向外的冲动。老子倡导"恒使民无知无欲,使夫智者不敢为",这是釜底抽薪之法。不敢为,便是心与志的节制,而最理想的状态是自我(民)养生,达"无知无欲"纯朴之境。这里的无知无欲,并不是认识论意义上的,而是境界论意义上的。无知是"明白四达"而达到的"无知",即没有智者的胡作非为之念,或无自是自见自矜自伐自贵;无欲,是正"辅万物之自然而不敢为",有辅助之念,而无"取天下而为之"之欲,即"生而不有,为而不恃,长而不宰",此正所谓有"百姓之心为心"之念却又保有"无身"的境界。

(三)在塞与闭之中,守护性命之门

兑与门在老子语境中应当是相通的。而且"兑"的出现似乎比门的存在更为古老。因为"兑"通"阅"与"穴"。司马彪说:"门户孔穴,风善从之。"段玉裁明确指出:"道德经'塞其兑,闭其门。'兑即阅之省"。古人类先是居处洞穴,后来才逐渐营建了房屋,才真正有了现代意义上的"门"。至少在老子的文本中兑已经与门相通,因为《老子》第52章后文接着说:"开其兑,济其事。"正如李霖在《道德真经取善集》中所分析的那样:"以事对门者,闭其门,则事之不入可知矣;济其事,则门之不闭可知矣。"这一点还可以从郭店楚简《老子》中得到证实。楚简乙本原文是"闭其

---

① 黄寿祺、张善文:《周易译注》,上海古籍出版社,2018,第632页。

门，塞其兑"，而甲本（相当于《老子》第56章的内容）是"闭其兑，塞其门"。同样的句子，却不一样的表达，即"塞门"与"闭门"。"兑"是人类原古居住的记忆。当然，"兑"在《易经》中象征物是"泽"。"泽"并非大江大河，而是原始人类取食之源，乃至维护洞穴所需要建筑材料，包括制造陶器所用。

就"塞其兑，闭其门"而言，从现象来看，兑与门，正是人身上的孔窍，如鼻孔、嘴、睛以及生殖器等。这些孔窍诚然如老子所教导的那样，不可过于勤劳使用，即"终身不勤"，反之，则"终身不救"。以此鲜明的对比让人意识到自身的孔窍是养护生命的直接入手处，也保持住自身的孔窍，从媒介学而言，它们都是媒介，眼睛是视觉的媒介，而耳朵是听觉的媒介，嘴巴更是交往的媒介。他们的共同点是他们组成了人体的媒介，即身体是个整全的交往媒介，是不折不扣的融合媒介。按麦克卢汉的观点，它是部落化的媒介，是人对自己的完全占有。是没有媒介偏向，实现平衡的良好状态。从《老子》第52章整章来看，该章字面上直接宣导的是人应当塞兑闭门，而且要做知小守柔，如此才能不给身体留下灾殃，称为因袭常道（自然之道）。这才能"没身不殆"。深入分析，不难知道，老子开章指出"天下有始，以为天下母。既得其母，以知其子；既知其子，复守其母"，用形象隐喻的方式指出道与物的关系问题。而道本身如同门一样，也是个媒介，因为第6章有言："谷神不死，是谓玄牝，玄牝之门，是谓天地根。绵绵若存，用之不勤。"老子以生殖器为喻，即用"玄牝之门""天地根"为隐喻，展示了道创生万物的原动力，即谷神不死。而道创生万物的过程却是"绵绵"，而且"不勤（不尽）"。如果说万物皆媒的话，那么道则是万物之母，是一切媒介的总根源。老子启发人们，一切的媒介都有偏向，都有对人产生危害的可能，一切有形，一切有名，都有局限。只有回到，或者说运用这种终极的媒介，人类的性灵才能得到根本的安顿。因此，他提出"知子守母"的原则。《老子》第32章提出："始制有名，名亦既有，夫亦将知止。知止可以不殆。"知子守母的精神要领正是"知止"。老子并不反对使用名，使用媒介，但是他同时也指出一切有名皆为双刃剑，唯有大道才是至真至善至美。因此，他果断地提出了人类处于天地间的生存原则"惟道是从"。人类本是有形的存在，而且一切有形均有成坏。人类要做的只能是"辅万物之自然而不敢为",这就是人类"从"道的意识,敬畏自然的意识,也正是人懂得"道法自然"的根本原则。唯有自然,才是永恒。吕惠卿注曰:"塞其兑,闭其门,终身不勤,此则守其母之谓也。心动于内,而吾纵焉,是之谓有兑,有兑则心出而交物,我则塞其兑而不能,不通则心不出矣。物引于外,而吾纳焉,是谓之有门,有门则物入而扰心,我则闭其门而不纳,不纳而物不入矣。内不出,外不入,虽万物之变芸芸于前,各归其根而不知矣,夫何勤之有哉!"①

三 玄之又玄,众妙之门:老子之门道的媒介哲学意蕴

如上文所言,老子所谓的兑与门已然具有了抽象意义,或言形而上学的意义。老子更是直接从功夫论的角度,指出了人类的行为当注意塞兑闭门,慎用一切身体的媒介。通览《道德经》,我们不难理解老子确实在探讨道与物的关系问题,或者说是人与道的关系问题,因为人也是物之一,而道本身也是物物之物。从这个意义上讲,老子也是从根本上探讨"物"的生成流变问题。而物的世界自然是交往的世界,万物皆联,自从"道生一,一生二,二生三,三生万物",无有终止。《道德经》第1章有言:

> 道可道,非常道;名可名,非常名。无名天地之始,有名万物之母。故常无欲,以观其妙;常有欲,以观其徼。此两者同出而异名,同谓之玄,玄之又玄,众妙之门。

《道德经》首章之神妙,千百年来传颂不衰,尤其是首句。不过,如果细细品味,或许末句才是"玄之又玄,众妙之门",才是彰显老子之道奇怪诡谲的奥妙所在。通行本的"玄之又玄"之"玄"是形容词,是幽暗深远的样子,因此是形容道体无穷,孕育万有。最后一句虽然没有直言"道",却以"道"的替身——"门"来显现。正因为有道才有"门",即有万物从道而生的"门"。因此,此建构出来的信

---

① (宋)吕惠卿:《老子吕惠卿注》,张钰翰点校,华东师范大学出版社,2015,第57~58页。

仰装置的"门"就成为无形无名的"道"与万有发生关联的媒介。德国哲学家谢林甚至直接把"道"译成"门（Porte）"，进而把道的学说理解为"进入存有的大门的学说"。他的表述如下："关于非存有（Nichtseyenden），关于单纯存有可能性的学说，通过这种东西，一切有限的存有便进入现实的存有。"① 如此，道本身就成为旋转门，内在的"无"转化为外在的"有"。温海明先生在参加2018年第十届海峡两岸国学论坛提交的《〈道德经〉哲学之"道—门"》一文中富有哲理地阐述了道与门的关系：

> 道由人走路的每一个点组成，而每个点其实都是一扇新门；就像人说话，每一个字，每一个意群，都可以成为一个转折点——一扇转向新道路的门，是这扇门，不断打开心的道路。这其实就是人跟世界打交道的基本方式，这种方式本乎天道自然，超越名相——这是最根本的、人跟世界相通的"门"，也是开"门"之后延伸出去的道路，从来就没有必要去言说。所以，"道"当然不是什么名字，不是"有"，也不是"无"，道就是"道"，象"门"一样开开合合的"道"，人通过"道"与世界发生关联，"道"不仅像人与世界交接的开关，"道"就是开关，就是人进入世界开始。"道"既是旅途，也是终末——人生下来就要做事、走路，从一扇门走向另一扇门，永远在"道"上。所以，无论古代中国还是西方，言说和走路都是开"门"，于是都用一个意思的字来表达，那就是——道与logos，二者天然同构，异名同质，有着哲理深沉的相通性。

如此，我们可以说，"门"是"道"的隐喻，"隐喻的本质就是通过另一种事物来理解和体验当前的事物"②。正如迈克·雷迪的"管道隐喻"，老子只不过用了"门道隐喻"。雷迪指出人类对语言的认知是通过"思想（或者'意义'）是物体""语言表达是容器""交流是发送"这几个复杂

---

① 转引自赖贤宗《道家诠释学》，北京大学出版社，2010，第100页。
② 〔美〕乔治·莱考夫、马克·约翰逊：《我们赖以生存的隐喻》，浙江大学出版社，2015，第3页。

的隐喻进行的。说到底是"说话者把思想（物体）放进语言（容器），并（顺着管道）传送给听者，而听者会从语言（容器）中提取思想（物体）。"① "道"则是"门"的灵魂。因为"道"定义了"门"之为"门"的玄妙，因为从这扇门到另一扇门，背后都有"道"作为动因。老子的"门道隐喻"的奇妙在于门通过开关的方式来彰显一切的可能性。门以直观的方式直逼我们的眼前，如同心灵的投射。因为心灵的灵犀就在于一点通，在于心门的打开。而打开的一刹那，我们可以称为悟"道"了。因此，我们如果将管道理解为容器，那么门道则是开关。共同的是，两者都充当了人类思想的媒介。如果说管道隐喻表达的是"语言表达是意义的容器"，那么，"门道隐喻"传达的是"语言表达是意义的获取开关"，因为"得意而忘言"。

我们回头看"玄之又玄"的表达。池田知久认为此表达是道家系统到达那个终极的目标而采取的反复的思想活动，即首先从现状出发对现状做出否定，从而向根源做出第一步回溯（"玄之"），接着，又对已抵达的高境界也加以否定，进而向着根源回溯（"又玄"），通过反复进行的彻底的否定活动，向着终极（"众妙之门"）不断超越，最终到达真正的根源性的"道"。② 其实，这个玄之又玄的意象正是门的反复的开与关，门之开代表一次的领悟、一次的超越，而门的关则表明每次的领悟本身又会成为下一次的障碍，因此需要再超越，永无尽头。其实，并没有终极的门，因为开与关的门永不停息。这就是道本身"独立不改，周行不殆"所决定的。这也决定了人类永远在从一扇门通向另一扇门的路上，而这条道却是如此的"随之不见其后，迎之不见其首"。

值得关注的是北大汉简《老子》的最后一句是"玄之又玄之，众妙之门"。如此，"玄"就成为动词，类似于"损之又损之"（汉简本）。这里的玄与损相通，此含义又因后世的重玄学发展为"有无双遣"，既不执于有，也不执于无，是一种超媒介的取向。一切有形的媒介均有局限，这种

---

① 〔美〕乔治·莱考夫、马克·约翰逊：《我们赖以生存的隐喻》，浙江大学出版社，2015，第7～8页。
② 引自曹峰《老子永远不老——〈老子〉研究新解》，中国人民大学出版社，2018，第11～12页。

局限正如麦克卢汉所说的"媒介即讯息",一种媒介开启了一个面向的信息,同时也屏蔽了更多信息。麦克卢汉解释说:"所谓媒介即讯息只不过是说,任何媒介(即人的任何延伸)对个人和社会的任何影响,都是由于新的尺度产生的;我们的任何一种延伸(或曰任何一种新的技术),都要在我们的事务中引进一种新的尺度。"进而"任何媒介或技术的'讯息',是由它引入的人间事物的尺度变化、速度变化和模式变化"①。媒介给人带来便利,带来理解世界新的角度,但同时也使人类日益成为媒介的奴隶。而且媒介也在一定程度上局限了人类的心灵与视野,或者说,媒介给人类带来了无穷无尽的知识,却极少增加人类的智慧,相反,人变得越来越焦虑,越急躁,越不自由,越不自然,也越不自我。麦克卢汉甚至说:"它表现了人在新技术形态中受到的肢解和延伸,以及由此而进入的催眠状态和自恋情绪。"② 作为人的延伸的媒介或技术,一方面解放了人,另一方面也使人在娱乐中至死不知。新的媒介滋生了新的产业和新的处理人类交往的方式,似乎在推动人类文明的进步,但同时也增强了人类自我放逐乃至自我毁灭的能力。麦氏清醒地认识到这一点:"对媒介影响潜意识的温顺的接受,使媒介成为囚禁其使用者的无墙的监狱。……因为每一种媒介同时又是一件强大的武器,它可以用来打垮别的媒介,也可以用来打垮别的群体,结果就使当代成为内战频仍的时代。"③ 使用媒介如同打开潘多拉的盒子,一切的邪恶因此而出现,对此老子的警示是:"天下皆知美之为美,斯恶已;皆知善之为善,斯不善已。"天下人都知道媒介的便利(姑且称之为"美"),知道媒介增进人类的交往,增强了人类利用与改善自然和社会的能力(姑且称之为"善"),然而媒介所滋生的恶(丑,不善)却始终如影随形。如同直播拉近了人与人的距离,提升了人类分享快乐的时空,然后一切的恶与不善也同时出现。如同当下 5G 领导权的全球争夺,人类在提升交往速度与层次的同时,由于人类族群的天然划分以及国别利

---

① 〔加拿大〕麦克卢汉:《理解媒介:论人的延伸》,何道宽译,译林出版社,2011,第18页。
② 〔加拿大〕麦克卢汉:《理解媒介:论人的延伸》,何道宽译,译林出版社,2011,第22页。
③ 〔加拿大〕麦克卢汉:《理解媒介:论人的延伸》,何道宽译,译林出版社,2011,第32~33页。

益所囿限，国家作为利益的代表就自然地卷入了纷争。麦克卢汉认为"媒介的塑造力正是媒介自身"，因为"一切媒介均是感官的延伸"。[1] 媒介说到底是为人的存在，媒介的具身性与反身性是天然的，乃至整个世界都是属人的世界，当且仅当一切被置于人的意识中，才会产生意义。而媒介正是意义分享的通路。无媒介不意义，同样，无意义不媒介。只不过，有时媒介如同空气一样，我们很自然地与之相处，或者说，如同我们自己的皮肤一样自然。因为皮肤自然地区隔了我与你、我与他，它是天然的媒介。麦克卢汉是希望通过人的感官的平衡来做回人类自己，并且对任何的失衡抱有谨慎的态度。麦克卢汉也接触过《道德经》。他援引《道德经》第24章"企者不立，跨者不行……自见者不明，自是者不彰"，来说明老子"有许多例子说明紧随过热的媒介（即过度延伸的人或文化）以后接踵而至的突变和逆转"[2]。相比较麦克卢汉略微流露的悲观情绪，保罗·莱文森却相对乐观得多。他在《人类历程回放：媒介进化论》的《中文版序》中点明了自己的观点：媒介是朝着与人类沟通模式愈来愈契合而非相反的方向演变的。他认为人类的一切进步都基于人的沟通需求。"我们之所以想要与外界保持联系，是基于智力与想象力。事实上，随时随地与我们想要的信息保持联系是一种深刻的人类需求，而在媒介进化的'人性化趋势'中，人类的这种需求便被一点点地满足了。"[3] 或许从长远来看，人类必定追求更好、更理性地栖息在地球上，然而人本身是未定形的，人类本身容易陷于盲目自信与认识偏见，除非人人都成为真人、圣人。老子为人类走出纷争的困境指出一条基本的道路，那就是"为无为"，避免人类中心主义，走上"唯道主义"的道路。道的本质特征是"反者道之动，弱者道之用"，以反思反省来克服人类的弱点，以柔弱不争挫去人类的戾气，从而在"冲气为和"中走向共生。尼尔·波兹曼在麦克卢汉"媒介即讯息"的基础上提出"媒介即隐喻"，他认为，"信息是关于这个世界的明确具体的

---

[1] 〔加拿大〕麦克卢汉：《理解媒介：论人的延伸》，何道宽译，译林出版社，2011，第33页。
[2] 〔加拿大〕麦克卢汉：《理解媒介：论人的延伸》，何道宽译，译林出版社，2011，第54页。
[3] 〔美〕保罗·莱文森：《人类历程回放：媒介进化论》，西南师范大学出版社，2017，《中文版序》第2页。

说明,但是我们的媒介,包括那些使会话得以实现的符号,却没有这个功能。它们更像是一种隐喻,用一种隐蔽但有力的暗示来定义现实世界。这种媒介－隐喻的关系帮我们将这个世界进行分类、排序、构建、放大、缩小和着色,并且证明一切存在的理由。"① 媒介的隐喻功能揭示人类认识世界的本质是在关系的建构中实现的,而关系与桥梁正是隐喻。而媒介正是促使关系建立成为可能的中介物。从建构主义的视角看,媒介建构着或者解构着一种关系,因为建构一种关系的同时也会解构另一种关系。如同手机使关系紧密、使弱联结成为强关系的同时,使原来的首属群体,尤其是亲人与朋友之间疏远了。因此,波兹曼继续提出"媒介即认识论"的观点,"一种重要的新媒介会改变话语的结构"②,因为"任何媒介认识论都是某个媒介发展阶段的认识论。真理,和时间一样,是人通过他自己发明的交流技术同自己进行对话的产物"③。认识是基于媒介的认识,因为媒介"带领"人们去领略它自身所能传达的信息、图像和关系。甚至,媒介成为人的生存方式,人类创造并使用媒介来解放自己,丰富自己,却也可能局限了自己。例如电视削弱了人们的理性话语,却能够激发情感;而印刷术确立了现代的标准意识,即毁灭了集体感与统一感。总之,媒介环境学派对媒介的理解与老子的媒介哲学思想有共通之处,那就是通过"损之又损"的方式,人类才能够驾驭好媒介,使身体这一根本与始源的媒介能够成为人的精神家园,即"载营魄抱一,能无离乎?"如果说形魄是媒介的形式,那么精神则是媒介的内容。只有内容与形式统一,人才能成为完整的人。人体自身就能发挥出完美的媒介功能。所以从这个意义上讲,老子是人本主义的媒介理论家。

四 天门开阖,能为雌乎:老子之门的媒介批判意识

老子思想以崇无为特质,虽然他也强调"有无相生",有无"异名同谓",但是由于世人拘于有,所以老子更强调"无"。这个"无"的意识充溢着批判与反省思维。面对世人束于名缰利锁、成败荣辱之境,老子提

---

① 〔美〕尼尔·波兹曼:《娱乐至死》,章妮译,中信出版社,2015,第11页。
② 〔美〕尼尔·波兹曼:《娱乐至死》,章妮译,中信出版社,2015,第30页。
③ 〔美〕尼尔·波兹曼:《娱乐至死》,章妮译,中信出版社,2015,第28页。

出"立天子,置三公,虽有拱璧以先驷马,不如坐进此道",无论如何富贵,都不如坐而论道。老子道论的超越品格在于以复归于虚无的道为指向,超越俗世的束缚,做真实的自我。正是在这个意义上,他对生活中一切有形的存在,包括人们赖以交往的媒介,都做了哲学的思考,进行批判性反思。

(一)在"天门"中安顿自我

《老子》第10章有言:

> 载营魄抱一,能无离乎?专气致柔,能婴儿乎?涤除玄览,能无疵乎?爱国治民,能无知乎?天门开阖,能无雌乎?明白四达,能无为乎?生之、畜之,生而不有,为而不恃,长而不宰,是谓玄德。

此章提出了"天门"的概念,何为天门呢?王弼注此句:"天门,谓天下之所由从也。开阖,治乱之际也。或开或阖,经通于天下,故曰'天门开阖'也。雌应不唱(倡),因而不为。言天门开阖能为雌乎?则物自宾而处自安矣。"① 据李零考证"阖"指门户,不是开合的合。我以为然。结合后文"为雌"之训,前文当专指启开一事。因为如果阖是闭合之意的话,那就是说启开与闭合均"为雌",显然闭合为雌是不言自明的,如同第13章解释"宠辱若惊"时,就只解释"宠为下"而不用去解释"辱为下"这一常识了。也就是说即便开阖指开合,根据古人的用词习惯,也只是强调一个方面,而不是两方面并重。即,本句"开阖"侧重在"开"之意。整句之意是开天门须守雌。这就同"知其雄,守其雌"的意思一致:开天门为雄动,此时更需要有雌静来持守,方不致于危。李零老师也曾指出,虽然后世有人理解天门为天宫之门(与地户相对的门)、两眉间的天庭、心或鼻孔,但是这些应当与《庄子》中提到的两处"天门"意思一致。② 一处是《庄子·天运》:"怨、恩、取、与、谏、教、生、杀八者,正之器也,唯循大变无所湮者为能用之。故曰:正者,正也。其心不以为

---

① (魏)王弼:《王弼集校释》,楼宇烈校释,中华书局,1980,第23页。
② 李零:《人往低处走——〈老子〉天下第一》,生活·读书·新知三联书店,2008,第52页。

然者，天门弗开矣。"① 这里天门指"灵府"，喻指天机之门。道家相信人类的心灵有能通达天机的本能，不过，唯有心正之时，方能打开这个心灵之门，而悟天机之妙。或者说心门与天机之门因而对开，从而心与心沟通通畅。这是时人对人类沟通理想的美好想象与终极追求。上文庄子正是准确地指出了人类有怨恨、恩惠、索取、施与、劝谏、教化、生养、杀戮等八种情境，而这些都会扰乱人类的心志，只有那些能够遵循自然天理变化而不为物欲所湮没的人才能做到，即自如地运用自己的心灵以达与天地合德，合吉凶。可见，天门不是不开，而是开必有道，不能充分掌握天道规律而妄动者，凶。为了做人类交流的施动者，这个传播主体的心态要何其强大！《庄子·庚桑楚》："有乎生，有乎死，有乎出，有乎入，入出而无见其形，是谓天门。天门者，无有也，万物出乎无有。有不能以有为有，必出乎无有，而无有一无有。圣人藏乎是。"② 这里庄子学派以"天门"来形容万物生死出入的终极依归，老子所言"出生入死"，其实也暗含着"道-门"之意。庄子学派直言此"天门"是抽象的，即"无有"，并不是现实中存在的，而只是一种建构着的关系的存在，用于解释事物的生灭现象。圣人之为圣人，就是因为他能够洞察这里面的一切变化，而且能够顺势而为，如此身藏心安，没身不殆。

（二）玄牝之门：生命传播的意义表征

《道德经》有言："谷神不死，是谓玄牝，玄牝之门，是谓天地根。绵绵若存，用之不勤。"牝，《说文》："畜母也。"老子以雌性母体来形象神妙的大道。肖天石说："谷，虚空之体，虚而能容，虚而能应，无有而无所不受者也。神，可感而知，有信可征，灵妙而不可或测者也。谷喻道体，神喻道用，体能涵用，用不二体，亘万古而长存，不变不坏，司天地生化机权之道，故曰谷神不死。"③ 道作为生养万物存在，如同玄妙的母体。而母体最大的特征，便是有"玄牝之门"即雌性的生殖器，就是阴门。李零很直接地表述说："'玄牝之门'，道是宇宙生殖器，道生天地万

---

① 方勇：《庄子》，商务印书馆，2018，第 254~255 页。
② 方勇：《庄子》，商务印书馆，2018，第 424 页。
③ 肖天石：《道德经圣解》，华夏出版社，2007，第 100 页。

物，得有一个出口，就像妇女生孩子，要自产门（即阴门、阴户）出，这个出口，就叫'玄牝之门'。"① 老子此章以生活化的母亲生小孩的阴门这一神圣的生命源头，来喻指创生万物的大道，可谓形象生动。可见，此处的"门"已然泛化，一切具有开合功能的事物都可以类比为门。正如塔尔德所提出的"模仿率"，在他看来，模仿是人类的生物特征，是先天的，进而演变为一种基本的社会现象，乃至创新也是模仿。其实，人自身的社会化过程与社会生活实践确实充斥着大量的模仿行为，换言之，模仿是人类的基本交往方式之一，无论是人际交往，还是经由大众传媒的交流，都是如此。老子的《道德经》之所以具有经久不衰的魅力，正是因为他擅长用隐喻这种模仿的方式来呈现抽象的道论。比如用山谷来形象道的谦下品格，故有"上德若谷"；用"却走马以粪"来说明"天下有道"的理想场景，等等。

从生命传播的视角看，老子用"玄牝之门"这一隐喻确实有很强的代入感，因为每个人都是源于母亲的生殖之门。生命源于传播，源于两性的交往与身体接触，而且生命也是因传播与交流而绽放。生命源于门，又不断地走过一道道"门"，走向未知却充满希望的未来。身体本身是我们感知世界的基本媒介。如同梅洛·庞蒂所言："我们重新学会了感知我们的身体，我们在客观的和与身体相去甚远的知识中重新发现了另一种我们关于身体的知识，因为身体始终和我们在一起，因为我们就是身体。我们应该以同样的方式唤起向我们呈现的世界的体验，因为我们通过我们的身体在世界上存在，因为我们用我们的身体感知世界。但是，当我们以这种方式重新与身体和世界建立联系时，我们将重新发现我们自己，因为如果我们用我们的身体感知，那么身体就是一个自然的我和知觉的主体。"② 身体的在场以及面对面的传播对哈贝马斯来说，最能够促进人类"交往理性"的形成。人类的悲剧在于因生命存在而奋斗，却有时又因奋斗而忘记了为何出发，导致身败名裂，或殉于名，或殉于利，不一而足。老子的《道德经》正是在此意义上强调要"贵身"，要"爱身"。他在第 44 章中深刻地

---

① 李零：《人往低处走——〈老子〉天下第一》，生活·读书·新知三联书店，2008，第 41 页。
② 梅洛·庞蒂：《知觉现象学》，姜志辉译，商务印书馆，2001，第 256 页。

指出:"名与身孰亲?身与货孰多?得与亡孰病?是故甚爱必大费,多藏必厚亡。知足不辱,知止不殆,可以长久。"名誉与身体哪个更亲爱?身体与财货哪个更众多?得到与失去哪个更病患?道理很简单,大家似乎都明白生命属于每个人只有一次,而身外的名誉与财富,千金散尽还复来,因此得到身外之物或失去身外之物并没有哪个更能带来后患,这因人因时因事而异。只不过,通行的原则是过分的爱欲必将带来巨大的耗费,过多的积藏必将加速败亡。此为历史的教训。因此,只有保持"知足"的心态,才不会陷入侮辱之境遇,"知止"方可远祸,这样,就能够长久地生存于天地之间。生命传播的要义在于"生命传播不仅关注心灵、自我、社会等的相互关系,更希望关切的是对交感、交流、交往形式的反思与理解以及交流、交往的权力结构对生命会产生怎样的影响"[①]。老子正是关心生命传播中的权力结构对人交往的影响,因此,强调统治阶级或者处于优势地位的一些组织与个人都应当保有谦下的品格,要处下不争。此种品格正是母亲的如水柔弱与慈爱所孕育的。"玄牝之门"隐喻展现的生命律动,以及似有若无的绵绵延续的生命之链,正是人类创造力无穷无尽的总根源。"生命传播强调媒介叙事的认知与能力已成为情感、态度、观念、思想差异性的重要来源,媒介自身提供了认识事物的别样视角,不仅帮助理解媒介内容和媒介形式,也帮助理解媒介间相互影响对社会制度、社会建制以及社会关系带来怎样的改变。"[②] 身体本身就是媒介,身体是生命的现实展演的舞台,人类社会的一切传播实践,都事关生命与身体。同时,人类传播活动的媒介也都是为人而存在的媒介,然而为人的媒介也可能成为人与人交流的障碍。就拿门来说,它本只是一个起到保卫功能的房屋构件,但在人类的发展中却异化为隔绝人的关系、彰显身份的象征。而这一切都根源于权力关系。因此,老子特别强调那些住在宫殿中的侯王、帝王们能够超越权力与地位,以生命共同体的情怀来体现能力越大,责任越大,而不是相反。因此不会关上一扇扇彼此交流的大门。《道德经》第26

---

① 师曾志:《生命传播及其可能》,载师曾志等编著《生命传播:自我、赋权与智慧》,北京大学出版社,2018,第9页。

② 师曾志:《生命传播及其可能》,载师曾志等编著《生命传播:自我、赋权与智慧》,北京大学出版社,2018,第21页。

章就曾指出:"虽有荣观,燕处超然,奈何万乘之主,而以身轻天下?轻则失本,躁则失君。"统治者拥有豪华的宫殿,本应当以超然的姿态来悠闲自处,怎奈他们往往贪得无厌,妄图取天下为自己一人,从而给自身和社会带来灾祸。老子以史官的智慧指出,这样做会动摇国本,失去理智,埋下祸端。因此,那个代表着权力的门,已然是一种勾连人的情感、观念和行动的媒介。而唯有珍惜和保有母性般的媒介意识,媒介才是为人的媒介,而不会成为反人的工具。这样的社会才会是"甘其食,美其服,安其居,乐其俗"。这个居所、房屋便是个体生命安顿的空间,这个空间只有"安"了,这个社会才能安。所以古人常以"路不搭遗,夜不闭户"作为太平盛世的表征,其直接意象便是这个"门"。因此,从这个意义上讲,让人闭所当闭,开其当开,让门自然成为一个人类交往的媒介,那样才是"邻国相望,鸡犬之声相闻,民至老死不相往来"的"小因寡民"理想社会的场景。这里正是这个"门"使"闻"的远古听觉交往意义得以彰显,以至于人民从生到死都没有产生冲突(即往来,而不是来往。来往是正常的交流,而往来则是特指矛盾。)如此,看来,真是一门一户总关情,门的开关都成为社会交往的真实写照。

(谢清果)

参考文献

[1]〔美〕阿瑟·伯格：《理解媒介：媒介与文化研究的关键文本》，清华大学出版社，2013。

[2]〔美〕埃尔基·胡塔莫，〔芬〕尤西·帕里卡编《媒介考古学：方法、路径和意涵》，复旦大学出版社，2018。

[3]〔新西兰〕艾伦·贝尔，〔澳大利亚〕彼得·加勒特编《媒介话语的进路》，中国人民大学出版社，2016。

[4] 安思国：《媒介交流研究》，中国传媒大学出版社，2005。

[5] 白文刚：《从中国古代实践看制约政治传播效果的政治因素》，《青海社会科学》2015年第4期。

[6]〔美〕保罗·莱文森：《人类历程回放：媒介进化论》，西南师范大学出版社，2017。

[7] 鲍海波：《媒介文化的阐释与批判》，中国社会科学出版社，2009。

[8]〔德〕鲍里斯·格罗伊斯：《揣测与媒介：媒介现象学》，南京大学出版社，2014。

[9] 蔡树培：《中国的人际互动原理》，（台湾）汉忠文化事业股份有限公司，1996。

[10]〔美〕查尔斯·斯特林：《媒介即生活》，中国人民大学出版社，2014。

[11]〔美〕陈国明主编《中华传播理论与原则》，台北五南出版社，2004。

[12] 陈鸿彝：《中国交通史话》，中华书局，1992。

[13] 陈默：《媒介文化传播》，中国传媒大学出版社，2016。

[14] 陈禹安：《巧辩不如攻心——三国的说服智慧》，华文出版社，2010。

[15] 陈禹安：《向子贡学说服》，东方出版社，2012。

[16] 程郁儒：《民族文化传媒化》，中国社会科学出版社，2012。

[17] 崔炼农：《孔子思想的传播学诠释》，湖南大学出版社，2007。
[18] 崔林：《媒介史》，中国传媒大学出版社，2017。
[19] 戴元光主编《中国传播思想史》（四卷本），上海交通大学出版社，2005。
[20] 党芳莉：《八仙信仰与文学研究——文化传播的视角》，黑龙江人民出版社，2006。
[21] 范龙：《媒介现象学：麦克卢汉传播思想研究》，中国大百科全书出版社，2012。
[22] 方玲玲：《媒介空间论：媒介的空间想象力与城市景观》，中国传媒大学出版社，2011。
[23] 方鹏程：《鬼谷子：说服谈判的艺术》，安徽人民出版社，2012。
[24] 方鹏程：《孙子：谈判说服的策略》，台湾商务印书馆，2005。
[25] 〔日〕富谷至：《木简竹简述说的古代中国》，刘恒武译、黄留珠校，人民出版社，2007。
[26] 高海波：《被遗忘的中国早期传播研究——评朱希祖的〈道家与法家对于交通机关相反之意见〉》，《国际新闻界》2011年第1期。
[27] 高卫华：《墨家的文化传播》，中国社会科学出版社，2011。
[28] 龚伟亮、张志华：《植根乡土中国对话城乡关系：开启"跨学科理论与实践相融合的新型学术模式"——首届河阳论坛暨"乡村、文化与传播"学术周综述》，《新闻大学》2015年第6期。
[29] 龚文庠：《说服学——攻心的学问》，东方出版社，1994。
[30] 关绍箕：《沟通100：中国古代传播故事》，正中书局，1989。
[31] 关绍箕：《实用修辞学》，远流出版事业股份有限公司，2001。
[32] 关绍箕：《中国传播理论》，正中书局，1994。
[33] 关绍箕：《中国传播思想史》，正中书局，2000。
[34] 关绍箕：《宗教传播学》，辅仁大学文学院新闻传播系，2007。
[35] 郭汉文、谢清果：《和老子学养生——老子的健康传播智慧》，宗教文化出版社，2010。
[36] 郭志坤：《先秦诸子宣传思想论稿》，福建人民出版社，1983。
[37] 郝朴宁、陈路、李丽芳、罗文：《中国传播史论》，云南大学出版

社，2005。
[38] 郝朴宁、李丽芳、杨南鸥、郝乐：《民族文化传播理论描述》，云南大学出版社，2007。
[39] 郝雨：《中国媒介批评学》，上海大学出版社，2015。
[40] 胡淳艳：《西游记传播研究》，中国文史出版社，2013。
[41] 胡河宁：《微笑传播与文化创新》，人民出版社，2015。
[42] 胡潇：《媒介认识论》，人民出版社，2012。
[43] 胡翌霖：《媒介史强纲领：媒介环境学的哲学解读》，商务印书馆，2019。
[44] 黄鸣奋：《说服君王——中国古代的讽谏传播》，北京文化艺术出版社，2001。
[45] 黄鸣奋：《英语世界中国古典文学之传播》，学林出版社，1997。
[46] 黄镇伟：《中国古代的文化传播》，南方出版社，2008。
[47] 贾奎林：《论辩传播述评——游说·社会·人生》，知识产权出版社，2008。
[48] 贾玉英：《中国古代监察制度发展史》，人民出版社，2004。
[49] 江岚：《唐诗西传史论——以唐诗在英美的传播为中心》，学苑出版社，2009。
[50] 蒋原伦、王颖吉主编《媒介文化十五讲》，北京大学出版社，2017。
[51] 〔美〕卡特：《中国印刷术的发明和它的西传》，中华书局，1957。
[52] 柯楚：《大国崛起：舆论传播策略》，世界图书出版公司，2016。
[53] 柯庆良：《先秦诸子传播思想研究》，博士学位论文，中国人民大学，1993。
[54] 柯卓英：《唐代的文学传播研究》，中国社会科学出版社，2009。
[55] 〔美〕孔飞力：《叫魂——1768年中国妖术大恐慌》，上海三联书店，1991。
[56] 孔健：《阳光下的孔子——孔子与大众传播学》，中国民主法制出版社，2009。
[57] 〔法〕雷吉斯·德布雷：《媒介学宣言》，南京大学出版社，2016。
[58] 〔法〕雷吉斯·德布雷：《媒介学引论》，中国传媒大学出版

社，2014。
[59] 李彬：《唐代文明与新闻传播》，新华出版社，1999。
[60] 李彬：《重思中国传播学》，《现代传播》2015 年第 4 期。
[61] 李冰洁：《全球化现代化背景下传统文化符号在中国影视作品中的运用研究》，硕士学位论文，华南理工大学，2015。
[62] 李国正：《汉字解析与信息传播》，文化艺术出版社，2001。
[63] 李金铨：《无形的"多闻学府"与传播的问题意识》，《新闻记者》2015 年第 7 期。
[64] 李敬一：《中国传播史：先秦两汉卷》，武汉大学出版社，1996。
[65] 李敬一：《中国传播史论》，武汉大学出版社，2003。
[66] 李漫：《元代传播考——概貌、问题及限度》，北京大学出版社，2013。
[67] 李沁：《媒介化生存》，中国人民大学出版社，2019。
[68] 李亚宏：《中国古典说服艺术》，云南出版集团公司，2011。
[69] 李艳：《20 世纪〈老子〉的英语译介及其在美国文学中的接受变异研究》，湖北人民出版社，2009。
[70] 李永平：《包公文学及其传播》，中国社会科学出版社，2007。
[71] 林文刚编《媒介环境学：思想沿革与多维视野》，巨流图书有限公司，2010。
[72] 刘广生主编《中国古代邮驿史》，人民邮电出版社，1986。
[73] 刘建华、Cindy Gong：《民族文化传媒化》，云南大学出版社，2011。
[74] 刘少文：《1987~2008：中国的媒介嬗变与日常生活》，中国社会科学出版社，2010。
[75] 刘天振：《明清江南城市商业出版与文化传播》，中国社会科学出版社，2011。
[76] 刘晓英：《佛教道教传播与中国文化》，学苑出版社，2012。
[77] 楼祖诒：《中国邮驿发达史》，中华书局，1940。
[78] 陆锡兴：《汉字传播史》，语文出版社，2002。
[79] 路善全：《在盛衰的背后——明代建阳书坊传播生态研究》，中国传媒大学出版社，2009。

［80］闻小波：《中国早期现代化中的传播媒介》，上海三联书店，1995。

［81］吕行：《口语沟通学概论》，清华大学出版社，2009。

［82］〔加拿大〕马歇尔·麦克卢汉：《理解媒介：论人的延伸》，译林出版社，2011。

［83］马银琴：《周秦时代〈诗〉的传播史》，社会科学文献出版社，2011。

［84］马兰州：《中国古典说服传播范式及隐喻叙事研究》，天津古籍出版社，2011。

［85］毛峰：《文明传播的秩序——中国人的智慧》，中国传媒大学出版社，2005。

［86］缪雨：《史记与新闻学》，新华出版社，2000。

［87］聂付生：《晚明文人的文化传播研究》，中国戏剧出版社，2008。

［88］牛景丽：《〈太平广记〉的传播与影响》，南开大学出版社，2008。

［89］欧阳宏生、胡劲涛、李荣、辽宜篷、王安中：《文化消费与文明传承：西安彰显华夏文明的历史文化基地研究》，陕西师范大学出版总社有限公司，2012。

［90］潘祥辉：《传播史上的青铜时代：殷周青铜器的文化与政治传播功能考》，《新闻与传播研究》2015年第2期。

［91］潘祥辉：《华夏传播新探》，复旦大学出版社，2018。

［92］潘玉田、陈永刚：《中西文献交流史》，北京图书馆出版社，1999。

［93］彭步伟：《海外华文报纸的本土化与传播全球化》，中山大学出版社，2015。

［94］綦彦臣：《中国古代言论史》，航空工业出版社，2005。

［95］钱存训：《中国纸和印刷文化史》，广西师范大学出版社，2004。

［96］钱锡生：《唐宋词传播方式研究》，复旦大学出版社，2009。

［97］沙莲香：《中国民族性（三）：中国民族性三十年变迁》，中国人民大学出版社，2012。

［98］沙垚：《重构中国传播学——传播政治经济学者赵月枝教授专访》，《新闻记者》2015年第1期。

［99］邵培仁、杨丽萍：《媒介地理学：媒介作为文化图景的研究》，中国传媒大学出版社，2010。

［100］邵培仁：《建构中华传播学研究的新景观》，《东南传播》2014年第3期。

［101］邵培仁等：《媒介理论前沿》，浙江大学出版社，2009。

［102］邵培仁等：《媒介理论前瞻》，浙江大学出版社，2012。

［103］邵培仁、姚锦云：《传播理论的胚胎：华夏传播十大观念》，《浙江学刊》2016年第1期。

［104］邵培仁、姚锦云：《从思想到理论：论本土传播理论建构的可能性路径》，《浙江社会科学》2016年第1期。

［105］邵培仁、姚锦云：《返本开新：从20世纪中西学术交流看传播学本土化》，《广州大学学报》（社会科学版）2016年第5期。

［106］邵培仁、姚锦云：《和而不同，交而遂通：中华优势传统文化的当代价值》，《新疆师范大学学报》（哲学社会科学版）2015年第6期。

［107］邵培仁、姚锦云：《天地交而万物通：〈周易〉对人类传播图景的描绘》，《浙江社会科学》2016年第8期。

［108］邵培仁、姚锦云：《为历史辩护：华夏传播研究的知识逻辑》，《社会科学战线》2016年第3期。

［109］深圳大学中国文化与传播系主编《文化与传播》（第二辑），上海人民出版社，1994。

［110］施建业：《中国文学在世界的传播与影响》，黄河出版社，1993。

［111］〔美〕史蒂夫·莫滕森编选《跨文化传播学：东方的视角》，中国社会科学出版社，1999。

［112］史冬冬：《传播学中国化：在地经验与全球视野》，《社会科学研究》2015年第5期。

［113］史冬冬：《媒介中国：现代性的媒介话语叙事》，厦门大学出版社，2017。

［114］史梅岑：《中国印刷发展史》，商务印书馆，1966。

［115］史媛媛：《清代前中期新闻传播史》，福建人民出版社，2008。

［116］宋嗣廉：《中国上古演讲史》，演讲与口才杂志社，1987。

［117］宋嗣廉、黄毓文：《中国古代演说史》，东北师范大学出版社，1991。

[118] 宋迎平：《宋代刻书产业与文学》，上海古籍出版社，2008。

[119] 隋岩：《媒介文化与传播》，中国广播电视出版社，2015。

[120] 孙藜：《晚清电报及其传播观念（1860～1911）》，上海世纪出版集团，2007。

[121] 孙秋云：《核心与边缘：18世纪汉苗文明的传播与碰撞》，人民出版社，2007。

[122] 孙顺华：《中华文化与传播》，新华出版社，2003。

[123] 孙旭培主编《华夏传播论：中国文化中的传播》，人民出版社，1997。

[124] 汤文辉：《媒介与文明：哈罗德·英尼斯的现代西方文明批判》，广西师范大学出版社，2013。

[125] 陶涛：《唐诗传播方式研究》，安徽大学出版社，2010。

[126] 仝冠军：《先秦诸子传播思想研究》，博士学位论文，北京大学，2005。

[127] 王海燕：《中国文化传播软实力研究》，社会科学文献出版社，2016。

[128] 王洪钧主编《新闻理论的中国历史观》，远流出版公司，1998。

[129] 王金寿：《中国古代文学传播概论》，甘肃教育出版社，2009。

[130] 王平教授主编《明清小说传播研究》，山东大学出版社，2006。

[131] 王醒：《中国古代传播史》，山西人民出版社，2004。

[132] 王兆鹏：《宋代文学传播探源》，武汉大学出版社，2013。

[133] 王政挺：《传播文化与理解》，人民出版社，2004。

[134] 魏超：《老庄传播思想散论》，中国轻工业出版社，2010。

[135] 巫称喜：《殷商文化传播史稿》，暨南大学出版社，2015。

[136] 吴东权：《先秦的口语传播》，台湾文建委，1991。

[137] 吴东权：《中国传播媒介发源史》，中视文化事业股份有限公司，1988。

[138] 吴景星、姜飞：《"传—受"博弈过程的本土化诠释——中国道家"可传而不可受"思想对传播研究的启示》，《新闻与传播研究》2009年第4期。

[139] 吴晓恩：《逃离电子文化的陷阱：尼尔·波兹曼媒介学思想研究》，北京大学出版社，2015。

[140] 吴怡红、胡翼青主编《传播学 30 年》，中国大百科全书出版社，2010。

[141] 武斌：《中华文化在海外的传播》，辽宁教育出版社，1993。

[142] 夏增民：《儒学传播与汉晋南朝文化变迁》，华中科技大学出版社，2009。

[143] 谢清果、陈昱成：《"风草论"：建构中国本土化传播理论的尝试》，《现代传播》2015 年第 9 期。

[144] 谢清果：《和老子学传播——老子的沟通智慧》，宗教文化出版社，2010。

[145] 谢清果：《华夏传播学勃兴的东方视维、问题意识与方法自觉》，《中华文化与传播研究》2014 年（总第二期）。

[146] 谢清果：《内向传播视阈下老子的自我观探析》，《国际新闻界》2011 年第 6 期。

[147] 谢清果、曹艳辉：《华夏媒介批评的概念、思想流变及其价值取向》，《南昌大学学报》（人文社会科学版）2016 年第 2 期。

[148] 谢清果、郭汉文：《和老子学管理——老子的组织传播智慧》，宗教文化出版社，2011。

[149] 谢清果、季程：《内向传播视域中的佛教心性论》，《扬州大学学报》（人文社会科学版）2016 年第 4 期。

[150] 谢清果、王昀：《华夏公共传播的概念、历史及其模式考索》，《华侨大学学报》（哲学社会科学版）2016 年第 1 期。

[151] 谢清果、王昀：《华夏舆论传播的概念、历史、形态及特征探析》，《现代传播》（中国传媒大学学报）2016 年第 3 期。

[152] 谢清果、杨芳：《交流的无奈：老子与彼得斯的不谋而合》，《阜阳师范学院学报》（社会科学版）2016 年第 3 期。

[153] 谢清果、杨芳：《人际欺骗理论与〈红楼梦〉"茗玉雪下抽柴"故事》，《阅江学刊》2016 年第 4 期。

[154] 谢清果、于宁：《老子思想中的媒介拟态环境批判意识及其治理之

道》,《现代传播》(中国传媒大学学报) 2011 年第 9 期。

[155] 辛红娟:《道德经在英语世界:文本行旅与世界想象》,上海译文出版社,2008。

[156] 熊澄宇:《媒介史纲》,清华大学出版社,2011。

[157] 徐培汀:《20 世纪中国新闻学与传播学·新闻史学史卷》,复旦大学出版社,2001。

[158] 徐培汀:《中国新闻传播学说史》,重庆出版社,2006。

[159] 徐瑶、樊传果:《论孔子的传播思想》,《中国传媒报告》2015 年第 3 期。

[160] 徐忠明、杜金:《传播与阅读——明清法律知识史》,北京大学出版社,2012。

[161] 晏青:《神话:理解中国传统文化的媒介化生存——基于对电视传播的考察》,中国社会科学出版社,2015。

[162] 杨代春:《〈万国公报〉与晚清中西文化交流》,湖南人民出版社,2002。

[163] 杨钢元:《具象传播论——形名学之形学》,人民文学出版社,2008。

[164] 杨焕英编《孔子思想在国外的传播与影响》,教育科学出版社,1987。

[165] 杨美惠:《礼物、关系学与国家——中国人际关系与主体性建构》,赵旭东、孙珉合译,张跃宏译校,江苏人民出版社,2009。

[166] 杨立川:《传播习俗学论纲》,陕西人民出版社,2009。

[167] 杨瑞明、张丹、季燕京、毛峰主编《文明传播的哲学视野》,中国社会科学出版社,2012。

[168] 杨威、关恒:《当代中国文化"走出去"路径探究——基于唐宋文化对外传播方式的考察》,《学术论坛》2015 年第 10 期。

[169] 姚锦云:《〈周易〉作为华莱坞电影分析的新框架:以"经"解"影"之〈一代宗师〉》,《中国传媒报告》2015 年第 1 期。

[170] 叶树声、余敏辉:《明清江南私人刻书史略》,安徽大学出版社,2002。

[171] 展晓红主编《中国古代文化传播概要》,中国社会科学出版社,2006。

[172] 殷莉：《清末民初新闻出版立法研究》，新华出版社，2007。

[173] 尹韵公：《"喉舌"追考——〈文心雕龙〉之传播思想探讨》，《新闻与传播研究》2003年第3期。

[174] 尹韵公：《明代新闻传播史》，重庆出版社，1990。

[175] 于翠玲：《传媒媒介与典籍文化》，中国传媒大学出版社，2006。

[176] 余也鲁、郑学檬主编《从零开始——首届海峡两岸中国传统文化中传的探索座谈会论文集》，厦门大学出版社，1994。

[177] 袁爱清：《媒介幸福论：幸福心灵的媒介引导与构建》，中国社会科学出版社，2017。

[178] 臧荣：《中国古代驿站与邮传》，天津教育出版社，1991。

[179] 曾维加：《道教的社会传播研究——以公元6世纪前巴蜀及中国北方为中心》，博士学位论文，四川大学，2004。

[180] 曾一果：《媒介文化理论概论》，中国人民大学出版社，2015。

[181] 〔美〕詹姆斯·W. 凯瑞：《作为文化的传播："媒介与社会"论文集》，丁未译，华夏出版社，2005。

[182] 〔美〕詹姆斯·罗尔：《媒介、传播、文化：一个全球性的途径》，董洪川译，商务印书馆，2012。

[183] 〔美〕张惠晶：《伶俐、创意与谦虚：华人的语言行为》（英文），上海外语教育出版社，2010。

[184] 张昆：《华文传播与中国形象——第九届世界华文传媒与华夏文明国际学术研讨会论文集》，华中科技大学出版社，2016。

[185] 张立伟：《心有灵犀——儒学传播谋略与现代沟通》，西南财经大学出版社，1998。

[186] 张瑞静：《媒介环境变迁与身份认同建构》，中国时代经济出版社，2018。

[187] 张献忠：《从精英文化与大众传播——明代商业出版研究》，广西师范大学出版社，2015。

[188] 张晓芒：《中国古代论辩艺术》，山西人民出版社，2001。

[189] 张秀民：《中国印刷术的发明及其影响》，人民出版社，1958。

[190] 张云筝：《民意观与民意的实现》，对外经济贸易大学出版社，2015。

[191] 赵春宁：《〈西厢记〉的传播研究》，厦门大学出版社，2005。
[192] 〔美〕赵晶晶编译《传播理论的亚洲视维》，浙江大学出版社，2008。
[193] 〔美〕赵晶晶编译《国际跨文化传播精华文选》，浙江大学出版社，2007。
[194] 〔美〕赵晶晶编译《"和实生物"——当前国际论坛中的华夏传播理念》，浙江大学出版社，2010。
[195] 〔美〕赵晶晶编译《欧美传播与非欧美传播中心的建立》，浙江大学出版社，2009。
[196] 赵立敏：《政治传播学视域下中国政治隐语的多维向度和现代转变》，《新闻大学》2015年第5期。
[197] 赵振祥：《唐前新闻传播史论》，中国文联出版社，2002。
[198] 郑学檬：《传在史中——中国传播社会传播史料选辑》，北京文化艺术出版社，2001。
[199] 钟以谦：《媒介传播理论：人与人之间的影响》，中国传媒大学出版社，2017。
[200] 仲富兰：《民俗传播学》，上海文化出版社，2007。
[201] 周德波：《晚清自由观念的跨文化传播进路》，《国际新闻界》2015年第4期。
[202] 周湄：《空间/媒介/影像：媒介技术与传播空间——一个权力不断更迭的场域》，贵州大学出版社，2017。
[203] 周月亮：《中国古代文化传播史》，北京广播学院出版社，2000。
[204] 朱传誉：《宋代新闻史》，中国学术著作奖助委员会，1967。
[205] 朱传誉：《先秦传播事业概要》，台湾商务印书馆，1973。
[206] 朱传誉：《先秦唐宋明清传播事业论集》，台湾商务印书馆，1988。
[207] 朱传誉：《中国民意与新闻自由发展史》，正中书局，1974。
[208] 朱佩芬、裴登峰：《北京文化传播策略研究》，中国社会科学出版社，2015。

后 记

当我们在做华夏传播研究时，毫无疑问会以当代西方的传播学为触媒来考虑我们的本土研究，这也是传播学中国化过程中不可避免的现象。从早期朱传誉在其《宋代新闻史》中明确提出的以现代传播学之观念来整理古代中国有关史料[①]，到20世纪八九十年代孙旭培所说的传播学不能只依赖西方人总结出的原理方法，我们可以看出，中国传播学者要做出自己的特殊贡献，就必须研究中国的传播实践。[②] 进入21世纪第二个十年，汪琪、黄旦等人对本土化问题进行了讨论。黄旦指出，传播学"本土化"不是孤芳自赏，而是一定向着所有方向敞开；要立足中国的传播实践，依照其自身的逻辑来发现和解决问题。它虽然是来自地方的特点和经验，但同时有可能是普遍关注甚至需要共同解决的，即他们始终撞击着人类心灵和精神。[③] 从中我们可以发现，传播学的中国化与传播学在中国的发展并不是胡翼青与张婧妍所说的是两条主线，[④] 而是一脉相承或者说是一个问题的两个方面。从时间线上来看，我们可以发现，基本上每次对传播学中国化或本土化的讨论都源于国内对于传播学理论的重新思考。20世纪六七十年代当传播学开始进入港台时，当时的学者就试图以现代传播学之观念来对中国古代传播史进行研究。[⑤] 同样，大陆在引进传播学之初，利用传播

---

① 朱传誉：《宋代新闻史》，商务印书馆，1967，《序言》第5页。
② 孙旭培主编《华夏传播论》，人民出版社，1997，《序言》第1页。
③ 黄旦：《问题的"中国"与中国的"问题"——对于中国大陆传播研究"本土化"讨论的思考》，载黄旦、沈国麟编《理论与经验——中国传播研究的问题及路径》，复旦大学出版社，2013，第54~55页。
④ 胡翼青、张婧妍：《重新发现"媒介"：学科视角的建构与知识型转变——2018年中国传播研究综述》，《编辑之友》2019年第2期，第39~45页。
⑤ 朱传誉：《宋代新闻史》，商务印书馆，1967，《序言》第5页。

学找到了信息传播之于国家和社会发展的重要意义①，也为当时新闻传播研究冲出新闻学框架的桎梏寻找到了突破口。传播学研究的重点是信息传播的过程及其表现形态，即使是在非新闻的状态下，人们也应当有信息传播②，这一意义指引了尹韵公、李彬等人在早期华夏传播学上的探索。但随着近20年来学界对于西方传播理论的反思，基于早期西方传播学框架的华夏传播学竟然也会站不住脚，而这些对于西方传播理论的批判自然就会转移到以原有西方传播学理论为基础的华夏传播学。以往对于华夏传播学乃至传播学本土化的攻击，其实质不过是站在巨人的肩膀之上又狠狠地踩了巨人的肩膀。同时他们也并不将华夏传播学当作和传播学整个学科一样是一个自身含义处在不断变化中的学科，如此传播学这一学科在变，而将华夏传播学当作是一成不变的，华夏传播学自然而然成为一种"落后"的想象。其实，稍微留意不难发现，近五年来，华夏传播学的学科建构正在蓬勃兴起。教学方面厦门大学已经建起从本科生、硕士生到博士生的教学体系。本科生方面开设"华夏传播概论"，硕士生方面开设"史论精解——华夏传播史论"，博士生方面开设"研究前沿——华夏文明传播论"。同时还出版了配套教材，本科生教材是《华夏传播学引论》（厦门大学出版社，2017），硕士生教材是《华夏文明与传播学本土化研究》，博士生教材是《共生交往观：文明传播的中国方案》。还出版了系列教辅书：其一是《华夏传播学读本》（世界道联出版社，2014），其二是《光荣与梦想：传播学中国化研究四十年（1978~2018）》（九州出版社，2018）；其三是《华夏文明与舆论学本土化研究》（九州出版社，2018）。同时，还开展了中华文明传播研究的读书会，读中国传统元典，如《中庸》《论语》《庄子》《周易》，并辅以西方传播学经典，如《对空言说》《传播的历史：技术、文化和社会》《作为文化的传播》等，努力促进古今中外的传播思想对话，进而建构华夏传播学。此外还推出《中庸的传播思想》《庄子的传播思想》《论语的传播思想》等系列成果，以夯实传播学中国化的基础。

---

① 吴予敏：《"重构"中国传播学的时代场景和学术取向》，《国际新闻界》2018年第2期，第85~98页。
② 尹韵公：《结缘传播学》，载王怡红、胡翼青主编《中国传播学30年》，中国大百科全书出版社，2010，第541页。

当时，青岛大学的孙顺华教授也开设了"中华文化与传播"的选修课，南京大学的潘祥辉也于2018年开始给研究生开设"华夏传播研究"的课程，莆田学院的吉峰副教授也开设了《闽台妈祖文化传播》全校性选修课……相信越来越多的同行会开设更多的华夏传播研究方面的课程。华夏传播研究的论著则越来越多，尤其是厦门大学传播研究所创办了《中华文化与传播研究》《华夏传播研究》两种集刊，这是从未有过的创举，还发起成立了以厦门大学传播研究所为秘书处的全国二级学会——华夏传播研究会，从此，华夏传播成为有稳定组织推动的重要研究领域，必将产生深远影响。

有意思的是，胡翼青与张婧妍在另外一篇文章中的观点特别能够说明西方传播学框架无法解决中国传播学问题。他们指出本土化的困惑，恰恰能说明中国传播学没有经历过学科化的洗礼，无法支撑本土化的美好设想①，实质上恰恰是我们传播学科自身发展的问题限制了华夏传播学的发展，如果我们没有对传播学自身有一个清楚的设想，没有对传播学的学科版图有一个明确的意象，我们根本找不到哪里才是本土化研究的切入点。正如克罗齐所说，"一切历史都是当代史"②，关于传播学本土化研究，尤其是华夏传播的研究，其本身的发展也正是一部传播学本土化的发展史。我们可以说：一切华夏传播学史都是一部当代中国传播学发展史。

（杜恺健　谢清果）

---

① 胡翼青、张婧妍：《中国传播学40年：基于学科化进程的反思》，《国际新闻界》2018年第1期，第72~89页。
② 〔意〕贝奈戴托·克劳奇：《历史学的理论和实际》，〔英〕道格拉斯·安斯利英译，傅任敢译，商务印书馆，1982，第2页。

图书在版编目(CIP)数据

华夏传播研究：媒介学的视角 / 谢清果等著. -- 北京：社会科学文献出版社，2019.12
 ISBN 978 - 7 - 5201 - 5334 - 8

Ⅰ.①华… Ⅱ.①谢… Ⅲ.①中华文化 - 文化传播 - 研究 Ⅳ.①G125

中国版本图书馆CIP数据核字（2019）第171811号

华夏传播研究：媒介学的视角

著　　者 / 谢清果 等

出 版 人 / 谢寿光

责任编辑 / 张建中

出　　版 / 社会科学文献出版社·社会政法分社（010）59367156
　　　　　地址：北京市北三环中路甲29号院华龙大厦 邮编：100029
　　　　　网址：www.ssap.com.cn

发　　行 / 市场营销中心（010）59367081　59367083

印　　装 / 三河市龙林印务有限公司

规　　格 / 开　本：787mm×1092mm　1/16
　　　　　印　张：18　字　数：284千字

版　　次 / 2019年12月第1版　2019年12月第1次印刷

书　　号 / ISBN 978 - 7 - 5201 - 5334 - 8

定　　价 / 89.00元

本书如有印装质量问题，请与读者服务中心（010 - 59367028）联系

版权所有 翻印必究